Adoption – ein lebenslanger Prozess

Adoption – ein lebenslanger Prozess

Barbara Steck

16 Abbildungen, 15 farbig, 1 Tabelle, 2007

KARGER

Basel · Freiburg · Paris · London · New York ·
Bangalore · Bangkok · Singapore · Tokyo · Sydney

PD Dr. med. Barbara Steck
St. Alban-Anlage 35
4052 Basel, Schweiz
Tel. +41 61 271 18 17
E-mail Barbara.Steck@unibas.ch

Bibliographische Information der Deutschen Bibliothek
Die Deutsche Bibliothek verzeichnet diese Publikation in der Deutschen Nationalbibliografie; detaillierte bibliografische Daten sind im Internet über <http://dnb.ddb.de> abrufbar.

ISBN 978-3-8055-8285-8

Printed in Germany on acid-free paper by Druckhaus Thomas Müntzer,
ISBN 978-3-8055-8285-8

Inhalt

Vorwort

Die Adoption ist eine bedeutende, gesellschaftlich anerkannte und rechtlich geregelte Form der Familiengründung. Sie stellt eine Begegnung mehrerer Lebensgeschichten dar: die Geschichte von Eltern, die ihr Kind nicht aufziehen können, die Geschichte eines Kindes, das seine Eltern verloren hat und die Geschichte eines Ehepaars, das ein Kind aufnehmen möchte. Es handelt sich bei der Adoption nicht nur um einen einmaligen Akt der Annahme eines Kindes, sondern um einen langfristigen Prozess, der das ganze Leben der Adoptiveltern und Adoptivkinder sowie der leiblichen Eltern prägt.

Die Adoption oder das Schicksal von Kindern ohne Eltern hat schon immer lebhaftes Interesse erweckt und ist seit jeher Thema von Mythen, Märchen und Romanen. Die Geschichte der Adoption ist so alt wie die Menschheit selbst. Adoptionsprozesse waren und sind immer noch sehr verschieden, je nach Ort, Epoche, Kontext und Adoptionszielen. Sie haben sich heute durch die Entwicklung der Familie, der Gesellschaft, der Wissenschaft und der sozialen Schutzmaßnahmen sehr verändert. Früher diente die Adoption vor allem dazu, Erbschaftsfragen zu lösen. Heute kommt dem Wohl des Kindes die höchste Bedeutung zu. Die UNO-Konvention über die Rechte des Kindes von 1989 bringt die Bedürfnisse der Kinder zur Geltung. Die Offenbarung der leiblichen Herkunft gegenüber dem Kind wurde darin rechtlich verankert (in der Schweiz seit 1993; in Deutschland haben adoptierte Kinder ab dem Alter von 16 Jahren ein Grundrecht auf Kenntnis ihrer Abstammung).

In der Adoptionssituation haben oft alle in diesem Dreieck Beteiligten (Adoptiveltern, Adoptivkind und leibliche Eltern) kritische Lebensereignisse wie z. B. persönliche Verluste erlebt. Für das Kind geht es um den Verlust seiner Herkunftsfamilie, seiner kulturellen, ethnischen und sprachlichen Wurzeln; für die leiblichen Eltern ist es der Verlust ihres Kindes; für die Adoptiveltern ist es zumeist der Verlust der Reproduktionsfähigkeit. Die Adoption stellt für die in diesem lebenslangen Prozess Betroffenen eine Chance persönlicher und familiärer Entwicklung dar, ist aber auch eine komplexe, unvorhersehbare Erfahrung, die mit einer Vielzahl von Schwierigkeiten verbunden sein kann. Auseinandersetzung, Bewältigung und letztlich Verarbeitung von kritischen Lebensereignissen sind individuell sehr unterschiedlich und hängen von vielfältigen intrapsychischen und auch externen Faktoren ab. Das subjektive Erleben der mit der Adoptionssituation verbundenen Probleme ist für alle Beteiligten sehr verschieden. Die individuelle Sinn- und Bedeutungszuschreibung der Adoptionserfahrung aller Betroffenen dient dazu, eine Kontinuität im menschlichen Erleben zu schaffen und einen Brückenschlag zwischen Vergangenheit, Gegenwart und Zukunft herzustellen. Die Eltern-Kind-Beziehung in Adoptivfamilien gewinnt dadurch eine ganz besondere Qualität.

Die langjährige Arbeit mit Adoptivfamilien, adoptierten Kindern, Jugendlichen und Erwachsenen führte zum Wunsch, die Herausforderungen, mit denen alle Betroffenen im Adoptionsprozess konfrontiert werden, im Rahmen eines Buches zu beschreiben. Der vielseitige Austausch mit Fachleuten, die sich um die Adoption kümmern – kinder- und jugendpsychologische, -psychiatrische und -psychotherapeutische Dienste, pädagogische Institutionen, Kinder- und Jugendschutz- sowie Vormundschaftsbehörden, Vermittlungsstellen und Adoptionskommissionen –, führte immer wieder zur Auseinandersetzung mit einer Vielzahl komplexer Fragen rund um die Adoption eines Kindes. Das Buch zeigt einen Ausschnitt aus den reichhaltigen Erfahrungen im Bereich der Adoptionssituation.

Mein besonderer Dank geht an alle, die mich bei der Verwirklichung des Buches unterstützt haben. Alexandra Schwald Dillier, Psychologin, führte die kritische Durchsicht des Manuskripts aus und vermittelte mir äußerst wertvolle und zentrale Hinweise. Jean-Pierre Waber, Psychologe und Psychotherapeut, hat durch sein fundiertes Verständnis der Adoptionssituation einen wesentlichen Beitrag geleistet. Frau Margrit Ryser übernahm die anstrengende Arbeit der Literaturzusammenstellung.

Mein herzlicher Dank gilt allen Adoptivfamilien, Eltern, Kindern, Jugendlichen und Erwachsenen, die es mir ermöglichten, Einsicht in und Verständnis für ihre einzigartige Situation zu gewinnen (alle Namen im Buch sind geändert). Dank ihres mir entgegengebrachten Vertrauens und ihrer Offenheit erlaubten sie mir, ihre seelischen Belastungen, ihren Schmerz und ihre Trauer, aber auch ihre Freude und Hoffnung mitzuerleben. Sie gewährten mir Einblick in ihr unermüdliches Engagement für die Adoptionsbeziehung, getragen von dem alles umfassenden Wunsch nach einer geglückten Eltern-Kind-Begegnung.

Das spielende Kind bedeutet Leben.

Heraklit

I EINFÜHRUNG

Es ist wohl dieses spielende Kind, über das Heraklit bereits vor mehr als 2000 Jahren sprach, das den Wunsch des Erwachsenen nach Elternschaft erweckt, da es existenziellen und essenziellen Sinn sowie Bedeutung in unser Leben bringt.

Die Adoption ermöglicht es, ein Kind, das nicht direkt mit den Adoptierenden verwandt ist, in einer Familie aufwachsen zu lassen und zu erziehen [Lücker-Babel, 1991]. In Deutschland wurden im Jahr 2005 insgesamt 4762 Kinder und Jugendliche unter 18 Jahren adoptiert, davon kamen 1453 aus dem Ausland [Statistisches Bundesamt, 2006]. In der Schweiz gibt es pro Jahr im Durchschnitt 500 Adoptionsfälle. In den letzten zehn Jahren handelte es sich dabei um durchschnittlich 52 nationale Adoptionen. Die internationale Adoption stellt eine Kindesschutzmaßnahme dar [Bundesrat, 2006]. Die Adoption gilt als die beste Lösung für die Entwicklung eines Kindes ohne Familie, verglichen mit den Alternativen einer Unterbringung in einer Pflegefamilie oder einer Institution. Sie bietet dem Kind ein Maximum an Bindungs- und Beziehungskontinuität und rechtlicher Zugehörigkeit.

Der Adoptionsprozess prägt die sich kontinuierlich verändernden Bedürfnisse und Wünsche der Familienmitglieder und der Familie in den verschiedenen Entwicklungs- und Lebensphasen. Er erfordert einen aufrichtigen Dialog zwischen allen Beteiligten und die Akzeptanz von Unterschieden zwischen Adoptiveltern und leiblichen Eltern sowie zwischen Adoptivkind und leiblichem Kind. Unter diesen Voraussetzungen kann eine gemeinsame, geteilte Geschichte von Adoptiveltern und Adoptivkindern gelingen.

Die Adoptionssituation erweist sich einerseits als mit vielfältigen Risiken, wie z. B. der psychischen Traumatisierung und der erschwerten Identitätsbildung, behaftet. Andererseits aber kommt ihr auch eine besonders protektive Bedeutung zu, die eine Entwicklungschance in sich birgt. Forschungsergebnisse zeigen, dass der größte Teil der Adoptierten weder längerfristige psychosoziale Störungen aufweist noch psychiatrische Behandlung benötigt [Lesaca,

1998]. Trotzdem nehmen Adoptivkinder vermehrt kinder- und jugendpsychiatrische oder -psychologische Dienste in Anspruch. Diese Tatsache wird sich kaum ändern, da immer häufiger ältere und zum Teil behinderte Kinder mit persönlichen Erfahrungen von Vernachlässigung, Misshandlung oder multipler Platzierung zur Adoption aufgenommen werden.

Die Adoption bedeutet für das Kind immer den Abbruch der Beziehung zu den leiblichen Eltern und den Aufbau einer Beziehung zu den Adoptiveltern. Sie stellt eine lebenslange Herausforderung für die an diesem Dreieck beteiligten Personen, nämlich die leiblichen Eltern, die Adoptiveltern und das Kind, dar [Sorosky et al., 1984].

Für die meisten Adoptiveltern und Adoptivkinder ist die Adoption eine ausgesprochen positive Erfahrung. Die besonderen Bedingungen der Adoption schaffen weder neue Interaktionsmodelle noch spezifische Kommunikationsstrukturen in der Eltern-Kind-Beziehung. Adoptiveltern werden jedoch auf dem Weg zur Verwirklichung ihres Kinderwunsches wie auch auf dem gemeinsamen Lebensweg mit dem Adoptivkind mit ganz spezifischen Problemen konfrontiert, mit denen sich leibliche Eltern nicht auseinandersetzen müssen. Die Lebensgeschichte des Adoptivkindes wird durch die Adoption geprägt, die immer wieder neu Fragen und Sorgen aufwirft, die in jeder Entwicklungsetappe oder während eines Entwicklungsübergangs in andersartigen Formen zum Ausdruck kommen.

Die Adoption bringt – wie andere existenzielle Ereignisse – etwas Unvorhersehbares mit sich, da sie mit vielen, zum Teil unbewussten, persönlichen und familiären Variablen verbunden ist. Sie trägt deshalb fast schicksalhafte Züge in sich.

Das vorliegende Buch beschreibt kurz die historische Entwicklung des Adoptionswesens, nimmt Stellung zur Fortpflanzung mittels medizinischer Maßnahmen als Alternative zur Adoption und vermittelt eine Zusammenfassung von wissenschaftlichen Forschungsergebnissen. Ausführlicher werden die spezifischen Herausforderungen beschrieben, mit denen alle am Adoptionsverhältnis Beteiligten – leibliche Eltern, Adoptiveltern und Adoptivkind – konfrontiert sind. Dabei wird auch auf die Situation der Geschwister und die Familiendynamik eingegangen. Es folgt die Schilderung klinischer Beispiele von Adoptierten verschiedener Altersstufen. Zum Schluss werden therapeutische Möglichkeiten und die Aufgaben der Vermittlungsstellen diskutiert.

Im Anhang finden sich die Geschichte des Ödipus sowie ein Glossar der verwendeten Fachausdrücke, das zum Verständnis des Textes beitragen möge.

Der Schlüssel der Geschichte ist nicht in der Geschichte, er ist im Menschen.

Théodore Simon Jouffroy

Geschichte der Adoption

Das Wort «adoptare» heißt im Lateinischen «wählen» und bedeutet, jemanden legal zu seinem Sohn oder seiner Tochter zu ernennen. Vom historischen Standpunkt aus kann die Adoption wohl als die umfassendste, von der Gesellschaft ubiquitär angewandte Art angesehen werden, die Kontinuität der Familie sicherzustellen.

Schon alte Legenden und Mythen thematisieren die Bedürfnisse der Adoptierten, das Geheimnis ihres Ursprungs zu entschleiern. Denken wir an Ödipus, der ausruft: «Das kann nicht sein, dass ich, ergreifend solche Zeichen, nicht meine Herkunft bring ans Licht! Unmöglich! Ich muss es klar ergründen! Was immer mag, das breche auf! Aber meinen Ursprung, und sei er auch gering: Ich werd ihn sehen wollen.» [Sophokles, 1989, S. 47f]

Die Ägypter und Hebräer erzählen in ihrer Legende wohl das berühmteste Beispiel: Die Tochter des Pharao rettet ein auf dem Nil ausgesetztes Kind und nennt es ihr Eigen. Moses schließlich befreit als erwachsener Mann sein jüdisches Volk von den ägyptischen Ketten und führt es in sein Heimatland zurück.

Das Adoptivkind zeichnet sich durch einen doppelten Status aus, nämlich den eines ausgesetzten und zugleich auserwählten Menschen. In der Mythologie sind es häufig hervorragende Menschen, die durch doppelte Elternschaft zu besonderen Taten befähigt waren, die das Schicksal ihnen abverlangte. Beispiele finden sich bereits in der griechischen und römischen Mythologie. Herakles, Sohn des Zeus und der Alkmene, ist berufen – wie sein Name aussagt – die Göttin Hera, eifersüchtige Ehefrau von Zeus, die zwei Schlangen sendet, um Herakles zu töten, durch seine Heldentaten zu ehren. Romulus und Remus, Kinder des Gottes Mars und einer Jungfrau, wurden ausgesetzt und von einer Wolfsmutter aufgezogen. Romulus gründete der Sage nach Rom; auf ihn führten die Römer die Grundlagen der politischen und militärischen Verfassung ihrer Stadt zurück [Knibiehler, 1995].

Recht und Gesetz

Das älteste, schriftlich dokumentierte Gesetz ist eine aus dem Jahre 2500 v. Chr. stammende, auf einen Dioritblock eingemeißelte, babylonische Gesetzessammlung. Der restaurierte, über zwei Meter hohe schwarze Dioritblock mit 44 Textspalten kann heute im Pariser Louvre bewundert und «gelesen» werden. Die Gesetzessammlung enthält einen Abschnitt über Adoption, in dem auch heute noch aktuelle Themen behandelt werden: so z. B. die traumatische Auswirkung auf das Kind durch seine Trennung von früheren Betreuungspersonen. Es wird festgehalten, dass Adoptierte, die ihre leiblichen Eltern wiederfinden möchten, zu diesen zurückkehren dürfen, auch wenn sie dadurch ihre Adoptiveltern verletzen [Clothier, 1939].

Bei den alten Griechen hatte der Vater bis zum fünften Tag nach der Geburt das Recht, über Leben und Tod seines Kindes zu entscheiden, d. h. darüber, ob er es annehmen oder ablehnen wollte. In der athenischen Republik wurde die rechtliche Möglichkeit eingeführt, das Kind auszusetzen, die im Gegensatz zu den Sitten der Nachbarländer stand, in denen illegitime Kinder getötet wurden. Sophokles dramatisierte in seinem Werk «König Ödipus» die Angst der leiblichen Eltern vor der Rache des ausgesetzten Kindes, wie sie in der Aussage des Orakels von Delphi Ausdruck findet: «Wenn ihr dieses Kind nicht tötet, wird es euch töten.» Ein Expositionstisch in der Nähe der Agora schuf die Möglichkeit, dort deponierte Kinder durch die «Adoption» zu retten.

Das römische Recht kannte bereits die Adoption. Vor Justinian (527–565 n. Chr.) war sie eine sogenannte «adoptio plena», d. h. eine Adoption, die mit allen Folgen einer Kindschaft ausgestattet war. Im antiken Rom beruhte die Vaterschaft immer auf einer «Adoption», da der Römer entschied, ob er Vater eines Kindes werden wollte oder ob das Kind ausgesetzt werden sollte. Ein römischer Bürger konnte den legitimen Sohn eines andern Bürgers adoptieren. Es handelte sich um junge Männer mit besonderen Qualitäten, und nicht um Waisen oder Ausgesetzte. Adoptionen wurden durch römische Kaiser ausgeführt, so adoptierte z. B. Caesar Augustus und Claudius Nero. Die legale Adoption war ein Privileg der Bürger. Der zu Adoptierende musste erwachsen und mit der Adoption einverstanden sein. Ebenso hatte der leibliche Vater sein Einverständnis zur Adoption abzugeben; er verlor damit jegliche Rechte über seinen Sohn. Der Adoptierte nahm den Namen seines Adoptivvaters an, wobei er oft den Namen seines leiblichen Vaters als Beinamen behielt. Der Adoptivsohn wurde Erbe seines Adoptivvaters, verlor aber jegliches Recht über die Güter seines leiblichen Vaters. Ursprünglich ging es bei diesen Adoptionen darum, den Kult der Ahnen, eine wichtige religiöse Aufgabe, weiterzuführen. Mit der Zeit hatte die Adoption zum Ziel, die Nachkommenschaft zu gewährleisten und damit Endlichkeit und Tod zu «umgehen», allerdings vor dem Hintergrund politischer Bestrebungen, die Macht zu bewahren. Frauen konnten nach römischem Recht nicht adoptieren. Den Frauen wurde diesbezüglich keine Beachtung geschenkt, sondern sie wurden als Instrumente in der Übermittlung, die durch die Männer durchgeführt wurde, gebraucht. Der zukünftige Adoptivsohn wurde immer informiert. Er wurde von seiner Herkunftsfamilie nicht getrennt, vielmehr hielt er seine affektiven Beziehungen zu seiner Familie aufrecht.

Konstantin, der erste christliche Kaiser des Römischen Reiches, verbot im 4. Jahrhundert die Aussetzung von Kindern, da jedes Kind ein Kind Gottes sei.

Im Mittelalter war es Alfons X., spanischer König von Kastilien und Leone, einer der gelehrtesten Fürsten des Mittelalters, der in seiner Gesetzessammlung des 13. Jahrhunderts das Wohlergehen der Adoptierten berücksichtigte. So war z. B. eine Untersuchung über die Eignung der Adoptiveltern vorgesehen, wenn das zu adoptierende Kind noch nicht 15 Jahre alt war [Dreixler, 1998].

In Frankreich wurde die Adoption 1804 durch den Code Civil von Napoleon I. eingeführt. Er erlaubte die Aufnahme von Kindern unter 15 Jahren, deren Adoption jedoch erst legalisiert werden konnte, nachdem das Kind volljährig geworden war. Erst 1923 wurde in Frankreich die Adoption von Minderjährigen legal.

Bis Mitte des 19. Jahrhunderts war die Aussetzung ungewollter Kinder die am häufigsten angewandte Praxis. Jean-Jacques Rousseau erzählt in seinen «Confessions» [1770], wie er sein ältestes Kind abgab, indem er es bei einer Hebamme ließ, die das Kind ins «hospice des enfants trouvés» brachte. Während des Mittelalters wurden Krippen am Eingang von Kirchen bereitgestellt oder eine Art Drehbank in Hospizen, die ermöglichten, die ungewollten Kinder aufzunehmen. Im christlichen Mittelalter wurde die Adoption wegen des Glaubens an unauflösbare familiäre Bindungen nicht gefördert.

Bis zum 19. Jahrhundert fanden Adoptionen nur in der Oberschicht statt, d. h. in der Bevölkerungsgruppe, die das höchste gesellschaftliche Prestige genoss; in den unteren Schichten gab es verschiedene Formen der Verdingung von Kindern, die für ihre Arbeitskraft mit Kost und Unterhalt entlohnt wurden. Illegitime Kinder, sogenannte Bastardkinder, wurden als Sklaven behandelt.

Die reichen Ägypter, Chinesen und Inder, die keine Kinder hatten, verschafften sich durch Adoption einen Erben. In Indien war die Adoption eines männlichen Kindes für die Hindus eine Möglichkeit, den religiösen Pflichten nachzukommen. Der letzte Maharadscha in Indien adoptierte im Jahre 2003 seinen Großsohn (Sohn seiner Tochter), da er selbst keinen Sohn hatte.

Der Islam kennt die Adoption nicht, erlaubt aber, ausgestoßene Kinder in die Familie aufzunehmen und somit der Barmherzigkeitspflicht nachzukommen.

In den USA wurde die Adoption 1851 zum ersten Mal gesetzlich festgehalten und geregelt, mit dem Ziel, das Wohlergehen der Kinder zu gewährleisten.

Adoptionsprozesse waren und sind also immer noch sehr verschieden, je nach Ort, Epoche, Kontext und Adoptionszielen. Früher diente die Adoption vor allem dazu, Erbschaftsfragen zu lösen. Erst später kümmerte man sich um die affektiven Bedürfnisse von Eltern und Kindern. Heute schließlich steht im Vordergrund, die Bedürfnisse und Rechte des Kindes zur Geltung zu bringen.

UNO-Konvention über die Rechte des Kindes

Die 1989 verabschiedete UNO-Konvention über die Rechte des Kindes ist ein Abkommen der Vereinten Nationen, in dem in 54 Artikeln verschiedene Rechte für Menschen von 0–18 Jahren festgehalten sind. In der Schweiz sind die in der Kinderrechts-Konvention enthaltenen Rechte (mit Ausnahme von fünf Vorbehalten) seit dem 26. März 1997 Bestandteil der Rechtsordnung und gelten somit für alle Kinder in der Schweiz (Haager Adoptionsübereinkommen vom 29. Mai 1993). In Deutschland wurde das Haager Abkommen am 25.01.2001 vom Deutschen Bundestag ratifiziert. In Sachen Adoption hat die UNO-Konvention die Sicherstellung des Kindeswohls und die Wahrung der Grundrechte bei internationalen Adoptionen zum Ziel. Insbesondere soll sie den Kinderhandel dadurch verhindern, dass fachliche Standards bei internationalen Adoptionen in allen Vertragsstaaten beachtet werden.

Die meisten Adoptionen heute sind internationale Adoptionen, zum Teil älterer, bereits schulpflichtiger und behinderter Kinder, da sehr wenige Säuglinge zur Adoption auf nationaler Ebene sowie in Europa und Nordamerika zur Verfügung stehen; dies wegen der Möglichkeit von Empfängnisverhütung und Schwangerschaftsabbruch, aber auch dank der sozialen Unterstützung, die es Müttern erlaubt, ihr Kind zu behalten. Es ist im Weiteren zu fragen, ob aufgrund der neuen technischen Methoden (In-vitro-Befruchtung, artifizielle Insemination) auch die Adoptionsbegehren zurückgehen werden. Die Legalisierung von Schwangerschaftsabbrüchen erklärt teilweise den Rückgang der Zahl von Adoptionen, vor allem von Kindern, die von weißen Frauen in den USA während der frühen 1970er Jahre geboren wurden [Bitler und Madeline, 2002]. Die Wichtigkeit der biologischen, der faktischen und der symbolischen Elternschaft wird jedoch nie abnehmen.

Zwei Dinge sollen Kinder von ihren Eltern bekommen: Wurzeln und Flügel.

Johann Wolfgang von Goethe

Kinderlose Paare mit Kinderwunsch

Adoption und Reproduktionsmedizin stehen heute Elternpaaren mit ungewollter Kinderlosigkeit als Möglichkeit zur Verfügung, ihren Kinderwunsch zu erfüllen. In beiden Situationen besteht die Notwendigkeit einer Trauerarbeit der zukünftigen Eltern über ihr imaginäres Kind, das ohne das Zutun eines Dritten (Adoptionsvermittlung oder Reproduktionsmedizin) nicht hätte gezeugt werden können [Steck, 1999b].

Der Kinderwunsch oder das Begehren nach Fortpflanzung gehört nach Erikson [1975] zu den bedeutsamen psychologischen Entwicklungsaufgaben des Erwachsenenalters, deren Verwirklichung zu einer zusätzlichen Reifung der Persönlichkeit führt. Im Kinderwunsch beider Eltern ist das Bild eines meist idealisierten imaginierten Kindes enthalten; es stellt das Ergebnis eigener Erfahrungen aus der Beziehung zu den Eltern dar sowie des Wunsches nach Zeugungsfähigkeit und des existenziellen Begehrens aus der gegenwärtigen Beziehung [Bürgin, 1998]. Der Kinderwunsch beinhaltet rationale und bewusste Vorstellungen der zukünftigen Eltern, hat aber immer auch einen unbewussten Ursprung. Die von den zukünftigen Eltern bewusst wahrgenommenen Gründe für ihren Kinderwunsch entsprechen oft nicht den unbewussten Motivationen. Der Kinderwunsch entsteht zumeist in einer bedeutsamen Beziehung eines Paares und wird begleitet vom Wunsch nach Elternschaft. Er bedeutet für jede zukünftige Mutter oder Vater eine Auseinandersetzung mit der Frage nach der persönlichen Identität; es handelt sich um einen Integrationsprozess der Identifikation mit den eigenen Eltern.

Für die persönliche Entwicklung und Entfaltung jedes Kindes ist es essenziell, von seinen Eltern gewünscht und geliebt zu werden. Für das Kind, ob legitim, illegitim, adoptiert oder mit Hilfe reproduktionsmedizinischer Techniken gezeugt, ist es von einzigartiger Bedeutung, eine «Antwort» auf den elterlichen Kinderwunsch zu sein, wie de Saint-Exupéry dies in seinem Buch der kleine Prinz auf symbolische Art und Weise ausdrückt: «Le

Petit Prince s'en fut revoir les roses: ... ma rose à moi ... elle est plus importante que vous toutes, puisque c'est elle que j'ai arrosée. Puisque c'est elle que j'ai mise sous globe. Puisque c'est elle que j'ai abritée par le paravent ... Puisque c'est elle que j'ai écoutée se plaindre, ou se vanter, ou même quelquefois se taire. Puisque c'est ma rose» [Saint-Exupéry 1945, S. 72]. («Der kleine Prinz machte sich auf, die Rosen wiederzusehen: ... *meine* Rose ... sie ist wichtiger als ihr alle, da *sie* es ist, die ich begossen habe. Da *sie* es ist, die ich unter den Glassturz gestellt habe. Da *sie* es ist, die ich mit dem Wandschirm geschützt habe. Da *sie* es ist, die ich klagen, sich rühmen oder sogar manchmal schweigen gehört habe. Da es *meine* Rose ist.» Übersetzung und Kursivsetzung B.S.)

Enttäuschte Sehnsucht. Der unerfüllte Kinderwunsch hat für jedes Paar, jede zukünftige Mutter und jeden zukünftigen Vater sowohl gemeinsame als auch individuelle bewusste und unbewusste Bedeutungen. Er kann z. B. die Sehnsucht enttäuschen, sich im eigenen Kind fortzupflanzen, das eigene Leben im Kind fortzusetzen. Er kann den Wunsch enttäuschen, eigenen inneren Reichtum an ein Kind weiterzugeben. Er kann auch das Bedürfnis enttäuschen, Liebe und Zuneigung in einer intimen Beziehung mit dem Kind ausdrücken zu können. Er kann ebenfalls die Hoffnung enttäuschen, eigene Persönlichkeitsanteile im Kind wieder zu beleben [Küchenhoff, 1998]. Er kann die Freude enttäuschen, mit einem Kind einen Neubeginn, einen neuen Anfang im eigenen Leben zu schaffen. Die eigene Infertilität wird von Frauen und Männern unterschiedlich erlebt und wirkt sich auf die psychische Verarbeitung der Ehepartner und auf ihre gegenseitige Unterstützung aus sowie auf ihre Fähigkeit, sich gemeinsam für ihre zukünftige Elternschaft zu entscheiden [Freeark et al., 2005].

Trauer. Der unerfüllte Kinderwunsch stellt den Verlust der biologischen Elternschaft dar. Da Schwangerschaft und Geburt zu den wichtigsten Lebensereignissen zählen, kann deren Unmöglichkeit zu einer narzisstischen Kränkung führen und eine schwere Selbstentwertung zur Folge haben. Bei der notwendigen Trauerarbeit handelt es sich um einen bewussten und unbewussten Prozess, mit diesem Verlust umzugehen. Es kann sich dabei um einen realen Verlust handeln, wie z. B. bei einer Fehlgeburt oder einer Abtreibung, oder um einen symbolischen, wie dies der Fall ist beim Verlust der Fertilität. Der Trauerprozess umfasst den Verlust der Möglichkeit, eine neue Generation zu kreieren, und die Unmöglichkeit einer transgenerationellen Kontinuität. Durch das biologische Unvermögen, ein Kind zu zeugen, wird die Generationslinie unterbrochen. Der daraus resultierende Verzicht betrifft sowohl das Individuum als auch das Paar und die erweiterte Familie.

In beiden Situationen – Adoption oder Reproduktionsmedizin – sind Verständnis und Bedeutung der Elternschaft, der Eltern-Kind-Bindung und der Identitätsentwicklung des zukünftigen Kindes zu beachten [Golombok et al., 1995]. Zusätzlich stellt sich die zentrale Frage, welche Informationen an das Kind weitergegeben werden.

Folgende Unterschiede können gemacht werden: das biologische Kind und die biologische Elternschaft, deren Referenzen Zeugung, Schwangerschaft und Geburt sind; das imaginierte Kind oder die imaginierte Elternschaft, die von Emotionen, Erwartungen, Hoffnungen und Projektionen ausgestaltet sind; die soziale oder symbolische Elternschaft, die erlaubt, Namen und Erbschaftsgüter zu übertragen, und die auch die Rechte und Pflichten der Eltern-Kind-Beziehung und der Zugehörigkeit bestimmt.

Adoption und Reproduktion sind eingerichtete Formen der Familiengründung und konstituierten Eltern-Kind-Beziehungen. Sie haben das gleiche Ziel, nämlich einem Paar zu ermöglichen, Eltern zu werden. Es geht darum, eine physische oder psychische Behinderung von Erwachsenen bzw. von potenziellen Eltern zu «überwinden».

In beiden Situationen ist eine vorhergehende Trauerarbeit um das imaginierte Kind notwendig. Das ursprüngliche Kind wird sich während dieses Trauerprozesses des Paares in deren Vorstellungen ändern. Nur dann riskiert das zukünftige Kind nicht, zum «Ersatzkind» zu werden.

Das Kind darf nicht ein «Mittel» darstellen, dazu bestimmt, die Leiden über den Verlust der Fertilität seiner Eltern zu «heilen», im Sinne eines «Heilmittels». Kein Kind wird je über die geforderten Mittel verfügen, um die Wunden seiner Eltern zu pflegen bzw. zu schließen, Wunden, die entstanden sind aus Gefühlen des Selbstwertverlustes oder der eigenen psychischen Vereinsamung oder Verarmung. Das Kind darf nicht dazu benutzt werden, die Partnerschaft aufrechtzuerhalten, die Leere in der Partnerschaft zu überbrücken oder einen persönlichen oder sozialen Erfolg seiner Eltern zu beweisen.

Reproduktion mittels medizinischer Maßnahmen

Die moderne Reproduktionsmedizin weckt bei ungewollt kinderlosen Paaren neue Hoffnungen. Die Instrumentalisierung der Sexualität, die gestörte Intimität durch die medizinischen Maßnahmen und die notwendigen Anweisungen eines außenstehenden Dritten [Hoksbergen und Textor, 1993] können eine Belastung für die Beziehung der Partner sein und zur emotionalen Distanzierung führen. Die Reproduktionsmedizin bringt auch die Gefahr mit sich, den Kinderwunsch eines Paares in einen Anspruch auf ein Kind umzuwandeln.

Die Geschichte im Urteil des Salomons zeigt, wie sich die Heftigkeit des Kindeswunsches in ein absolutes Recht auf das Kind umwandelt, sogar auf Kosten seines Lebens. Salomon hat die Aussage der Frau, das Kind solle «weder ihr noch mir» gehören, «teilen sie es!», als zu mörderisch eingeschätzt, als dass sie von der Mutter kommen könnte. Die wahrhafte (richtige) Mutter ist bereit, auf ihr Kind zu verzichten, da sie es in einen Lebensprozess einschreibt, während die andere Frau das Kind besitzen will, sogar um den Preis seines Todes. Dieses Beispiel illustriert, wie die narzisstische Kränkung durch die eigene Kinderlosigkeit zu Neid, Missgunst und Rücksichtslosigkeit führt bis hin zur mörderischen Wut, die sich schließlich gegen das Objekt der Begierde richtet.

Die Fortschritte der Reproduktionsmedizin und -technik tragen dazu bei, die Allmachtsphantasmen, ein Recht auf ein Kind zu haben, da ein solches «fabrizierbar» ist, zu verstärken. Der Kinderwunsch kann bis zur Forderung nach einem Kind oder nach einer biologischen Elternschaft um jeden Preis führen. Die Tatsache, dass eine der größten Lebensfunktionen, die Fortpflanzung, beherrscht werden kann, lässt allmächtige Vorstellungen eines perfekten Produktes entstehen, Vorstellungen, die nicht mehr im Einklang mit unvorhersehbaren Gegebenheiten stehen. Das so sehr gewünschte und erwartete Kind riskiert jedoch anders zu sein und dem imaginierten perfekten Traumkind nicht zu entsprechen.

Für die Eltern stellt sich zusätzlich die zentrale Frage, wie sie das Kind informieren wollen. Entscheiden sich Eltern dafür, die besonderen Umstände, nämlich die Erfüllung ihres Kinderwunsches durch medizinische Hilfe, geheim zu halten, kann die notwendige Verarbeitung der mit diesen Maßnahmen verbundenen Gefühle nicht stattfinden. Das diesbezügliche Geheimnis riskiert zu einem Familiengeheimnis zu werden und kann später die Identitätsentwicklung und -entfaltung des Kindes negativ beeinflussen.

Sowohl bei der Adoption als auch bei der Reproduktion durch medizinische Maßnahmen und insbesondere bei der artifiziellen Insemination durch Spender hat das Kind ein Anrecht auf Information. Die Frage nach der eigenen Herkunft hat wohl eine zentrale Bedeutung für jeden Menschen. Die Gesetzgebung sieht die Möglichkeit der Information an das Kind über seine Herkunft ebenfalls vor. Die gesetzlichen Rechte des adoptierten Kindes auf Kenntnis der leiblichen Abstammung wurden von Locher [1993] dargelegt.

Vom biologischen Gesichtspunkt her ist das Kind des heterologen Spenders (Befruchtung durch Samenzellen eines Dritten) das Kind der Mutter, was eine Asymmetrie zwischen den Eltern schafft. Die diesbezüglichen Diskussionen stellen die Frage, ob das Kind eines solchen Spenders von seinem sozialen Vater adoptiert werden sollte. Die Bedeutung des Kindes und der Elternschaft als symbolische Kreationen sind immer von zentraler Wichtigkeit, ungeachtet dessen, ob es sich um ein natürliches, ein mittels Reproduktion gezeugtes oder ein adoptiertes Kind bzw. um eine biologische oder eine soziale Elternschaft handelt.

Adoption *und* Reproduktionsmedizin

Die Infertilität stellt in vielen Fällen nicht nur ein Versagen des Körpers dar, sondern kann auch ein unbewusstes Nein der Psyche auf den im Bewusstsein so deutlich ausgesprochenen Kinderwunsch bedeuten. In Situationen, in denen Ehepaare gleichzeitig medizinische Interventionen vornehmen und sich um ein Adoptivkind bewerben, resultiert der Kinderwunsch oft aus dem unerträglichen Erleben eines existenziellen Mangels, der mitsamt den damit verbundenen schmerzlichen Gefühlen von Vernichtung und Tod abgewehrt wird. Den biologischen Kinderwunsch nicht verwirklichen zu können, wird wie ein Schock erlebt und verleugnet, d. h. kann nicht angenommen und eingestanden werden. Das Paar versucht, die intrapsychische Auseinandersetzung über den Verlust zu vermeiden und «flüchtet» sich in die vorhandenen Möglichkeiten, um den Mangel so rasch als möglich zu beheben; *wie* scheint weniger wesentlich zu sein. Die Bedeutung des Fertilitätsverlustes bleibt verdrängt und ein Trauerprozess kommt nicht zustande. So wurden von den meisten kinderlosen Paaren gleichzeitig eine In-vitro-Fertilisation und eine Adoption angestrebt, wobei Frauen der Adoption gegenüber günstiger eingestellt waren als ihre Ehemänner [Williams, 1992].

Im Gespräch mit dem Paar können Repräsentanzen eines zukünftigen Kindes kaum eruiert werden, da die Vorstellungen von der Angst, kein Kind zu haben, besetzt sind. Diese Angst wird als eine Furcht, die sich auf die somatische Behinderung bezieht, dargestellt. Es wird aber deutlich, dass die Angst vor der Unfähigkeit des Paares, dem Kind auf der phantasmatischen und mentalen Ebene einen Platz zu schaffen, auf den Körper verlagert wird. Die Infertilitätsangst kann so eine andere Angst verstecken, nämlich die vor der psychischen Konfrontation und Bearbeitung [Stoleru, 1995]. Das künftige Kind wird in einer solchen Situation mit einer intensiven Angst erwartet, welche eine phantasmatische Repräsentation verunmöglicht oder nur eine irreale und idealistische Vorstellung zulässt. Deshalb ist es in den Gesprächen wichtig, künftigen Eltern zu helfen, auf ihr eigenes infantiles Selbst, ihr eigenes inneres Kind zu hören, und – sofern es gelingt – sie dadurch zu befähigen, ihrerseits die Bedürfnisse ihres zukünftigen realen Kindes wahrzunehmen [Sabatello et al., 1989].

Das Kind um jeden Preis wird zu einer Kostbarkeit und gleichzeitig zu einem Retter- oder Heilerkind, an welches die implizite/unbewusste Erwartung gerichtet wird, dass es die narzisstische Verletzung der Eltern und deren sexuelle und soziale Integration wiederherstellt.

Sind Paare bereit, psychotherapeutische Arbeit zu leisten, kommen vielfache Phantasmen (zum Teil bewusste, aber meist unbewusste) zur Bearbeitung. Es handelt sich um Phantasmen über die eigene körperliche Integrität bzw. über die Beschädigung des Körpers oder der Reproduktionsorgane (der weibliche Körper oder männliche Spermien werden z. B. als destruktiv fantasiert). Die Zeugungsunfähigkeit kann als Angriff auf die Geschlechtsidentität oder als eine Bestrafung sexueller Wünsche erlebt werden. Es besteht eine enge Verbindung zwischen Zeugungsfähigkeit und männlichem bzw. weiblichem Selbstwertgefühl.

Adoption *oder* Reproduktionsmedizin

Wünschen Ehepaare ein Kind zu adoptieren, nachdem die medizinischen Maßnahmen erfolglos blieben, haben sie wiederholte Episoden von Hoffnung und Enttäuschung erlebt. Die sich wiederholenden Misserfolge der medizinischen Maßnahmen sind eine große Belastung für Ehepartner und von Wut, Hass und Neid sowie von Depression, Trauer und Schmerz begleitet. Es handelt sich um den Verlust einer manchmal jahrelang vergeblich angestrebten sinnerfüllten Lebensgestaltung. Nach Dreixler [1998] bedeutet das Wissen um die endgültige Kinderlosigkeit oftmals den Verlust einer Lebensperspektive, so dass im Fall des Scheiterns der Fertilitätsmedizin die Adoption eines Kindes zum letzten Ausweg wird. Es ist deshalb oft besonders schwierig für Ehepaare, mit der Adoptionssituation einerseits und den Adoptionsabklärungen andererseits konfrontiert zu werden. Es handelt sich bei der Adoptionssituation in der Mehrheit um internationale Adoptionen, zum Teil älterer und/oder behinderter Kinder. Die Adoptionsabklärung erstreckt sich über Monate, manchmal über mehr als ein Jahr, und schließt die Möglichkeit ein, als nichtfähige Eltern abgewiesen zu werden.

Da viele Ehepaare keine definitive Diagnose ihrer Sterilität erhalten, hoffen sie weiterhin auf ein eigenes Kind. Die Identifikation mit einer Adoptivelternschaft ist deswegen schwierig und der Prozess des Identitätswechsels – von der biologischen Elternschaft zur Adoptivelternschaft – ambivalent und langandauernd.

In den Phantasmen des Ehepaars kann ein Konflikt zwischen zwei Kindesvorstellungen bestehen: Das imaginäre Kind des Ehepaars, affektiv hoch besetzt, scheint dem imaginären Adoptivkind das Recht auf Existenz abzustreiten. Erst eine Trauerarbeit über den Verlust der Fertilität ermöglicht es, dass der Wunsch nach einem eigenen Kind auf den Wunsch nach einem Adoptivkind verschoben werden kann. Es ist wichtig, Ehepaare mit Kinderwunsch zu Beginn über die verschiedenen Möglichkeiten der Reproduktionsmedizin und der Adoption durch entsprechende Fachleute zu informieren. Zusätzlich scheint es unerlässlich, aufgrund eines empathisch geführten Gesprächs mit dem Ehepaar zu versuchen, die Hintergründe ihres Kinderwunsches und ihre wesentlichen Motivationen besser zu verstehen. Sowohl biologische als auch psychologische Faktoren sollten in die Diagnostik mit einbezogen werden, damit entsprechend adäquate therapeutische Maßnahmen vorgeschlagen werden können.

Die psychotherapeutische Bearbeitung von z. B. verdrängten Verlusten und/oder unbewussten Konflikten stellt bei zukünftigen Eltern eine präventive Maßnahme für das zukünftige Kind dar, sei dies ein reproduziertes oder ein adoptiertes Kind, da Verluste sich weder durch den Gewinn eines Kindes ersetzen noch dadurch überbrücken lassen, dass man einem Kind Eltern sein kann. Hinzu kommt, dass es sich beim Adoptivkind oft um ein traumatisiertes Kind handelt. Kinder erwecken und offenbaren die erlebten, nicht verarbeiteten Traumata und/oder Verluste ihrer Eltern.

Kinder werden immer etwas Unvorhersehbares mit sich bringen. Nur dieses Unvorhersehbare – nicht aber dessen Verbindung mit dem Unbewussten – ist sichtbar. Phantasmen, Wünsche, Imaginäres oder Träume werden immer unkontrollierbar bleiben. Das größte Geschenk von Eltern an ihr Kind besteht darin, ihm einen liebevollen und geschützten Freiraum zu gewähren, in dem es sein einzigartiges Potenzial entfalten kann und *seine* «Antwort» auf das Unvorhersehbare zu finden vermag.

Das höchste Glück des denkenden Menschen ist es, das Erforschliche erforscht zu haben, und das Unerforschliche ruhig zu verehren.

Johann Wolfgang von Goethe

II ERGEBNISSE DER ADOPTIONSFORSCHUNG

Die schon seit Jahrzehnten andauernde Forschung im Bereich der Adoption beschäftigt sich mit vielfältigen und komplexen Fragestellungen. Sie umfasst unter anderem Studien über Interaktionen von genetischen und familiären Umwelteinflüssen auf die psychosoziale Entwicklung von Adoptivkindern. Es werden zahlreiche Variablen wie z. B. Alter, Geschlecht, protektive und Risikofaktoren untersucht sowie potenzielle Gefährdungssituationen, die eine Rolle in der psychosozialen Anpassung von Adoptivkindern spielen oder zu psychosozialen Störungen führen. Andere Arbeiten versuchen die wesentlichen Unterschiede bei früh versus spät adoptierten Kindern sowie bei nationalen versus internationalen Adoptionen aufzuzeigen. Ebenso gehören epidemiologische Untersuchungen zur Adoptionsforschung. Bei den folgenden Ausführungen handelt es sich um den Versuch, aus der Fülle der Forschungsresultate einige zusammenfassende Schlussfolgerungen zu ziehen und die zum Teil kontroversen Ergebnisse aufzuzeigen.

Die Adoption wird in der Literatur einheitlich als die beste Lösung für die Entwicklung eines Kindes ohne Familie beschrieben im Vergleich zur Unterbringung in einer Institution oder in einer Pflegefamilie [Johnson, 2002; Zeanah, 2000]. Sie gewährleistet dem Kind ein Maximum an Bindungs- und Beziehungskontinuität und rechtliche Zugehörigkeit.

Adoption als solche darf also nicht einfach als Ursache zukünftiger Psychopathologie betrachtet werden, sie ist jedoch als Risikosituation ernst zu nehmen, denn allen Beteiligten gemeinsam ist das Erleben von Verlusten: für das Adoptivkind handelt es sich um den Verlust seiner leiblichen Eltern, für diese um den Verlust ihres eigenen leiblichen Kindes und für die Adoptiveltern zumeist um den Verlust ihrer biologischen Elternschaft [Cohen, 2002].

Genetische und Umweltfaktoren

Das menschliche Wesen ist nicht Gefangener seines Genoms, sagt Jacob [1970]. Der Beitrag der genetischen Faktoren auf die familiäre Umwelt und die Beziehung zwischen der familiären Umwelt und Entwicklungsprozessen wird in komplexen Projekten erforscht [Plomin, 1995]. Entwicklungsforschung erlaubt, Umweltfaktoren und deren Verbindung zur kindlichen Entwicklung zu verstehen sowie die Prozesse kennenzulernen, dank derer genetische Veranlagungen in Erscheinung treten, d. h. Genotypen zu Phänotypen werden.

Genetische Studien zeigen, dass elterliche affektive Störungen das Risiko einer Erkrankung beim Kind um ein 10- bis 15-faches erhöhen. Zu den affektiven Erkrankungen gehören die Schizophrenie sowie schwere depressive oder manisch-depressive Psychosen. So haben z. B. Kinder schizophrener Eltern ein Risiko von etwa 13 % (10–15 %) selbst an Schizophrenie zu erkranken, während die Prävalenz der Gesamtbevölkerung 0,5–1 % beträgt. Zu der Risikogruppe gehören aber auch Kinder von Eltern mit schweren Persönlichkeitsstörungen, delinquentem Verhalten oder einer Suchtproblematik. Im Vergleich zu Kindern von schizophrenen und affektiv gestörten Eltern, weisen Kinder, deren Eltern an einer Persönlichkeits- oder Suchtstörung leiden, die ungünstigsten Entwicklungsmerkmale auf [Laucht et al., 1992].

Genetische und Umweltfaktoren sind gemeinsam verantwortlich für die beobachtbaren Merkmalsunterschiede von Individuen, z. B. von elterlichem Verhalten [Eley et al., 1998], und ihrer familiären Umwelt. Das Verhalten des Kindes beeinflusst das der Eltern und der familiären Umwelt – und umgekehrt. Der Familienprozess ist also ein doppelt gerichteter.

Umwelteinflüsse haben jedoch nicht die gleichen Wirkungen auf die einzelnen Individuen, weswegen Kinder in derselben Familie unterschiedlich sind: «Wir sind so oft davon ausgegangen, dass die Entwicklung von Geschwisterkindern entscheidend durch gemeinsame Einflüsse geprägt wird: von der Persönlichkeit und den Kindheitserfahrungen ihrer Eltern, von der Qualität der Partnerbeziehung der Eltern, vom Bildungshintergrund der Kinder, von der Nachbarschaft, in der sie heranwachsen, und von den Einstellungen ihrer Eltern gegenüber Schule und Disziplin. Insofern diese Einflüsse den Geschwistern aber gemeinsam sind, erklären sie nicht deren unterschiedliche Entwicklungen, die wir beobachtet haben» [Plomin, 1994, S. 23]. Die Passungsprobleme zwischen Adoptiveltern und Adoptivkindern verstärken sich, je älter die Kinder werden [Peters et al., 1999]. Der hereditäre Einfluss wird mit zunehmendem Alter deutlicher. Ältere Kinder können sich leichter einen sozialen Kontext wählen, der zu ihren Anlagen passt, d. h. mit größerer Unabhängigkeit gestalten Kinder ihre Umwelt vermehrt selbst [Rende und Plomin, 1995]. Gewisse genetische Faktoren machen sich also erst in einem spezifischen Entwicklungsalter bemerkbar.

Risiko- und protektive Faktoren

Unter Risikofaktoren versteht man Variablen, die die Wahrscheinlichkeit erhöhen, dass sich beim Kind eine psychische Störung herausbildet bzw. die Entwicklung des Kindes ungünstig verläuft [Schleiffer, 1997]. Sie wirken zumeist kumulativ. Protektiven Faktoren kommt hingegen ein günstiger Einfluss auf die psychische Entwicklung zu. Risiko- und protektive bzw. Vulnerabilitätsfaktoren [Rutter, 1990] haben unabhängig voneinander wirkende Einflüsse. Wichtiger als die Identifikation solcher Variablen oder Faktoren ist daher, die diesen Faktoren zugrunde liegenden Prozesse zu erforschen. Erst der jeweilige soziale oder kulturelle Kontext entscheidet darüber, ob einer Eigenschaft, einer Situation oder einem Sachverhalt protektive oder mit Risiken verbundene Bedeutung zuzuschreiben ist [Cohler et al., 1995]. Adoptivfamilien haben eine protektive Auswirkung auf ihr durch negative frühkindliche Erfahrungen gefährdetes Adoptivkind [McGuiness und Dyer, 2006].

In den USA führen Plomin und Mitarbeiter seit 1975 Longitudinalstudien bei Adoptivkindern, ihren leiblichen Eltern, Adoptiveltern und Geschwistern sowie bei nicht adoptierten Kindern und ihren Eltern und Geschwistern durch. Die in diesen Studien untersuchten Kinder wurden von der Geburt bis ins Erwachsenenalter begleitet. Ergebnisse zeigen, dass Störungen multifaktoriell determiniert sind: bei einer genetischen Belastung sind mehrere Gene mitverantwortlich und Kombinationen unterschiedlicher Umwelt-Risiko-Faktoren sind bei Störungen beteiligt. Wie die meisten Übersichtsarbeiten aus der Verhaltensgenetik festhalten [Peters et al., 1999], ist das Auftreten von Verhaltensproblemen als ein Genotyp-Umwelt-Interaktionsmodell zu verstehen. So mag z. B. ein temperamentvoll veranlagtes Kind eine stimulierende Wirkung auf seine Adoptiveltern ausüben.

Auch wenn in der Literatur Übereinstimmung darüber besteht, dass gewisse Verhaltenscharakteristika vererbt werden, besteht weniger Gewissheit im Hinblick auf die Heredität von spezifischen Verhaltensweisen. Die meisten adoptierten Kinder zeigen trotz eines potenziell pathologischen biologischen Familienhintergrundes gute psychosoziale Anpassungen. Die Verhaltensgenetik vermittelt den besten zur Verfügung stehenden Beweis für die Wichtigkeit von nicht genetischen Faktoren in der Verhaltensentwicklung. Kinder haben eine aktive Rolle in der Kreation und Interpretation ihrer Erfahrungen.

Die Adoptionsforschung erlaubt also einen einmaligen Einblick, wie hereditäre und Umweltfaktoren die psychische Entwicklung von Kindern beeinflussen. Studien, die diese Interaktion auf psychosoziale Störungen von Adoptierten untersuchen, ergeben, dass genetische Prädispositionen nur dann zum Ausdruck kommen, wenn sie durch Umweltfaktoren aktiviert werden. So haben z. B. Kinder, deren leibliche Eltern unter psychischen Krankheiten wie z. B. Schizophrenie leiden, ein höheres Risiko, psychisch zu erkranken, wenn sie in psychopathologisch auffälligen Adoptivfamilien aufwachsen [Brand und Brinich, 1999; Cohen et al., 1993; Dance et al., 2002; Fergusson et al., 1995; Peters et al., 1999; Rutter et al., 2001; Schleiffer, 1997; Tienari und Winne, 1994.

In einer prospektiven Langzeitstudie [Tienari und Wynne, 1994; Wahlberg et al., 2004] wurde gezeigt, dass ein genetisches Risiko beim Kind und schwere Kommunikationsstörungen der Adoptiveltern interagieren und zusammen einen signifikanten negativen Einfluss auf das Adoptivkind haben können.

200 Kinder schizophrener Mütter, die im Alter zwischen null und fünf Jahren adoptiert worden waren, wurden verglichen mit adoptierten Kindern nicht schizophrener Mütter. Das genetische Risiko der Kinder, an Schizophrenie zu erkranken, wurde durch eine protektive familiäre Umgebung reduziert. Jene Kinder, die in gesunden Adoptivfamilien aufwuchsen, zeigten keine schweren psychischen Störungen. Kinder, die in beträchtlich gestörten Adoptivfamilien aufwuchsen, in denen die Adoptiveltern schwere Kommunikationsstörungen aufwiesen, erkrankten hingegen an Schizophrenie.

Studien in Dänemark stellten fest, dass die leiblichen Eltern von adoptierten schizophrenen Erwachsenen eine zehnmal höhere Prävalenz einer schizophrenen Störung aufwiesen als die leiblichen Eltern einer Kontrollgruppe [Kendler et al., 1994].

Bei der Depression besteht eine geringere genetische Beeinflussung als angenommen wurde [Eley et al., 1998; Rice et al., 2002; Rutter et al., 1998]. Die Einschätzungen der Heredität bei der kindlichen Depression von Zwillings- und Adoptionsstudien variieren sehr und es können keine eindeutigen

Schlussfolgerungen im Hinblick auf eine genetische Ätiologie depressiver Symptome in der Kindheit gezogen werden. Es besteht also keine Beziehung zwischen einer Depression beim Adoptivkind und einer Depression in der Geschichte der Herkunftsfamilie. Die Adoption mag durch die fürsorgliche, unterstützende Betreuung des Kindes in der Adoptivfamilie vor dem Ausbruch einer depressiven Entwicklung schützen. Das Auftreten einer Depression ist mit schwerwiegenden Umweltfaktoren verbunden, die sich vor dem 18. Lebensjahr ereignen, so z. B. der Tod oder eine psychiatrische Erkrankung eines Adoptivelternteils [Peters et al., 1999]. Der Tod eines Adoptivelternteils in früher Kindheit kann beim Kind zum Verlust eines Selbstanteils führen, da die Getrenntheit zwischen Eltern und Kind in dessen inneren Repräsentanzen noch nicht gut etabliert ist. Dies bedeutet für das Kind eine schwere narzisstische Kränkung und kann mit verwirrenden und widersprüchlichen Bildern, Erinnerungen und Gefühlen verbunden sein.

Andere Studien zeigen signifikante Beziehungen zwischen affektiven Störungen bei adoptierten Erwachsenen (z. B. eine Depression), die spät platziert wurden, so z. B. nach einem Heimaufenthalt [Cadoret et al., 1990a], und deren kranken leiblichen Eltern (z. B. Alkoholismus, antisoziale Persönlichkeitsstruktur). Ebenso führen schlechte psychosoziale Erfahrungen vor der Adoption und der Bruch der Adoptionsbeziehung zu affektiven Erkrankungen/Störungen bei Adoptierten im Erwachsenenalter [Cadoret et al., 1990b]. Interaktionen wurden festgestellt zwischen der sozioökonomischen Situation der Adoptivfamilie, einer Alkoholproblematik bei einem Adoptivelternteil und antisozialem Verhalten bei adoptierten Jugendlichen, die von leiblichen Eltern mit einer persönlichen Geschichte von Kriminalität oder Delinquenz abstammen [Cadoret et al., 1990a]. Kinder delinquenter Eltern laufen also Gefahr, selbst eine antisoziale Entwicklung einzuschlagen, wenn in der Adoptivfamilie finanzielle Schwierigkeiten oder Alkoholismus bestehen.

Frühe versus späte Adoption

Kinder, die als Säuglinge adoptiert werden, erfahren sozusagen kontinuierliche Fürsorge von ihren Adoptiveltern, während in einem späteren Alter adoptierte Kinder mindestens einen bedeutsamen Wechsel der Bezugspersonen erlebt haben, wenn sie in die Adoptivfamilie integriert werden. Sehr häufig wurden diese Kinder in der Zeit vor ihrer Adoption misshandelt, vernachlässigt oder abgelehnt [Howe, 2001]. Es ist bekannt, dass die Bindungsgeschichten, die in den Beziehungen mit primären Bezugspersonen aufgebaut und als Repräsentanzen internalisiert wurden, in der Interaktion mit neuen Bezugspersonen reaktiviert werden. Ebenso besteht ein Zusammenhang zwischen dem Alter der Kinder zum Zeitpunkt ihrer Adoption und ihrer psychosozialen Entwicklung. Resultate deuten an, dass für Kinder, die als Säuglinge adoptiert wurden, wenig mit der Adoption verbundene Entwicklungsrisiken vorhanden sind [Nickman et al., 2005] und die adoptierten Erwachsenen eine gute psychosoziale Anpassung aufweisen, mit einer leicht erhöhten Vulnerabilität bei adoptierten Männern im Vergleich zu adoptierten Frauen [Collishaw et al., 1998]. Die körperliche und kognitive Entwicklung sowie die Erziehung von adoptierten Säuglingen verlaufen ebenso gut wie die von nicht adoptierten Kindern in vergleichbaren Familien mit ähnlichem sozioökonomischem Status wie demjenigen der Adoptivfamilie [Fergusson et al., 1995]. Als Säuglinge adoptierte Kinder zeigen ein leicht erhöhtes Risiko, Probleme im sozialen Verhalten zu entwickeln, was sich z. B. in schlechteren Beziehungen zu Gleichaltrigen, in Problemen mit den Eltern zu Hause und in vermehrter Anmeldung bei kinder- und jugendpsychologischen und -psychiatrischen Diensten manifestiert [Fergusson et al., 1995; Howe, 1997; Stams et al., 2000]. Dies scheint nicht der Fall zu sein im Bereich der kognitiven Entwicklung, wie die Ergebnisse einer Longitudinalstudie [Maughan et al., 1998] zeigen. Adoptierte Kinder mit ähnlichen Geburtsumständen wie nicht adoptierte wiesen sogar bessere Leistungen in kognitiven Bereichen wie z. B. Lesen, Mathematik und generellen intellektuellen Fähigkeiten auf und hielten diese Qualifikationen auch bei Schulabschluss und später als Erwachsene aufrecht. Als für diese Ergebnisse hauptverantwortliche Variablen wurden der sozioökonomische Status, die schulische und berufliche Ausbildung der Mitglieder der Adoptivfamilie und das elterliche Interesse an der Ausbildung der Kinder genannt. Kleinkinder oder Säuglinge, die nach dem zwölften Lebensmonat (oder – gemäß einigen Forschern – nach dem sechsten Lebensmonat) platziert wurden, weisen ein erhöhtes Risiko für Entwicklungsbeeinträchtigungen, vor allem im Bereich der emotionalen, sozialen und Verhaltensentwicklung, auf [Cederblad et al., 1999; Howe, 1997; Stams et al., 2000]. Es scheint jedoch, dass dieses Risiko nicht einfach durch das Alter bei der Platzierung bedingt ist, sondern dass die älter platzierten Kinder präadoptive Erfahrungen von Deprivation, Vernachlässigung, Ablehnung und Missbrauch erlitten haben. Sie bringen in die Beziehung zu ihren Adoptiveltern Anpassungs- und Bewältigungsstrategien sowie Problemverhalten ein, die sie vor der Adoption entwickelt haben [Cederblad et al., 1999; Stams et al., 2000].

Ältere Kinder, die vor der Adoption bei ihren leiblichen Eltern lebten, haben wahrscheinlich ein noch höheres Risiko, Opfer von Misshandlungen (physischer und/oder sexueller Missbrauch), Ablehnung oder Vernachlässigung gewesen zu sein als Kinder, die in Institutionen untergebracht waren [McGuinness und Pallansch, 2000]. Die Entwicklung der Kinder, die in der frühen Kindheit extrem ungünstige Beziehungen zu ihren leiblichen Eltern erfahren haben, mag anders verlaufen als diejenige von Heimkindern, die infolge ihrer emotionalen Deprivation nicht befähigt waren, selektive Bindungen aufzubauen [Zeanah, 1996]. Adoptierte mit aus der Zeit vor der Platzierung stammenden Erfahrungen elterlicher Misshandlung haben ein höheres Risiko, Bindungsdesorganisation, Anpassungs- und dissoziative Störungen aufzuweisen [Cederblad et al., 1999; Fergusson et al., 1995; Howe, 1997, 2001; Stams et al., 2000]. Die Frage stellte sich, ob älter adoptierte Kinder mit persönlichen Erlebnissen von Missbrauch, Vernachlässigung und Ablehnung Entwicklungsschritte nach- und aufholen können, wenn sie in eine gut qualifizierte, fürsorgliche Umwelt platziert werden. Die Resultate sind ermutigend. Obwohl frühe Deprivationen und Benachteiligungen mit einem erhöhten Risiko von Entwicklungsbeeinträchtigungen, Verhaltensproblemen und Beziehungsschwierigkeiten einhergehen, zeigt sich in vielen Fällen ein gutes psychosoziales Ergebnis [O'Connor und Rutter, 2000a; O'Connor et al., 2000b; Rutter et al., 1998].

Eine Studie bei erwachsenen Adoptierten zeigte, dass diejenigen, die früh platziert worden waren, ihre Adoptionserfahrungen eher positiv einschätzten, während diejenigen, die nach dem zweiten Lebensjahr platziert worden waren, doppelt so häufig aussagten, von ihrer Adoptivmutter nicht geliebt worden zu sein [Howe, 2001].

Untersuchungen bei adoptierten rumänischen Waisenkindern

Nach dem Inkrafttreten des rumänischen Adoptionsgesetzes im August 1990 wurden Tausende von rumänischen Kindern adoptiert, die in ihrer frühesten Kindheit schwerst vernachlässigt worden waren. Dies stellte eine Gelegenheit dar – mittels zahlreichen Forschungsstudien – Entwicklungsveränderungen nach der Platzierung in Adoptivfamilien zu dokumentieren [O'Connor und Rutter, 2000a; O'Connor et al., 2000b; Rutter et al., 1998, 1999, 2001].

Rutter und Mitarbeiter [2001] stellten bei 165 Kindern, die vor ihrer Adoption in England mindestens zwei Jahre in rumänischen Waisenhäusern untergebracht waren, spezifische und andersartige Entwicklungen infolge der in den Institutionen erlittenen schweren Deprivationen fest im Vergleich zu nicht deprivierten Kindern, die in England geboren und als Säuglinge adoptiert worden waren. Die Kinder wurden im Alter von vier und sechs Jahren in sieben Bereichen untersucht. Die Resultate zeigen, dass Bindungsprobleme, Aufmerksamkeitsstörung und Hyperaktivität sowie autistisch anmutende Merkmale und kognitive Beeinträchtigung mit schwerer institutionaler Deprivation verbunden waren, während emotionale Schwierigkeiten, schlechte Beziehungen zu Gleichaltrigen und Verhaltensstörungen nicht mit schwerer institutionaler Deprivation assoziiert waren. Ein Fünftel der Kinder, die die längste Zeit in Institutionen verbracht hatten, zeigten normale Entwicklungen.

Bindungsstörungen

«... für das Kind stellen die körperlichen Realitäten seiner Konzeption und seiner Geburt nicht die direkte Ursache seiner emotionalen Bindung dar. Diese emotionale Bindung resultiert aus der täglichen Fürsorge seiner Bedürfnisse nach körperlicher Pflege, Ernährung, Wohlbefinden, Liebe und Stimulation» [Goldstein et al., 1972; Übersetzung B.S.].

Studien, die Bindungsstörungen und deren Folgen untersuchen, kommen zu unterschiedlichen Resultaten [O'Connor und Rutter, 2000a; Rutter et al., 1998]. Die Ergebnisse von Rutter und Mitarbeitern zeigen, dass Bindungsstörungen mit der Dauer der kindlichen Erfahrung einer schwerer Deprivation verbunden waren, d. h. je länger die Deprivation andauert, desto höher ist das Risiko, dass Bindungsstörungen auftreten. Jedoch entwickelten nicht alle Kinder, die eine schwere Deprivation erlitten hatten, eine Bindungsstörung. Die Deprivation ist also nicht die einzige Ursache von schweren Bindungsstörungen; so zeigten 70 von 100 Kindern, die vor dem zweiten Lebensjahr aus einem rumänischen Waisenhaus adoptiert wurden, keine schweren Bindungsstörungen [O'Connor und Rutter, 2000a]. Als ausschlaggebender Faktor für das Auftreten von schweren Bindungsstörungen wird das Fehlen einer beständigen Bezugsperson für den Säugling betrachtet.

Da Säuglinge mit unsicherem Bindungsverhalten zukünftige Adoptiveltern überfordern können, werden präventive Maßnahmen durch frühe Interventionen in Adoptivfamilien vorgeschlagen [Juffer et al., 1997], so z. B. eine Unterstützung der Adoptivmutter in der Interaktion mit ihrem Säugling. Die Mutter-Säuglings-Bindung, die mütterliche Antwort auf das Verhalten des Säuglings und dessen Kompetenz sollen gefördert werden.

Autistische Störungen

Autistisch anmutende Verhaltensmuster wurden bei 6 % der 111 aus Rumänien adoptierten Kinder, die in Institutionen eine schwere frühkindliche Deprivation erlitten hatten, festgestellt; bei weiteren 6 % wurden isolierte autistische Merkmale nachgewiesen [Rutter et al., 1999]. Im Gegensatz zum gewöhnlichen Autismus sind die beträchtliche Besserung der autistischen Symptomatik im Alter von vier und sechs Jahren sowie das große soziale Interesse dieser Kinder hervorzuheben. Auch war die Geschlechterverteilung zwischen Mädchen und Jungen nahezu ausgewogen und der Kopfumfang nicht erhöht, wie dies oft der Fall ist beim Autismus. Diese autistisch anmutenden Verhaltensmuster scheinen in Zusammenhang mit einem langandauernden Zustand von Wahrnehmungs- und Erfahrungsdeprivation, einer damit einhergehenden kognitiven Beeinträchtigung und der Unmöglichkeit, Bindungsbeziehungen zu entwickeln, zu stehen. Ein Autismus kann sich auf der Basis einer nicht genetischen Hirnschädigung entwickeln [Rutter et al., 1994] oder eine schwere sensorische Deprivation kann die normale Hirnentwicklung beeinträchtigen. Ein schwerer Entwicklungsrückstand und ein Kopfumfang unter der dritten Perzentile sprechen für eine organische Hirndysfunktion.

Die bei diesen Kindern mittels Magnetresonanz-Tomografie festgestellten Veränderungen in verschiedenen Hirnregionen können Folgen der mit der massiven frühen Deprivation einhergehenden andauernden Stresssituation darstellen und mögen zu langfristigen kognitiven und Verhaltensdefiziten führen [O'Connor et al., 2000b]. Rutter et al. [1998] zeigen in ihren Studien, dass jene Kinder, die vor Erreichen eines Alters von sechs Monaten adoptiert wurden, ihre kognitiven Defizite ganz aufholten, während diejenigen, die, bevor sie zwei Jahre alt geworden waren, adoptiert wurden, ihre kognitiven Funktionen verbesserten, aber nicht normalisierten. Das Alter bei Eintritt in die Adoptivfamilie stellte den wichtigsten Prädiktor dar für den kognitiven Funktionsgrad im Alter von vier Jahren. Der Stand der kognitiven Entwicklung jener Kinder, die nach sechs Monaten adoptiert wurden, war im Alter von elf Jahren sehr unterschiedlich: Einige verbesserten ihre kognitiven Funktionen, für viele bestanden die kognitiven Beeinträchtigungen weiterhin

[Becket et al., 2006]. Das verbleibende kognitive Defizit ist wohl eine Folge der massiven frühen Deprivation, wobei die emotionale Deprivation eine wichtigere Rolle spielt als die Ernährungsdeprivation. Langzeitstudien zeigten die ausgeprägtesten positiven Veränderungen in der Qualität der Eltern-Kind-Beziehung bei jenen Kindern, die in ihrer kognitiven Entwicklung zwischen den Untersuchungen aufholten [Erich und Leung, 2002].

Hoksbergen [2003] bezeichnet die aus Rumänien stammenden Kinder als «survivors». Ihr Überlebensverhalten zeige sich darin, dass sie gänzlich auf ihre eigenen Interessen, auf das «Hier und Jetzt» ausgerichtet – ohne Zukunftsperspektive – und undifferenziert in emotionalen Beziehungen seien sowie ein großes Bedürfnis nach Aufmerksamkeit aufweisen würden. Er stellt jedoch fest, dass trotz der oft gravierenden psychosozialen Probleme, mit denen die Adoptiveltern im Laufe der Erziehung ihres rumänischen Adoptivkindes konfrontiert werden, sie ihrer Aufgabe gut gewachsen zu sein scheinen. Ihre Belastbarkeit sei viel größer als die anderer Eltern. Adoptivkinder seien Wunschkinder, für die sich die Adoptiveltern so sehr einsetzen würden, damit ihre Erziehung einen möglichst guten Verlauf nehme. Die Verhaltensmerkmale der rumänischen Adoptivkinder erfordern von Adoptiveltern viel Erziehungswissen, Einsatz, Engagement und Einfühlungsvermögen. Adoptiveltern haben einen deutlichen Bedarf an Unterstützung.

Epidemiologische Untersuchungen

Epidemiologische Untersuchungen zeigen, dass Adoptivkinder im Vergleich zu ihrem Anteil an der Gesamtbevölkerung (etwa 2 %) häufiger kinder- und jugendpsychiatrische Institutionen in Anspruch nehmen als nicht adoptierte Kinder. Adoptierte scheinen von den Adoptiveltern somit vermehrt zu Abklärungen überwiesen zu werden. Die Auseinandersetzungs- und Bewältigungsfähigkeiten und -strategien von Adoptiveltern spielen eine äußerst wichtige Rolle in der psychosozialen Entwicklung des Adoptivkindes [McGuinness und Dyer, 2006].

Verschiedene Studien zeigen, dass Adoptivfamilien anscheinend über größere soziale und psychologische Ressourcen verfügen als Familien mit leiblichen Kindern [Cohen et al., 1993; Johnson 2002]; Adoptivkinder profitieren während ihrer Kindheit in der Adoptivfamilie somit von positiven

Kindheitserfahrungen, von besseren sozioökonomischen Bedingungen, von einer größeren Familienstabilität und von besseren Mutter-Kind-Interaktionen [Fergusson et al., 1995]. Trotzdem sind Adoptivkinder überrepräsentiert in kinder- und jugendpsychologischen und -psychiatrischen Abklärungsuntersuchungen und Behandlungen [Brodzinsky, 1993]. Sie zeigen eine signifikant höhere Rate von Verhaltensstörungen im Vergleich zu Kindern, die bei ihren leiblichen Eltern aufwachsen [Fergusson et al., 1995]. Es werden vor allem aggressive und antisoziale Probleme und Lernschwierigkeiten berichtet [Kim et al., 1988; Warren, 1992]. Eine Analyse von 62 Studien (über 17 000 adoptierte Kinder) verglich Intelligenzquotient und Schulleistungen von adoptierten und nicht adoptierten Kindern: Der Intelligenzquotient zeigte keinen Unterschied zwischen adoptierten und nicht adoptierten Kindern, die Schulleistungen und die sprachlichen Fähigkeiten adoptierter Kinder erwiesen sich jedoch als schlechter, auch zeigten sie vermehrt Lernschwierigkeiten. Die Untersuchung kommt zum Schluss, dass die Adoption positive Auswirkungen auf die kognitive Entwicklung von adoptierten Kindern hat, adoptierte Kinder aber verzögerte Schulleistungen zeigen. Psychosoziale Probleme, die mit ihrer Adoptionssituation verbunden sind, mögen ihre Fähigkeit, sich auf die Schularbeit zu konzentrieren, hemmen [van Ijzendoorn et al., 2005]. Verhaltensauffälligkeiten scheinen bei der Adoption älterer, vernachlässigter oder misshandelter Kinder überdurchschnittlich häufig aufzutreten [Bohmann und Sigvardsson, 1990; Groza und Ryan, 2002; Howe, 1997; Sharma et al.; Verhulst und Versluis-den Biemann, 1995; Versluis-den Biemann und Verhulst, 1995], ebenso bei Kindern mit pränataler Drogenexposition und mehrfachen Heimplatzierungen [Erich und Leung, 2002; Simmel et al., 2001;]. Die Belastung ist höher für Adoptiveltern mit Kindern, die vor ihrer Integration in die Adoptivfamilie Opfer von sexueller oder physischer Misshandlung waren, als für Adoptiveltern, deren Kinder früher vernachlässigt wurden [Erich und Leung, 2002].

Einesteils werden eine größere Gefährdung und/oder eine höhere Vulnerabilität für psychische Störungen bei Adoptierten postuliert [Hersov, 1994], andernteils besteht jedoch die Wahrscheinlichkeit, dass Adoptierte vermehrt zu Abklärungen überwiesen werden [Haugaard, 1998]. Die Schwelle der Toleranz für Symptomerscheinungen scheint für Adoptierte niedriger zu sein als für Nicht-Adoptierte [Miller et al., 2000b; Warren, 1992].

Vergleichende Langzeitstudien sprechen für einen interaktiven protektiven Effekt durch die Adoption; sie verringert das psychiatrische Risiko, das den Kindern durch die mangelnde Fürsorge ihrer leiblichen Eltern erwächst [McGuinness und Dyer, 2006]. Stein und Hoopes [1985] kommen in ihrer vergleichenden Erhebung in den USA zum Schluss, dass sich adoptierte Jugendliche nicht anders erleben als andere Jugendliche; 90–98 % von ihnen betrachten ihre Adoption positiv. Diese Ergebnisse entsprechen nicht der klinischen Erfahrung; die Frage stellt sich, ob die Untersuchungen vielmehr Wunschbedürfnisse und Anpassungsanstrengungen der adoptierten Jugendlichen widerspiegeln. Die Wahrnehmung positiver familiärer Beziehungen durch die adoptierten Jugendlichen erwies sich als beste Voraussage für ihre Identitätsentwicklung und ihre soziale Anpassung. Bei den adoptierten Jugendlichen korrelierten gemäß Einschätzung der Jugendlichen zudem Faktoren wie Schulerfolg und Selbstvertrauen mit der Offenheit der Familienkommunikation über Adoptionsthemen. Adoptiveltern ihrerseits betrachten die Adoption in 85 % aller Fälle als erfolgreich. Diese Resultate sind jedoch kaum repräsentativ, da anzunehmen ist, dass Adoptiveltern von konfliktbelasteten oder gescheiterten Adoptionen aus Scham- und Schuldgefühlen an solchen Erhebungen nicht teilnehmen.

Eine Studie ergab, dass 90 % von 42 befragten Schweizer Adoptierten positiv eingestellt sind gegenüber ihrer Adoption. Ein Drittel erlebt die Adoption jedoch als Belastung. Bei 10 % der Untersuchten wurde die psychosoziale Anpassung als schlecht eingeschätzt [Kühl, 1985].

Neuere Studien zeigen keine signifikanten Unterschiede in verschiedenen Anpassungsvariablen zwischen adoptierten und nicht adoptierten Kindern [Borders et al., 1998]. Die meisten der adoptierten Kinder zeigen ähnliche Muster von Verhaltensstörungen wie nicht adoptierte Kinder [Brand und Brinich, 1999]. Eine distinkte Gruppe von dissozialen adoptierten Jugendlichen [Schleiffer, 1993] mag für das Bestehen eines adoptionsspezifischen psychiatrischen Risikos insbesondere in der Adoleszenz sprechen [Miller et al., 2000a]. Dies bestätigt die erhöhte Prävalenz dissozialer Störungen bei adoptierten Mädchen [Goldberg und Wolkind, 1992]. Es fanden sich Unterschiede in der psychosozialen Anpassung bei national adoptierten Jugendlichen im Vergleich zu nicht adoptierten Adoleszenten, die in Beziehung zu ihrer Entwicklungsphase und ihrem Geschlecht standen [Burrow et al., 2004]. Es wurde kein Zusammenhang gefunden zwischen dem Anstieg externalisierender, d. h. nach außen gerichteter Störungen (wie z. B. aggressives Verhalten in der Adoleszenz) und belastenden Einflüssen in der Zeit vor der Adoption [Verhulst und Versluis-den Biemann, 1995]. Longitudinalstudien mit Kontrollgruppen fanden Unterschiede zwischen Adoptierten und Nicht-Adoptierten in einem bestimmten Alter und keine Unterschiede in anderen Altersstufen, was darauf hinweist, dass Anpassungsprobleme bei Adoptivkindern vorübergehend sein mögen [Haugaard, 1998]. Eine Vergleichsstudie in den Niederlanden bei national adoptierten und nicht adoptierten jungen Erwachsenen mittels standardisierten psychiatrischen Interviews stellte eine höhere Gefährdung für psychische Probleme bei den Adoptierten im Vergleich zu den Nicht-Adoptierten gleichen Alters fest. Adoptierte Männer waren häufiger betroffen als adoptierte Frauen. Es wurde angenommen, dass männliche Adoptierte eine höhere Vulnerabilität gegenüber frühkindlichen negativen Erfahrungen oder gegenüber der Adoptionssituation zeigen als weibliche Adoptierte. Die meisten der international Adoptierten wiesen jedoch keine ernsthaften psychischen Probleme auf [Tieman et al., 2005]. Eine niederländische Untersuchung der Forschungsresultate der letzten zehn Jahre kommt zu folgenden Schlussfolgerungen: Die Adoption ist mit Entwicklungschancen und -risiken verbunden. Viele Adoptierte zeigen eine erstaunlich gute psychosoziale Anpassung, einige Untergruppen haben jedoch Schwierigkeiten. Säuglings-, internationale und transethnische Adoptionen mögen die Identitätsentwicklung der Adoptierten komplizieren. Nach der Kleinkindzeit Adoptierte mögen Entwicklungsverzögerungen, Bindungs- und posttraumatische Störungen aufweisen. Nützliche Interventionen bestehen in präventiven Beratungen, unterstützenden Maßnahmen nach der Adoption und Gruppenangeboten für Adoptiveltern und adoptierte Kinder. Kinder- und Jugendpsychiater sollten sowohl Adoptiveltern als auch Adoptivkindern beistehen [Nickman et al., 2005].

Die sich zum Teil widersprechenden Resultate der Forschungsstudien können versuchsweise folgendermaßen erklärt werden: Die Ergebnisse wurden in gewissen Studien bei einer klinischen Population, d. h. bei Kindern und Jugendlichen mit psychischen Problemen, erhoben (z. B. bei Kindern in ambulatorischen Konsultationen oder bei hospitalisierten Jugendlichen), während andere Untersuchungen bei einer nicht klinischen Population durchgeführt wurden. Gewisse Studien fanden bei Säuglingen und Kleinkindern statt, während andere auch ältere Kinder mit spezifischen Bedürfnissen einschlossen. Unterschiedliche Vergleichsgruppen und methodologische Analysen werden als zusätzliche Faktoren für die uneinheitlichen Resultate genannt [Haugaard, 1998; Sharma et al., 1998;]. So konnten Lipman et al. [1992] zeigen, dass in bivariablen Analysen adoptierte Jungen eine größere Häufigkeit von psychiatrischen Störungen aufwiesen als nicht adoptierte und dass eine größere Prävalenz von Substanzabhängigkeit bei adoptierten Mädchen bestand als bei nicht adoptierten. In einer multivariaten Analyse hingegen zeigte sich, dass der Adoptionsstatus nicht in Beziehung stand zu psychiatrischen Störungen, Drogenmissbrauch oder Schulmisserfolg [Lipman et al., 1993].

Fazit

Eine Gefährdung, d. h. eine höhere Vulnerabilität, bei Kindern mit präadoptiver Vernachlässigung, Misshandlung oder multiplen Platzierungen wird registriert [Brand und Brinich, 1999; Cohen et al., 1993; Dance et al., 2002; Fergusson et al., 1995; Peters et al., 1999; Rutter et al., 2001; Schleiffer, 1997; Tienari und Winne, 1994]. Der größere Teil der Adoptierten erkrankt weder psychisch noch somatisch und zeigt auch keine oder nur geringe Einflüsse der Adoption auf die Entwicklung. Die Langzeitprognose bezüglich der psychosozialen Anpassung adoptierter Kinder unterscheidet sich somit nicht von jener der Gesamtbevölkerung.

Bis heute gibt es wenig Studien, die Faktoren und Interaktionen untersuchen, welche zur positiven Entwicklung und guten psychosozialen Anpassung der meisten Adoptierten führen [Nickman und Lewis, 1994; Peters et al., 1999].

Forschungsbedarf

Die an der Adoption beteiligten Fachkreise weisen auf die Notwendigkeit von wissenschaftlichen Untersuchungen über die Adoptionsprobleme wie auch von epidemiologischen Studien von Adoptivfamilien hin [Cohen, 2002].

Prospektive Longitudinalstudien im großen Rahmen sind notwendig, um zwischen den verschiedenen Platzierungstypen im Kontext des Grades an Vorbereitung von Adoptiveltern und Adoptivkind sowie der Nachbetreuungs- und Unterstützungsdienste Vergleiche ziehen zu können. Es geht darum, Kenntnisse darüber zu gewinnen, welche Art von Platzierung bei welchen Kindern und Jugendlichen zu den besten Ergebnissen führt, welche Faktoren mit den unterschiedlichen Resultaten verbunden sind und welche Folgen für alle involvierten Personen entstehen. Forschung muss multidisziplinär angelegt sein und Psychiater, Psychologen, Sozialarbeiter, Entwicklungsneurologen und Gesundheitsökonomen in ihrem Team einschließen [Maywald, 2000].

Solche Studien sollten ebenso ermöglichen, potenzielle Folgen eines Kontaktes mit der Herkunftsfamilie nach erfolgter Platzierung und Adoption zu untersuchen sowie das Wohlbefinden der Kinder und aller involvierten Parteien festzuhalten. Obwohl die Wichtigkeit des Adoptionsdreiecks betont wird, wurde die Aufmerksamkeit der Forschung bisher nicht gleichmäßig auf alle Seiten des Dreiecks verteilt; die Herkunftsfamilien wurden vernachlässigt.

Adoptionsunterstützende Dienste mit dem Ziel, die Probleme der Kinder zu reduzieren und elterlichen Stress und unangemessene Erwartungen anzusprechen, sind entscheidend. Solche Interventionen müssen nach strengen Kriterien evaluiert werden, ebenso die Auswirkungen der Vorbereitung von zukünftigen Adoptiveltern und -kindern.

Hochqualitative Adoptionsforschung hat signifikante Auswirkungen für Kinder, die nicht bei ihren Herkunftsfamilien bleiben können. Je mehr die Adoptionspraktiken mit soliden, auf Forschung basierenden Erkenntnissen untermauert werden können, desto geringer sollte das Risiko von Abbrüchen bei Platzierungen sein und desto kleiner die Notwendigkeit kontinuierlicher psychischer und sozialer Gesundheitsmaßnahmen [Rushton, 2004].

Internationale Adoption

Auslandsadoptionen werden häufig kritisiert und es wird zunehmend verlangt, dass die Hilfe für Familien und Kinder im Herkunftsland verstärkt werden soll. Nach Auffassung von UNICEF sollte eine Vermittlung ins Ausland nur dann in Betracht gezogen werden, wenn alle Betreuungsmöglichkeiten im Heimatland des Kindes ausgeschöpft wurden. Eine Unterbringung bei einheimischen Adoptions- oder Pflegefamilien sei einer Auslandsadoption immer vorzuziehen. Die Auslandsadoption sei nur vertretbar, wenn ein Kind tatsächlich verlassen worden sei und keine alternativen Möglichkeiten im Heimatland bestünden, die Vermittlung kein kommerzielles Interesse darstelle und die Adoptionsbewerber von seriösen Vermittlungsstellen vorbereitet sowie während und nach der Adoption begleitet würden. Die internationale Adoption wird befürwortet, wenn Kinder in ihrem Ursprungsland wegen ethnischer Herkunft, außerehelicher Geburt oder einer Behinderung abgelehnt werden. Es wird angenommen, dass international Adoptierte einen komplizierteren Adoptionsprozess erleben als im Inland adoptierte und deswegen ein größeres Risiko für psychische Probleme aufweisen [Hjern et al., 2002; Miller et al., 2000a]. Diesbezügliche Studien sind sehr unterschiedlich gestaltet und in ihren Resultaten nicht übereinstimmend.

In einer prospektiven Longitudinalstudie wurden 160 Kinder, die im Alter bis zu sechs Monaten international adoptiert wurden, von der Säuglingszeit bis zum Alter von 14 Jahren verfolgt, um ihre soziale Entwicklung zu untersuchen und den Einfluss der frühen und mittleren Kindheit sowie gegenwärtiger Faktoren auf ihre soziale Entwicklung in der Adoleszenz zu ermitteln. Die Ergebnisse zeigen, dass sowohl frühkindliche wie auch gegenwärtige Erfahrungen eine wichtige Rolle in der sozialen Entwicklung spielen. Adoptiveltern beeinflussen die soziale Entwicklung ihres Adoptivkindes. Das kindliche Temperament, aber auch das mütterliche Einfühlungsvermögen tragen zur sozialen Entwicklung des Jugendlichen bei. Frühe Adoptiveltern-Adoptivkind-Beziehungen bestimmen nicht direkt die soziale Entwicklung in der Adoleszenz, bilden jedoch deren Basis durch ihren Einfluss auf die vorangehende soziale Entwicklung ihres Kindes [Jaffari-Bimmel et al., 2006].

Übersichtsartikel, in denen Studien über die Eltern-Kind-Beziehung bei Inlands- [Textor, 1993] oder Auslandsadoptionen [Hoksbergen, 1993; Textor, 1991] zusammengefasst wurden, lassen vermuten, dass zwischen den meisten Adoptivkindern und ihren Eltern enge Bindungen bestehen. Die Eltern-Kind-Beziehung wird von beiden Seiten überwiegend positiv beurteilt [Berry und Barth, 1996].

In zwei Drittel bis drei Viertel der Fälle bewerten sowohl die Adoptiveltern wie auch die Adoptivkinder die Auslandsadoption als positiv. Sie geben an, mit der Adoption zufrieden zu sein oder sie als erfolgreich zu betrachten. 80% der Kinder und der Adoptiveltern betrachten ihre Familienbeziehung als positiv [Kühl, 1985; Textor, 1991a]. Da die Adoption aufgrund des Aussehens der Kinder nicht verheimlicht werden kann, anerkennen Adoptiveltern die Andersartigkeit ihres Kindes und eine Integration gelingt in der Regel im ersten Jahr nach der Ankunft des Kindes. Eine Übersicht von über 100 Studien (mehr als 25 000 Adoptierte jeden Alters und eine Kontrollgruppe von über 80 000 Nicht-Adoptierten einschließend) kommt zum Schluss, dass die meisten international Adoptierten eine gute psychosoziale Anpassung zeigen, obwohl sie häufiger psychiatrische oder psychologische Dienste in Anspruch nehmen als Nicht-Adoptierte. International Adoptierte weisen weniger Verhaltensprobleme auf und werden seltener psychiatrischen Diensten zugewiesen als national Adoptierte [Juffer und van Ijzendoorn, 2005].

Dagegen zeigt eine Studie bei siebenjährigen Kindern, die als Säuglinge international und Ethnie-übergreifend adoptiert wurden, dass diese ein höheres Risiko für Verhaltensstörungen zu Hause aufwiesen, wobei die Probleme – nach Angaben der Eltern – vermehrt bei Jungen auftraten. Die Kinder zeigten jedoch eine günstige psychosoziale Anpassung in der Schule, ihre Schulleistungen befanden sich im Normbereich, teils sogar über dem Mittelwert. Da verschiedene Forschungsergebnisse zum Schluss kommen, dass adoptierte Jugendliche ein erhöhtes Risiko für Verhaltensprobleme in der Adoleszenz zeigen, stellt sich die Frage, ob es sich bei den im jüngeren Alter festgestellten Schwierigkeiten zu Hause nicht um vorübergehende Störungen handelt, die sich im Adoleszentenalter außerhalb der Familie manifestieren [Stams et al., 2000]. Von über 1500 international adoptierten Jugendlichen wiesen 22 % der männlichen und 18 % der weiblichen psychosoziale Störungen auf im Vergleich zu 10 % einer jugendlichen Kontrollgruppe aus der Allgemeinbevölkerung [Versluis-den Bieman und Verhulst, 1995].

Eine Vergleichsstudie mit adoptierten Kindern im Inland (USA) und aus Rumänien zeigt, dass die Verhaltensstörungen in beiden Gruppen mit negativen präadoptiven Erfahrungen von Missbrauch und Institutionalisierung verbunden waren. In beiden Gruppen hatten die Kinder Stresssituationen oder traumatische Erlebnisse unterschiedlicher Ursache erlitten, die schließlich zu ähnlichen Verhaltensstörungen führten [Groza und Ryan, 2002]. Die Adoptiveltern beurteilten die Eltern-Kind Beziehung in beiden Gruppen als zufriedenstellend.

In einer über 17 Jahre andauernden Longitudinalstudie von 224 erwachsenen, transethnisch oder gleichrassig Adoptierten wurde die psychosoziale Anpassung untersucht [Brooks und Barth, 1999]. Die Resultate zeigen Zusammenhänge zwischen der psychosozialen Anpassung der Adoptierten und ihrer Ethnie, ihrem Geschlecht und der Struktur der Adoptivfamilie. Das Alter bei der Platzierung spielte keine signifikante Rolle in den Resultaten der psychosozialen Anpassung. Ausgewählte Beispiele aus der Literatur hingegen zeigen, dass die Adoptionsergebnisse bei Adoptierten, die einer andern Ethnie angehörten als ihre Adoptiveltern, durch das höhere Alter bei ihrer Adoption und durch präadoptive Erfahrungen von Vernachlässigung und Heimplatzierungen beeinflusst wurden [Fensbo, 2004]. Eine Übersicht verschiedener Studien von Platzierungen über Hautfarbe und Ethnie hinweg kommt zum Schluss, dass die psychosoziale Anpassung in 70 % der Fälle befriedigend war [Rushton und Minnis, 1997].

Von besonderer Bedeutung ist der Vergleich von psychosozialen Ergebnissen in Adoleszenz und frühem Erwachsenenalter zwischen leiblichen Kindern, Adoptivkindern, Immigrantenkindern und der allgemeinen Bevölkerung. Eine Studie in Schweden von über 11 000 adoptierten Kindern, die im Ausland (hauptsächlich aus Korea, Indien und Kolumbien stammend) zwischen 1970 und 1979 geboren wurden, zeigt, dass diese Kinder in der Adoleszenz und im jungen Erwachsenenalter ein höheres Risiko haben als die in Schweden geborenen Jugendlichen, aufgrund einer psychiatrischen Krankheit, Depression, Alkohol- oder Drogenabusus hospitalisiert zu werden, einen Suizidversuch zu begehen, durch Suizid zu sterben oder ein Verbrechen zu begehen [Hjern et al., 2002]. Die leiblichen Geschwister in Adoptivfamilien zeigen weniger psychosoziale Störungen als die Adoptierten, während sich die Ergebnisse für die Adoptierten und die Immigrantenkinder ungefähr entsprechen. Es bestehen keine signifikanten Unterschiede bezüglich einer Schizophrenie- oder einer Anorexia-nervosa-Erkrankung. Ein erhöhtes Risiko im Vergleich zur Allgemeinpopulation besteht bei männlichen Jugendlichen oder jungen Erwachsenen, bei älter Adoptierten und bei Jugendlichen, die mit alleinerziehenden Eltern aufwuchsen. Leider liegen keine Informationen über Ereignisse, die vor der Adoption stattgefunden haben, sowie über das Alter bei der Adoption vor.

Fazit

Das Risiko von international adoptierten Kindern ist verbunden mit dem Geschlecht, dem Alter bei der Adoption, präadoptiven und postadoptiven Lebenserfahrungen und genetischer Belastung. Jedoch muss betont werden, dass die meisten international adoptierten Kinder sich in ihrer psychosozialen Anpassung nur wenig von der Allgemeinbevölkerung unterscheiden; diese verläuft in über 80 % der Fälle positiv, wie Studien in Europa und USA belegen. Bei der Nachbetreuung dieser Kinder sollte darauf geachtet werden, nicht nur antirassistische Unterstützung zu gewährleisten, sondern auch die kulturelle und ethnische Identität zu fördern. Obwohl die Ergebnisse verschiedener Studien recht unterschiedlich und oft nicht repräsentativ sind, kommt auch Textor [1991a] zum Schluss, dass die Entwicklung ausländischer Adoptivkinder nicht schlechter verläuft als die Entwicklung einheimischer oder leiblicher Kinder.

In der Schweiz gibt es auch Kinder ausländischer Herkunft, die nach ihrer Adoption im Stich gelassen oder nie adoptiert wurden, wie Lücker-Babel [1991] in ihrer Untersuchung von gescheiterten internationalen Adoptionsfällen in der Schweiz festhält. Die genaue Zahl der Verstoßenen ist nur sehr schwer einzuschätzen. In einer Studie über die Situation von jungen Ausländern, die von der Privatorganisation «Terre des Hommes» in Lausanne zur Adoption platziert wurden, betrug der Anteil der Nicht-Adoptierten 14,5 % [Spring-Duvoisin, 1986]. Lücker-Babel [1991] erachtet es als Aufgabe und Verantwortung der Gemeinschaft, die Rechtsstellung des ausländischen Kindes in verschiedenen Belangen zu verbessern. Es liegt an den politischen Instanzen, die Unsicherheit, in der sich das fremde Kind von seiner Ankunft in der Schweiz bis zur Adoption befindet, zu beseitigen und es in die Gesellschaft zu integrieren, unabhängig davon, wie sich die Eltern nach Ablauf der vom Zivilgesetzbuch vorgeschriebenen Frist des präadoptiven Pflegeverhältnis zu ihrem ursprünglichen Vorhaben stellen.

Sicher ist es wünschenswert, unerwünschten und verlassenen Kindern direkt in dem jeweiligen Entwicklungsland zu helfen – wie dies z. B. Terre des Hommes [1989] fordert. Jedoch ist aufgrund des Bevölkerungswachstums und der durch Verschuldung und wirtschaftlich bedingten, schlechten finanziellen Situation der Drittweltstaaten sowie aufgrund der beschränkten Möglichkeiten der Entwicklungshilfe nicht damit zu rechnen, dass in absehbarer Zeit die soziale Versorgung dieser Kinder sichergestellt werden kann. Deshalb können Auslandsadoptionen weiterhin als sinnvoll betrachtet werden. Sie wurden dementsprechend auch in einer Deklaration der Vereinten Nationen als «Ersatzlösung» akzeptiert [Textor, 1991a]. Auch sollte nicht vergessen werden, dass für Kinder, die wegen ihrer ethnischen Herkunft, außerehelichen Geburt, eines Gebrechens oder eines anderen Grundes in ihrem Heimatland nicht entsprechend integriert werden können, eine zwischenstaatliche Adoption gegenwärtig oft die einzige wirkliche Chance ist, als «erwünschtes und geschätztes Familienmitglied» aufzuwachsen [Zuegg, 1986].

Offene Adoption

«Offene Adoption ist ein Sammelbegriff für eine Vielzahl von Adoptionsformen, die sich hinsichtlich des Grades und der Intensität von Kontakten zwischen leiblichen Eltern und Adoptivfamilien unterscheiden.» [Textor, 1991b, S. 107] Es werden verschiedene Stufen offener Adoption diskutiert [Demick und Wapner, 1988]. Die sogenannte vertrauliche offene Adoption, bei der Adoptiveltern und leibliche Eltern minimale Informationen teilen; dieser Austausch hört bei oder kurz nach der Adoption auf. Bei der vermittelnden oder begrenzt offenen Adoption senden die Adoptiveltern regelmäßig Fotos und Informationen über die Vermittlerstelle an die leiblichen Eltern. In der halb offenen Adoption treffen sich leibliche Eltern mit Adoptiveltern, es werden aber keine Informationen, die eine gegenseitige Identifikation ermöglichen würden, ausgetauscht. Nur in der vollständig offenen Adoption treffen sich die beiden Elternpaare des Kindes und teilen identifizierende Informationen. Wenn Adoptiveltern und leibliche Eltern im Verlaufe der Entwicklung des Kindes kontinuierliche Kontakte miteinander aufrechterhalten, spricht man von einer kontinuierlich offenen Adoption.

Silverstein und Demick [1994] diskutieren die verschiedenen theoretischen Perspektiven und deren divergente Schlussfolgerungen für eine offene versus geschlossene Adoption und analysieren Verhalten und Erfahrungen aller in der Adoptionstriade Beteiligten (leibliche Eltern, Adoptiveltern und Adoptierte). Immer mehr wird die offene Adoption als die beste Lösung für das Wohl eines adoptierten Kindes proklamiert [Grotevant et al., 1994; Leon, 2002]. Paulitz [1997] bekennt sich vorbehaltlos zur offenen Adoption, wobei er den Übergang von der Inkognito-Adoption (einer Adoption, bei der die Person des Annehmenden zwar feststeht, aber gegenüber den leiblichen Eltern ungenannt bleibt) zur offenen Adoption als fließenden Prozess versteht. Die Inkognito-Adoption sei immer ein Unrecht am Kind, da sie nicht das Wohl des Kindes, sondern das vermeintliche Wohl der leiblichen Eltern und vor allem der Adoptiveltern im Blick habe. In allen Beratungsgesprächen mit leiblichen Eltern, die ihr Kind zur Adoption freigeben wollen, und Adoptivbewerbern solle über die Möglichkeiten und Bedingungen einer offenen Adoption informiert werden.

Die Häufigkeit und die Bedeutung der Kontakte zwischen Adoptiveltern, leiblichen Eltern und Adoptivkind sind jedoch zu verschiedenen Zeitpunkten für die beteiligten Personen unterschiedlich und müssen den individuellen Bedürfnissen und Wünschen aller Beteiligten gerecht werden. Vor allem aber ist die Qualität der Eltern-Kind-Beziehung zu berücksichtigen. Richtlinien gehen dahin, dass ein erster Kontakt zwischen leiblichen und Adoptiveltern dazu dienen sollte, Informationen zu erhalten; beide Elternpaare sollten in der Folge berechtigt sein, Informationen über das Kind auszutauschen und kontinuierlich Kontakt mit dem Kind aufrechtzuerhalten. Die Art und Weise und die Intensität der Beziehungen sollten von den Adoptiveltern und den leiblichen Eltern gemeinsam bestimmt werden. Ein Vorteil der offenen Adoption bestehe auch darin, dass Geburtsurkunden nicht mehr überdeckt werden müssen.

Vorteile der offenen Adoption

Die Resultate von klinischen Studien sind kontrovers. Folgende Vorteile der offenen Adoption werden diskutiert [Grotevant et al., 1994]: Adoptiveltern in vollständig offener Adoption zeigten sich im Adoptionsgeschehen empathischer, sprachen offener mit ihren Kindern über die Adoption und empfanden weniger Angst davor, dass die leibliche Mutter ihr Kind zurückverlangen könnte, als Adoptiveltern in vertraulicher Adoption. So war es den Adoptiveltern gelungen, eine vertrauensvolle Beziehung zur leiblichen Mutter aufzubauen, welche ihnen versicherte, dass sie ihr Kind nie zurückverlangen werde. Adoptiveltern hielten die Beziehung zur leiblichen Mutter im Glauben aufrecht, im besten Interesse ihres Kindes zu handeln.

Es handelt sich bei der offenen Adoption um ein Prozessgeschehen. So findet für Adoptiveltern eine Umgestaltung ihrer Identität statt [Daly, 1988, 1992]. Dieser Prozess verlangt von Adoptiveltern, sich mit Vergangenheit, Gegenwart und Zukunft auseinanderzusetzen. In der Gegenwart fühlen sie sich berechtigt, Eltern eines adoptierten Kindes zu sein, im Hinblick auf die Zukunft vertrauen sie auf die Dauerhaftigkeit der Beziehung zu ihrem Kind. Diese innere Klarheit ihrer Identität spiegeln die Narrative der in dieser Studie teilnehmenden Adoptiveltern wider [Lee und Twaite, 1997]. Die Kontakte der Adoptivmutter zur leiblichen Mutter beeinflussen positiv die Einstellung der Adoptivmutter gegenüber der leiblichen Mutter und begünstigen eine positive Haltung der Adoptiveltern gegenüber ihrem Kind.

Neil [2002] kommt aufgrund ihrer Studien zu folgenden Ergebnissen: Die Gefühle der Adoptiveltern im Hinblick auf die persönliche Geschichte ihres Kindes und seiner leiblichen Eltern sowie die Art der Kommunikation mit ihrem Kind über seine Adoption stellen wichtige Faktoren dar, da sie die Entwicklung des Adoptivkindes beeinflussen. In einer «optimalen» Kommunikation sind Adoptiveltern offen für Diskussionen sowie positiv und empathisch gegenüber der Geburtsfamilie eingestellt. Charaktereigenschaften oder Erinnerungen des Kindes, die seinen Adoptionsstatus klar ersichtlich machen, beeinflussen die Gefühle der Adoptiveltern gegenüber der Vergangenheit ihres Kindes positiv und helfen ihnen, diese anzuerkennen. Ein Schlüsselfaktor sei die Fähigkeit der Adoptiveltern, empathische Gefühle für das Kind und dessen leibliche Verwandte zu hegen. Für Adoptivkinder wird postuliert, dass Kinder in offener Adoption mehr Kontinuität in ihrer persönlichen Geschichte erleben, was ihr Selbstwertgefühl erhöhe [Kirk, 1981]. Kinder in allen Arten von offener Adoption wiesen ein positives Selbstwertgefühl auf und teilten ihre – die leiblichen Eltern betreffende – Neugierde sowie ihre Zufriedenheit mit der offenen Adoptionssituation mit. Mädchen waren im Hinblick auf ihre leiblichen Eltern neugieriger als Jungen. Informationen über die leiblichen Eltern scheinen Kinder im Hinblick auf ihr Verständnis der Adoption nicht zu verwirren und ihr Selbstwertgefühl nicht zu schmälern, führen aber auch nicht zu einem besseren Verständnis ihres

Adoptionsstatus, welches vielmehr mit ihren entwicklungsbedingten kognitiven Fähigkeiten verbunden scheint [Wrobel et al., 1996].

Der offenen Adoption zugrunde liege die Auffassung, dass die leiblichen Eltern ebenso Interesse am Gedeihen ihres Kindes haben und aus diesem Grund auch zu dessen Wohl mit den Adoptiveltern zusammenarbeiten können. Für den Identitätsfindungsprozess des Kindes sei sie sicher von Vorteil [PFAD Bundesverband Pflege- und Adoptivfamilien, 2003].

Nachteile und Unterschiede der offenen Adoption

Als Nachteile der offenen Adoption werden folgende Aspekte geltend gemacht: Sie stelle eine Bedrohung für Adoptiveltern dar, die sich nicht berechtigt fühlen, als vollwertige Eltern ihre Rolle einzunehmen [Grotevant et al., 1994]. Die offene Adoption führe bei Adoptiveltern zur Angst, dass sich die leiblichen Eltern in die Adoptivfamilie einmischen könnten und so einen negativen Einfluss auf die Entwicklung der Bindung zwischen Adoptivkind und Adoptiveltern haben könnten.

Die offene Adoption war zufriedenstellend für zukünftige Adoptiveltern, die den Grad der Offenheit durch schriftliches Einverständnis oder durch mündlichen Kontakt mit der leiblichen Mutter vor der Platzierung des Kindes bestimmten. Demick und Wapner [1988] beschreiben folgende Vor- und Nachteile der offenen Adoption: Adoptiveltern verfügten einesteils über ein inneres Gefühl von Sinn und Ermächtigung, andernteils gaben Adoptivmütter ein niedrigeres Selbstwertgefühl an, möglicherweise infolge der größeren Empathie der Adoptivmutter gegenüber der leiblichen Mutter. In einer anderen Untersuchung von 190 Adoptivfamilien mit Adoptivkindern im Alter von vier bis zwölf Jahren verfügten Adoptivmütter über ein gutes Selbstwertgefühl. Die spezifische Art und Weise, wie sich die Beziehungsgestaltung zwischen Adoptiveltern und leiblichen Eltern entwickelt, ist fast so unterschiedlich wie die Familien selbst [McRoy und Grotevant, 1990]. Die Offenheit in der Adoption mag zu einem bestimmten Zeitpunkt von der einen Partei erwünscht sein, jedoch nicht von der anderen und kann sich mit der Zeit verändern.

Eine Longitudinaluntersuchung zur offenen Adoption sammelte Informationen bei 190 Adoptivfamilien und 169 leiblichen Müttern, vier und zwölf Jahre nach der Platzierung des Kindes in die Adoptivfamilie. Es ergaben sich keine Hinweise auf Befürchtungen, die leibliche Mutter könnte ihr Kind zurückverlangen oder sich in die Adoptivfamilie einmischen. Die Adoptiveltern fühlten sich in ihrem Recht auf Elternschaft nicht beeinträchtigt. Die offene Adoption garantierte jedoch nicht einen erfolgreichen Trauerabschluss bei den leiblichen Müttern [Grotevant und McRoy, 1998].

Eine Studie in den USA untersuchte mittels Fragebogen, ob Kontakte zwischen den Mitgliedern der Adoptivfamilie und der der Herkunftsfamilie einen Einfluss auf die psychosoziale Entwicklung der in der Säuglingszeit adoptierten Jugendlichen haben. Die Ergebnisse zeigten keine Unterschiede in der Beurteilung der Adoptierten durch die Adoptiveltern, während die adoptierten Jugendlichen mit langandauerndem direktem Kontakt mit leiblichen Eltern weniger externalisierende Störungen wie z. B. Verhaltensprobleme angaben als adoptierte Jugendliche ohne Kontakt zu leiblichen Eltern [von Korff et al., 2006].

Klinische Erfahrung. Die klinische Erfahrung weist auf ein höchst komplexes Wechselspiel hin, das auf dem subjektiven Konflikt- und Loyalitätserleben des einzelnen Kindes und den individuellen Bindungs- und Beziehungsmustern zu den doppelten Elternpaaren basiert sowie auf den emotionalen und kognitiven Kommunikationsmöglichkeiten zwischen Kind und Adoptiveltern auf bewusster und unbewusster Ebene. Diese problematische Situation des Kindes anzuerkennen und zu verstehen und dem Kind den nötigen Spielraum zu deren «Lösung» einzuräumen, setzt ein Selbstverständnis von Elternschaft voraus, die dem Kind die Erlaubnis und Unterstützung bietet, die Beziehung zu den leiblichen Eltern jederzeit mitzubestimmen. Ob, wie, wo, wann und wie häufig es zu Kontakten und Begegnungen zwischen Kind und leiblichen Eltern kommen soll, sollte vom einzelnen Kind abhängig gemacht werden und allen im Dreieck beteiligten Personen Rechnung tragen. Immer muss dabei vor allem auch der Entwicklungsstand und das psychische Wohlbefinden des Kindes berücksichtigt werden.

Scheitern des Adoptionsverhältnisses

Abbrüche von Adoptionsbeziehungen sind weniger häufig als die von (langfristigen) Platzierungen in Pflegefamilien. Ungefähr 10–16 % der Adoptionen von Kindern mit spezifischen Bedürfnissen (generell handelt es sich um Kinder, die nach drei Jahren adoptiert wurden) werden abgebrochen oder aufgelöst [George et al., 1996]. Zu den Kindern mit spezifischen Bedürfnissen gehören Kinder, die zur Zeit der Platzierung älter waren, sowie behinderte oder einer Minorität angehörende Kinder oder Mitglieder einer Geschwistergruppe. Nach Angaben von Terre des Hommes werden bis zu 2 % der Fälle umplatziert [Kühl, 1985]. Es handelt sich dabei um ältere oder behinderte Kinder sowie Kinder mit einer problematischen Vergangenheit (lange Heimaufenthalte). Adoptivkinder, die als «Zwischenkinder» in eine bestehende Geschwisterreihe oder als älteste platziert wurden, mussten überproportional häufig neu platziert werden [Lücker-Babel, 1991]. Kühl [1985] hebt das Verhältnis zwischen Geschwisterkonstellation und dem Adoptionserfolg hervor: «Je größer der zeitliche Abstand zwischen Ankunft eines Adoptivkindes und nachfolgender Aufnahme eines weiteren Kindes, desto günstiger verläuft offenbar die seelische Entwicklung beider Kinder. Adoptivkinder, die als ältestes in eine Familie mit ausschließlich jüngeren Kindern gekommen sind, zeigen ein ungünstigeres Selbstkonzept als Jugendliche, die als jüngstes oder als Einzelkind aufgenommen worden sind. Die Sozialisationsbedingungen in Familien mit ausschließlich adoptierten Kindern scheinen günstiger als in Familien, in denen bei Aufnahme des adoptierten Kindes nur leibliche Kinder lebten» [S. 49–50].

Das Scheitern (Abbrüche und Auflösungen von Adoptionsverhältnissen) kann nur selten auf eine einzige Ursache zurückgeführt werden und kommt vielmehr durch das Zusammenwirken mehrerer Faktoren zustande. Es werden Risiko- und Schutzfaktoren unterschieden, die das Adoptionsverhältnis beeinträchtigen oder zum guten Gelingen beitragen können [Kasten et al., 2001].

Risikofaktoren. Zu den kindbezogenen Risikofaktoren werden das höhere Alter, die Zahl der vorangegangenen Platzierungen und eine Behinderung des Kindes gerechnet [Berry, 1997]. Die Nationalität und die ethnische Zugehörigkeit werden von gewissen Autoren als Risikofaktor für den Abbruch des Adoptionsverhältnisses betrachtet [Derdeyn und Graves, 1998; Rosenthal, 1993], von andern jedoch nicht. Diesbezügliche Resultate sind nicht eindeutig; dies gilt auch für die Adoption einer Geschwistergruppe. Insgesamt erweist sich die Adoptionsbeziehung von Mädchen im Kleinkind- oder Latenzalter als länger dauernd, jedoch nicht von Mädchen in der Pubertät oder frühen Adoleszenz. Das Adoptionsverhältnis scheitert häufiger bei verhaltensauffälligen oder psychisch beeinträchtigten Kindern, wenn nicht eine besondere Betreuung der Familien erfolgt [Smith und Howard, 1991].

Schutzfaktoren. Als kindbezogene Schutzfaktoren gilt vor allem ein niedriges Alter des Kindes, das keine Gewalt- oder Misshandlungserfahrungen in der Herkunftsfamilie erlitten hat und bei dem die wesentlichen Informationen über die abgebende Familie vorliegen [Rosenthal, 1993].

Familienbezogene Risiko- bzw. Schutzfaktoren ließen sich aufzeigen in Verbindung mit dem Alter der Eltern (in Familien mit relativ jungen oder relativ alten Eltern waren häufiger Abbrüche zu verzeichnen), mit deren Ehebeziehungsqualität sowie mit deren elterlichen Fähigkeiten [Barth und Berry, 1991]. Flexiblere elterliche Haltungen erweisen sich als günstig in der realistischen Auseinandersetzung mit problematischem Verhalten des Adoptivkindes; einfühlende und liebevolle Zuwendung ermöglicht dem Kind, allmählich Vertrauen und Bindung aufzubauen. Weitere Faktoren wie Bildungsniveau, finanzielle Situation, Motivation der Eltern, Religions- und Schichtzugehörigkeit und soziale Unterstützung wurden untersucht: Die Ergebnisse dieser Studien sind jedoch uneinheitlich. Es sei dennoch auf den Befund von McDonald et al. [1991] hingewiesen, wonach in Familien, die regelmäßige und intensive Beratung und Unterstützung erfahren hatten, seltener Abbrüche zu verzeichnen waren.

Das Kind ist der Vater des Mannes.

Sigmund Freud

III BEZIEHUNGSKONSTELLATION LEIBLICHE ELTERN – ADOPTIVELTERN – KINDER

«Das Kind ist der Vater des Mannes», sagt Freud [1990–1939, S. 412] und hebt damit hervor, «von welch außerordentlicher Bedeutung für die ganze spätere Richtung eines Menschen die Eindrücke seiner Kindheit, ganz besonders aber seiner ersten Kindheitsjahre, sind». Es ist also des Menschen eigenes Kind, sein kindliches Erleben, das ihm zum inneren Gesetz wird und sein Lebensschicksal mitbestimmt.

Die Adoption stellt für das Kind immer einen Filiationsbruch mit den leiblichen Eltern sowie eine Filiationskreation mit den Adoptiveltern dar. Sie kann als lebenslanger Prozess aller Personen dieses Dreiecks – den leiblichen Eltern, den Adoptiveltern und dem Kind – betrachtet werden [Sorosky et al., 1984]. Die Adoption prägt die biografische Entwicklungsgeschichte eines Kindes und ist immer wieder Thema von Fragen und Sorgen, die sich in jedem Lebenszyklus in anderer Form ausdrücken. Dies vor allem während der wichtigen Etappen und Ereignisse des Lebens wie Adoleszenz, Heirat, Schwangerschaft, Geburt und schließlich auch dem Tod eines Elternteils [Geller, 1992; Lifton, 1981].

Beispiel

Eine Frau, die als Kind adoptiert wurde, wird bei der Geburt ihrer Tochter überwältigt von den mit den Verlusten ihrer leiblichen und ihrer Adoptivmutter verbundenen Emotionen und fühlt sich unfähig, Mutterrolle und -funktion für ihr Kind zu übernehmen. Als ihre Tochter das Alter erreicht, in dem sie selbst aus Asien in die Schweiz kam, bricht sie zusammen und sucht psychotherapeutische Hilfe. «Warum wurde ich nicht gefragt, ob ich weggehen will?» Sie würde niemals ihre Tochter weggeben können, habe aber Angst, dass sie ihr weggenommen werden könnte.

Nur eine Mutter weiß allein,
was lieben heißt und glücklich sein.

Rainer Maria Rilke

«Wer ist mein Vater?», fragte der Wasserkrug-Junge seine Mutter.
«Ich weiß es nicht», sagte sie.
«Morgen werde ich meinen Vater suchen.»
«Du kannst deinen Vater nicht finden», sagte sie.
Aber der Junge sagte: «Ich habe einen Vater, ich weiß, wo er lebt, ich werde ihn aufsuchen.»
Er ging nach Südosten, wo sie die Quelle waiyu powidi nannten.
Als er sich jener Quelle näherte, sah er in einiger Entfernung von der Quelle einen Mann.
Er fragte den Jungen: «Wohin gehst du?»
«Ich suche meinen Vater», sagte er.
«Wer ist dein Vater?», fragte der Mann.
«Mein Vater wohnt in dieser Quelle.»
«Du wirst deinen Vater nie finden.»
«Ich weiß, dass du mein Vater bist.»
«Ja, ich bin dein Vater, ich kam aus jener Quelle, um dich zu treffen.»
Und er legte seinen Arm um die Schulter des Jungen und nahm ihn mit sich hinab in die Quelle.

Sage der Pueblo-Indianer

Leibliche Eltern

Die Mütter

Eine Übersichtsarbeit über zwölf Studien, die 600 leibliche Mütter zum Zeitpunkt von vier Monaten bis zu 33 Jahren nach der Freigabe ihres Kindes zur Adoption befragten, kommt zum Schluss, dass leibliche Mütter unter langandauernden somatischen, psychischen, psychosomatischen und sozialen Auswirkungen leiden [Askren und Bloom, 1999; Blanton und Deschner, 1990].

Die Freigabe eines Säuglings zur Adoption führt bei der leiblichen Mutter zu einer essenziellen Verlusterfahrung. Eine Geburt ist verbunden mit intensiven Emotionen, einer erhöhten physischen und psychischen Vulnerabilität und einer permanenten Rollenveränderung. Sie stellt eine existenzielle Veränderung im Leben dar. Leibliche Mütter, die ihr Kind zur Adoption freigegeben haben, weisen oft eine pathologische Trauer auf, d. h. ihre Trauer kann andauern und mit der Zeit sogar an Intensität zunehmen. Folgende Faktoren tragen zu einer chronischen pathologischen Trauer bei: Leibliche Mütter, die ihr Kind zur Adoption freigeben, erfahren oft kaum emotionales Verständnis und empathische Unterstützung. Da die Freigabe eines Kindes zur Adoption als eine freiwillige Wahl betrachtet wird, wird die Trauerreaktion über den Verlust des Kindes nicht anerkannt. Der Geburtstag des Kindes und das Datum der Freigabe stellen für leibliche Mütter jährliche Erinnerungen dar, die mit Leid und Schmerz verbunden sind. Eine Trauerarbeit über den Verlust des Kindes kann nicht vollzogen werden, da das Kind lebt und Phantasmen, es einmal wiederzufinden, aufrechterhalten werden. Inhaltlich beschäftigen sich leibliche Mütter in ihren – mit Gefühlen von Schuld, Depression und Wut verbundenen – Phantasmen mit der Frage, wie die Freigabe des Kindes hätte verhindert werden können. Phantasmen um ihr Kind mögen leibliche Mütter zu dessen Suche veranlassen. Es handelt sich dabei meist um den Versuch, eine empfundene innere Leere füllen und einen durch den Verlust des Kindes verursachten Selbstanteilsverlust beheben zu wollen.

Beispiel

Ein 13-jähriger Jugendlicher, der im Alter von viereinhalb Jahren mit seinen beiden jüngeren Brüdern aus Europa adoptiert wurde, wünscht sich seit Jahren, seine leibliche Mutter wiederzufinden. Er glaubt, weniger unter Gewissensbissen zu leiden, wenn er seine Mutter sehen könne. Sie habe ihm gesagt, er solle auf sie warten, sie werde ihn und seine Brüder wieder suchen kommen und er solle gut auf seine Brüder aufpassen. Er wirft seinen Adoptiveltern vor, ihn von dem Ort, an den seine leibliche Mutter zurückkommen wollte, um ihn und seine Brüder aufzusuchen, entführt zu haben.

Wenn Frauen, die ein Kind zur Adoption freigegeben haben, später eine eigene Familie gründen, kann der unverarbeitete Verlust des Kindes zu Beziehungsschwierigkeiten mit ihren Kindern führen. Sie tendieren z. B. dazu, ihre Kinder – aus Angst vor einem sich wiederholenden Verlust – übermäßig zu behüten und erleben während der Entwicklung ihrer Kinder Trennungsängste.

Beispiel

Eine Mutter bereut 25 Jahre später noch immer, ihre erste Tochter – auf Drängen ihrer eigenen Mutter – zur Adoption freigegeben zu haben. Sie denke nicht nur am Geburtstag an ihr erstes Kind, sondern täglich. Sie habe – mit Hilfe der Vermittlungsstelle – versucht, Informationen über ihre Tochter zu erhalten, was die Adoptivmutter jedoch abgelehnt habe. Sie werde immer wieder mit Fragen konfrontiert, wie es ihrer Tochter gehe, da sie die Adoption verschwiegen habe. Die Säuglings- und Kleinkindzeit ihrer zweiten Tochter aus einer zweiten Ehe sei durch Krankheiten, Hospitalisationen und operative Eingriffe belastet gewesen, was zu einer ausgesprochen überbehütenden mütterlichen Haltung geführt habe, die auch heute noch die Beziehung zu ihrer jugendlichen Tochter präge, die unter andauernden, therapieresistenten und sie schwer beeinträchtigenden Kopfschmerzen leide.

Swienteks [2001] Resultate zeigen, dass, mit Ausnahme von zweien, alle der 75 befragten leiblichen Mütter sich für die Entwicklung und das Wohlergehen des Kindes interessierten und sich fragten, ob ihre Entscheidung richtig gewesen und was aus ihrem Kind geworden sei. Sie äußerten den Wunsch, ihm nachträglich zu erklären, weshalb keine andere Lösung als seine Auf- bzw. Abgabe möglich gewesen war. Sie fürchten sich vor dem Urteil des Kindes und wünschen, dass das Kind ihnen verzeihen möge. Keine der befragten leiblichen Mütter äußerte den Wunsch, ihr Kind zurückzunehmen, im Wissen darüber, kein Anrecht gegenüber dem Kind zu haben, weder auf legaler noch auf moralischer Ebene. Generell sind leibliche Mütter, die ihr Kind zur Adoption freigeben, jünger, zeigen ein niedrigeres Bildungsniveau, haben einen schlechteren Ausbildungsstand und weisen einen niedrigeren sozioökonomischen Status auf [Klein-Allermann, 1992]. Psychopathologische Auffälligkeiten sind häufiger als bei Müttern, die nicht an die Weggabe ihres Kindes denken. Es handelt sich meist um unerwünschte Kinder von Frauen, die vom leiblichen Vater des zukünftigen Kindes im Stich gelassen worden sind. Bis sie die Schwangerschaft erkannt hatten, war es für einen Schwangerschaftsabbruch zu spät. Nur im Ausnahmefall waren leibliche Mütter minderjährig bei der Abgabe ihres Kindes.

Die Verarbeitung der Freigabe des Kindes bzw. seines Verlustes kann über Jahre andauern. Die Vorbereitung der leiblichen Mutter vor der Geburt des Kindes ist dringend notwendig, um sie in ihrer Entscheidung zu unterstützen. Es wird empfohlen, den leiblichen Müttern die Möglichkeit zu geben, die Adoptivfamilie mitwählen zu können. Kontaktaufnahme mit dem

Kind nach der Geburt und sechs Monate später wird als hilfreich zur Initiation eines Trauerprozesses betrachtet. Eine offene Adoption stelle für leibliche Mütter die bessere Lösung dar [Cushman et al., 1993].

Die Väter

Beispiel

In der 30. Schwangerschaftswoche erfährt eine 19-jährige Mutter, dass sie schwanger ist. Sie muss notfallmäßig eine Woche später entbunden werden. Sie wünscht keinen Kontakt zu ihrem Kind, das sie zur Adoption freigeben will. Vom Kindsvater, einer nur wenige Monate dauernden Beziehung, ist sie getrennt, hat ihn jedoch von der Geburt des Kindes und ihrer Entscheidung, dieses zur Adoption freizugeben, informiert. Der Vater möchte sein Kind behalten und die Eltern einigen sich dahingehend, dass ihre neugeborene Tochter beim Vater und dessen Mutter wohnen, tagsüber jedoch von einer Tante mütterlicherseits betreut wird.

Leibliche Väter spielten früher eine geringe Rolle während der Geburt des Kindes und im Entscheidungsprozess, das Kind zur Adoption freizugeben. Im exemplarischen Fall von «Baby Richard» wurde in den USA das elterliche Recht des leiblichen Vaters anerkannt. Dieser hatte sein von der leiblichen Mutter zur Adoption freigegebenes Kind erfolgreich zurückverlangt [Kermani und Weiss, 1995]. Elterliches Recht gründet nicht nur auf leiblichen und genetischen Bindungen, sondern auf einer gelebten Beziehung von Fürsorge, Engagement und Verantwortung, und zwar vom Beginn der Schwangerschaft an. Legaler Schutz und psychologische Unterstützung sind notwendige Voraussetzungen, die es leiblichen Vätern in einem größeren Ausmaß ermöglichen sollten, zu den zu treffenden Überlegungen beizutragen. Leibliche Väter sind bei der Entscheidung, ihr Kind zur Adoption freizugeben, einzubeziehen; sie haben das Recht, sich gegen die Adoption auszusprechen [Menard, 1997]. Nach Clapton [2001] durchlaufen die meisten leiblichen Väter einen Trauerprozess über den Verlust des Kindes. Ihnen im Adoptionsprozess mehr Aufmerksamkeit zu schenken, liege auch im Interesse der adoptierten Person, sollte sie später etwas über ihre Herkunftsfamilie in Erfahrung bringen wollen. Leibliche Väter, über die insgesamt wenig Kenntnisse bestehen, sollen eine höhere Neigung zu dissozialem Verhalten, Kriminalität, Alkohol- und Drogenabhängigkeit aufweisen [Cadoret et al., 1990a, b; Peters et al., 1999].

Wer Kinder wohl erzieht, soll mehr geehrt werden als Eltern, da diese nur das Leben gaben, die ersteren die Kunst, gut zu leben.

Aristoteles

Adoptiveltern

Adoptiveltern werden auf dem Weg zur Verwirklichung ihres Kinderwunsches wie auch auf dem gemeinsamen Lebensweg mit dem Adoptivkind mit ganz spezifischen Schwierigkeiten und Problemen konfrontiert [Derdeyn und Graves, 1998]. Viele Eltern von adoptierten Kindern erleben einen hohen Grad von Problemen mit ihren Kindern und multiple Stresssituationen, verbunden mit großer psychischer Belastung für sich selbst und ihre Kinder. Die Resultate solcher Studien, kombiniert mit den Resultaten der Studien des Einflusses von genetischen Risiken für Kinder und für Eltern-Kind-Interaktionen [Plomin et al., 1997] lassen vermuten, dass sich die Herausforderungen, mit denen Adoptiveltern konfrontiert sind, substanziell von denjenigen leiblicher Eltern unterscheiden.

Kirk [1981] fasst die Schwierigkeiten, welchen Adoptiveltern begegnen, folgendermaßen zusammen: Gefühle von Deprivation infolge der Zeugungsunmöglichkeit; wenig Erfahrung mit anderen familiären Situationen, die als Modell dienen könnten; keine Schwangerschaft, die als Rahmen für eine emotionale Vorbereitung dient; keine Anteilnahme von Freunden und Familien in Bezug auf die zukünftige Elternschaft; Abhängigkeit von der Vermittlungsstelle; Adoptiveltern sind in der Regel älter und haben oft lange Zeit ohne Kinder gelebt; die Periode vor der legalen Adoption ist mit Ungewissheit, Unsicherheit und Angst verbunden, dass das Kind wieder weggenommen werden könnte; fehlende traditionelle oder religiöse Zeremonien, die die Ankunft des neuen Familienmitgliedes anzeigen; Eltern, Verwandte und auch die Gesellschaft zeigen wenig Unterstützung und Verständnis; die Enthüllung des Adoptionsstatus gegenüber dem Kind ist für die meisten Eltern schwierig: die Umstände einer unehelichen Geburt stehen oft in Kontrast zu den moralischen Vorstellungen und zur Sexual- und Reproduktionserziehung, welche die Eltern ihrem Kind später zukommen lassen; die Diskussionen über die leiblichen Eltern werden vielfach als bedrohlich empfunden.

Bei der Adoption handelt es sich um ein geplantes Projekt, das ein gewisses Risiko und Handlungscharakter in sich trägt. Die *soziale* Elternschaft wird als Vulnerabilitätsfaktor betrachtet [Schleiffer, 1997]. Die körperliche Fremdheit des Adoptivkindes kann die Beziehungsaufnahme erschweren. Adoptiveltern erleben eine lange Zeit der Verunsicherung während des Adoptionsverfahrens. Die dadurch erzwungene Offenbarung ihres Privatlebens kann dazu führen, dass sie rigide Grenzen gegenüber der Außenwelt ziehen. Tauchen Schwierigkeiten mit dem Adoptivkind auf, beginnen Adoptiveltern häufig, ihre Entscheidung zur Adoption zu hinterfragen.

In einer Studie über zukünftige Adoptiveltern [Kirschner, 1990] war Infertilität in 70 % der Fälle das Motiv, ein Kind zu adoptieren. Andere Motive resultierten aus der Erfahrung von Fehlgeburten oder Erbkrankheiten oder aus humanitären oder religiösen Gründen. Kirschner zufolge haben Adoptiveltern sich mit folgenden Themen auseinanderzusetzen und diesbezügliche Schwierigkeiten zu bearbeiten: ihre Infertilität, die Eltern-Kind-Bindung, der frühe Individuations- und Trennungsprozess ihres Kindes und die damit verbundene Ambivalenz, der Identitäts- und Trennungsprozess in der Adoleszenz. Von großer Bedeutung sei es, dass Adoptiveltern Unterschiede angemessen anerkennen. Adoptivfamilien, die sehr stark für sich leben und sich gegenüber der Außenwelt verschließen, tendieren dazu – vor allem, wenn ihre Kinder klein sind –, Unterschiede zu leugnen. So kommen Individuations- und Trennungsprozesse ungenügend zustande. In der Adoleszenzzeit ihrer Kinder betonen gewisse Adoptiveltern den Unterschied oft sehr stark, indem sie z. B. die Adoption für die familiäre Disharmonie verantwortlich machen. Dies hat zur Folge, dass sich die Familienmitglieder nicht mehr für ihre Beziehungen untereinander einsetzen und sich nicht mehr füreinander engagieren. Es sei wichtig, dass Adoptiveltern Ja zur Herkunft des Kindes sagen und den Unterschied zwischen biologischer und sozialer Elternschaft anerkennen können.

Die Ergebnisse der Studien von Keller-Thoma [1987] bei adoptierten Schweizer Jugendlichen zeigen, dass – gemäß Einschätzung der Jugendlichen – 57 % der Adoptiveltern eine wohlwollende Haltung gegenüber den leiblichen Eltern einnehmen, 31 % gleichgültig eingestellt sind und 5 % sich gegenüber den leiblichen Eltern entwertend verhalten.

Folgende intrapsychischen Konflikte scheinen besonders problematisch bei der Entwicklung und dem Aufbau der Rolle von Adoptiveltern zu sein [Brinich, 1990]: die Entdeckung der Infertilität und die nachfolgende Entscheidung, ein Kind zu adoptieren; der Aufbau eines frühen Eltern-Kind-Dialogs; das Handhaben der Individuations- und Trennungsphase im Kleinkindalter; die Auseinandersetzung und Bewältigung des emotionalen und kognitiven Verständnisprozesses des Kindes mit der Tatsache, dass es adoptiert ist; und der Prozess der Individuations- und Trennungsphase in der Adoleszenz des adoptierten Kindes.

Motive für eine Adoption

Im Zeitraum um 1970 entwickelte sich eine größere Offenheit hinsichtlich der Adoption. Immer mehr Ehepaare, die selbst schon ein oder mehrere leibliche Kinder hatten, wollten ein Kind aus humanitären Gründen adoptieren. Ihre Motivation war und ist auch heute noch geprägt durch das große Elend und die Not von Kindern in durch Kriege, Armut und Hunger betroffenen Ländern. Im Zentrum steht weniger die Befriedigung eines Kinderwunsches, vielmehr sind es ethisch-moralische oder religiöse Hintergründe, die zur Adoption eines Kindes führen.

Die folgenden Ausführungen konzentrieren sich auf die durch intrapsychische Faktoren beeinflussten Motivationen. Die bewusste Motivation, ein Kind zu adoptieren – eine der wichtigsten ist die Sterilität –, verdeckt die unbewussten Motivationen, die sich oft erst mit der Ankunft des Kindes enthüllen bzw. erst durch die Anwesenheit des Kindes ans Licht treten. Manche Autoren sehen die Adoptionsmotivation als Spiegelbild eines Verlassenheitssyndroms bei den Adoptiveltern [Hayez, 1988]. Der Wunsch der Adoptiveltern, einem verlassenen, verstoßenen Kind Eltern und eine Familie zu bieten, entspringe dem Bedürfnis, dem eigenen, inneren Kind ein wiedergutmachender Elternteil zu sein [Landerholm, 2001]. Die Integration eines Adoptivkindes in die elterliche Beziehung kann verdrängte, unbewusste psychische Konflikte zum Aufbrechen bringen, manchmal in einem Ausmaß, das zum psychischen Zusammenbruch eines Elternteils oder zur Ablehnung und Ausstoßung des Kindes aus der Familie führen kann.

Der überwiegende Teil der Motivationen ist unbewusst; so z. B. der Wunsch nach einem Ersatzkind für ein eigenes, verstorbenes Kind. Die Trauerarbeit wird durch die Adoption unterbrochen. Das verstorbene Kind wird meist idealisiert. Die Schuldgefühle der Adoptiveltern gegenüber dem verstorbenen Kind erschweren ihre affektive Besetzung des Adoptivkindes. Die Adoptivmutter gerät häufig in die Rolle einer bösen Stiefmutter. Das Adoptivkind ruft oft – im Vergleich zum verstorbenen Kind – aggressive Gefühle und Ressentiments hervor, die von der Adoptivmutter verleugnet werden und sich im Gegenteil in unverhältnismäßiger Sorge ausdrücken. Die Überbehütung des Kindes durch die Mutter, die äußere Bedrohungen abzuwehren versucht, spiegelt ihre innere Auseinandersetzung mit ihrer unbewussten Aggressivität wider.

Weiter kann vom zukünftigen Kind erwartet werden, dass es – im Sinne eines therapeutischen oder «Heilkindes» – persönliche Schwierigkeiten zu lösen vermag, emotionale Deprivationen, unter denen die Adoptiveltern in ihrer Kindheit gelitten haben, kompensieren wird, die Ehe retten, eine persönliche Einsamkeit überwinden hilft oder eine innere Leere zu füllen vermag. Die Adoptiveltern erhoffen sich von ihrem Kind in ihrer elterlichen Kompetenz bestätigt zu werden. Sie hegen (un)bewusste Erwartungen, dass das Adoptivkind erlittene Enttäuschungen und Unzufriedenheit auf beruflicher, Beziehungs- oder sozialer Ebene wiedergutmachen wird.

Diese idealisierten und unverwirklichbaren Erwartungen stehen im Kontrast zu den Unsicherheitsgefühlen der Adoptiveltern in ihren Rechten gegenüber dem Kind. Die Enttäuschungen und Desillusionen sind in der Folge nicht vermeidbar und umso schwerwiegender, je größer die Erwartungen gegenüber dem Kind waren [Cramer 1988]. Die Schwierigkeiten, die das Kind zeigt, werden von den Eltern als eine Art Verrat seinerseits empfunden. Die Adoptiveltern äußern ihre tiefste Enttäuschung gegenüber dem Kind, das den unbewussten Vertrag nicht erfüllt, nämlich ein ideales Kind zu sein. Diese Enttäuschung kann sich dadurch manifestieren, dass die Eltern ihr Kind, das sie als ihnen völlig fremd empfinden, offen ablehnen, d. h. aus ihrer Familie ausstoßen, da es plötzlich zum Fremdkörper geworden ist. Ihrerseits haben die Eltern ihre affektive Besetzung des Kindes zurückgenommen. In den weniger schweren Fällen der Ablehnung wird das Kind oft als Träger von nicht akzeptierbaren Charaktereigenschaften bezeichnet und seine Störungen werden mit seinem Ursprung oder mit seiner Erbschaft in Verbindung gebracht. Die Eltern entledigen sich so jeglicher Eigenverantwortung, die den Störungen des Kindes zugrunde liegen könnte. Sie verleugnen eine bewusste Ablehnung des Kindes, bezeichnen es als psychisch krank und behandlungsbedürftig in einer psychotherapeutischen Institution. Diese Reaktionen der Eltern zeigen, dass sie eine potenzielle eigene Problematik nicht wahrnehmen und auf das Adoptivkind Gedanken oder Gefühle projizieren, die sie bei sich selbst nicht ertragen können. Sie reagieren oft übermäßig auf aggressive oder sexuelle Gefühle ihres Kindes und tendieren dazu, genetische und familiäre Faktoren als die Hauptursache jeglicher Verhaltensstörung verantwortlich zu machen. Selbst wenn sie sich mit dem Verhalten ihres Kindes identifizieren, Verhalten, das ihre eigenen nicht akzeptierbaren Triebimpulse darstellt, können sie diese den konstitutionellen Faktoren des Kindes oder dem sogenannten «schlechten Blut» der leiblichen Eltern zuschreiben.

Vom imaginären zum realen Kind

Wie alle Eltern, haben auch Adoptiveltern bestimmte Vorstellungen von ihrem zukünftigen Kind. Den idealisierten und unrealistischen Erwartungen folgen oft große Enttäuschungen [Cramer, 1988]. Das Realkind entspricht nicht dem Wunschkind. Es ist aber das Realkind, das die Fantasien seiner Adoptiveltern über die leiblichen Eltern, seine Herkunft und seine Erbschaft enthüllt. Es ist schwieriger, Mutter oder Vater eines Adoptivkindes als eines leiblichen Kindes zu sein, nicht wegen der fehlenden biologischen Bindung, sondern aufgrund der auf das Ereignis und die Situation der Adoption projizierten Phantasmen [Lévy-Soussan, 2001]. Diese Phantasmen können problematisch sein, wenn sie den Prozess der Elternschaft behindern. So können Adoptiveltern das Wissen, das sie von der Herkunft des Kindes haben, auf das Kind projizieren: das Kind einer verwahrlosten Mutter z. B. sei in Gefahr zu verwahrlosen, jenes eines brutalen Vaters neige zu Wutausbrüchen. Die Adoptiveltern dürfen die meist vagen Informationen über die biologische Herkunft des Kindes nicht als Projektionsfläche für unbewältigte eigene Konflikte benützen.

Bei Adoptiveltern gilt das Gleiche wie bei leiblichen Eltern: je flexibler ihre Fantasien und Vorstellungen sind, desto größer ist die Chance für das reale Kind, einen autonomen Entwicklungsraum in Anspruch nehmen zu können und dennoch von den Adoptiveltern «besetzt» und in die Familie integriert zu werden. Gelingt es Adoptiveltern und Adoptivkind, eine emotionale Bindung so aufzubauen, dass beide ein Zugehörigkeitsgefühl im Sinne einer Filiationsbeziehung entwickeln können, so vollziehen Adoptiveltern in der Konfrontation mit dem Kind nicht selten eine eigene kontinuierliche innerpsychische Konfliktverarbeitung. Sehr oft leisten sie Trauerarbeit über eigene Verluste.

Umgekehrt können ursprüngliche oder biografische Wesens- und Charakterzüge des Kindes von den Adoptiveltern negativ empfunden und deshalb abgelehnt und verneint werden. Diese prägen jedoch das Bild, das sich die Adoptiveltern vom adoptierten Kind machen und sind deshalb wichtige Bestandteile der Adoptivbeziehung. Die persönliche Identität des Kindes wird auf diese Weise mit negativen Vorzeichen und auf eine unglückliche Weise in der Familie aufrechterhalten. Gleichzeitig erlaubt dies dem Kind, seinerseits eine Kontinuität mit seinen Ursprüngen aufrechtzuerhalten. So können die spezifischen Bedingungen der Adoption zu einer Verstrickung führen, zu einer Verzahnung gewisser nicht akzeptierbarer Charakterzüge oder Wesensarten des Kindes mit nicht gelösten Problemen der Familie oder einzelner Familienmitglieder [Huth, 1982]. Die Adoption wird dann zur Trägerin von intrafamilialen Kommunikationsstörungen und zur Enthüllerin von intrapsychischen und interpersonellen Konflikten. Das Kind bietet sich in seiner Angst, wiederum ein Verlassen- und Verstoßenwerden zu erleben, und in seiner Sorge, sich der Familie anzupassen, gleichsam den Bedürfnissen der Eltern für deren Befriedigung an. Es kann sich ihnen sogar zur Verfügung stellen, gewisse problematische familiäre Strukturen zu harmonisieren oder familiäre Konstellationen zu stabilisieren und Kommunikationsstrukturen zu verstärken. Das Kind dient gewissermaßen dazu, andere Lösungen von persönlichen und familiären Konflikten zu verhindern. Dies allerdings bezahlt es mit dem hohen Preis, seine persönliche Entwicklung nicht fortsetzen zu können.

Das Theaterstück von Edward Albee – der selber als Säugling adoptiert wurde – «Who is afraid of Virginia Woolf» gebraucht ein eindrückliches Beispiel elterlicher Phantasmen: Der «Sohn» der beiden Protagonisten George und Martha enthüllt sich als ein Phantasma. Er selbst – in diesen Phantasmen – fragt sich, ob er vielleicht adoptiert wurde. Damit sowohl Adoptiveltern wie Adoptivkind sich gegenseitig so sehen können, wie sie sind, bleibt es ihnen nicht erspart, um den Verlust der fantasierten leiblichen Eltern und des fantasierten leiblichen Kindes zu trauern. Bevor die neue, reale Adoptivbeziehung gedeihen kann, ist Trauerarbeit um die verlorene, fantasierte Beziehung notwendig [Brinich, 1990].

> Wir werden sozusagen irgendwo provisorisch geboren und nach und nach bilden wir den Ort unseres Ursprungs – in uns –, um dort geboren zu werden – im Nachhinein – und jeden Tag definitiver.
>
> *Rainer Maria Rilke*

Kinder

Adoptiveltern tragen die Folgen der negativen Erlebnisse – z. B. die Erfahrung emotionaler Deprivation – in der frühkindlichen Entwicklung ihres Kindes. Die Frage stellt sich, ob es ihnen gelingt, diese Belastungen, wie z. B. auftretende psychosoziale Probleme, die mit Misserfolgen verbunden sein können und für die sie nicht verantwortlich sind, anzunehmen. Je besser Adoptiveltern über die persönliche Geschichte ihres zukünftigen Kindes informiert werden, desto eher ist es ihnen möglich, sich auf zukünftige Schwierigkeiten vorzubereiten und potenzielle Herausforderungen zu antizipieren.

Winnicott [1957a, S. 129] hielt es für notwendig, dass sich Adoptiveltern in der kindlichen Entwicklung auskennen: 'Adoptive parents have a need to be aware of what child development is about, much more so than parents who are caring for their own children. With their own children they can allow intuition full sway except when ... a child is showing symptoms of illness. Adopted children need to be thought about, even when they are healthy.' («Adoptiveltern müssen über die kindliche Entwicklung auf dem Laufenden sein, viel mehr als Eltern, die ihre eigenen Kinder aufziehen. Mit ihren eigenen Kindern können sie ihre Intuition walten lassen, außer wenn ... die Kinder Krankheitssymptome zeigen. Über Adoptivkinder muss nachgedacht werden, auch wenn sie gesund sind.» Übersetzung B.S.)

Das Individuum kann sich nicht allein seine eigene Geschichte aufbauen, da es sich immer in eine Familiengeschichte verankert, die ihm vorausgeht und in der es einen Platz als Subjekt einnimmt. Das Substanzielle in diesem psychischen Übermittlungsprozess wird ihm durch die vorangehenden Generationen übertragen. Die transgenerationelle Erbschaft, die aus psychischen Erlebnissen – Phantasmen, Bilder, Identifikationen – besteht, gestaltet ein mythisches Narrativ, aus dem jedes Individuum die notwendigen Elemente zur Bildung seiner persönlichen Familiengeschichte entnehmen kann. Säuglinge brauchen zu ihrem Aufbau eine Geschichte, nicht nur eine biologische oder genetische, sondern eine Beziehungsgeschichte. Der Säugling schreibt sich mitten in seine doppelte, mütterliche und väterliche Filiation ein; dies erlaubt ihm, hier und jetzt in die aktuelle Familiengruppe einzutreten, sich dadurch aber auch in die Familiengeschichte einzuschreiben [Golse, 2002].

Entwicklung des Selbst

Die Entwicklung des Selbst und der Aufbau der Selbstrepräsentanz finden in einem kontinuierlichen Prozess statt, der auf interaktiven Kommunikationen von Emotionen – Bedürfnisse und Befriedigungen signalisierend – zwischen Säugling und primärer Betreuungspersonen basiert. Zu den fundamentalen Bausteinen in der Entwicklung des Selbst und der Selbstrepräsentanz gehören die affektive Einstimmung («affect attunement» [Stern, 1984]) und die soziale Rückversicherung («social referencing» [Emde, 1992]); sie stellen besonders bedeutungsvolle Kommunikationsinteraktionen zwischen Säugling und primären Betreuungspersonen dar. Die affektive Einstimmung der Bezugsperson entsteht aus dem Wunsch eines in der Beziehungsinteraktion zwischen Mutter und Säugling gemeinsam erlebten Gefühlszustandes und gibt dem Kind das Gefühl des emotionalen Wahrgenommenwerdens durch die Bezugsperson [Bürgin, 1989a]. Winnicott [1973a] vertritt die Auffassung, dass der Säugling sich selbst im Gesicht seiner ihm zugewandten Mutter sieht und ihr Gesichtsausdruck als eine Widerspiegelung seines eigenen Zustandes interpretiert. Bei der sozialen Rückversicherung entsteht eine affektive Gemeinsamkeit zwischen Säugling und Betreuungsperson. Sieht sich der Säugling oder das Kleinkind z. B. mit einer Situation konfrontiert, in der er/es unter verschiedenen Verhaltensweisen nicht zu entscheiden vermag, erforscht er/es den Gesichtsausdruck der Mutter und benutzt ihre emotionale Information (z. B. Aufmunterung oder Warnung entsprechend der jeweiligen Situation) zur Regulierung seines eigenen Verhaltens. Die emotionale Selbstregulierung des Säuglings ist also abhängig von den affektregulierenden Interaktionen mit der primären Betreuungsperson – die ihrerseits durch deren Qualität der Affektzustände und deren affektivem Kommunikationsverhalten beeinflusst werden – sowie von der bei der sozialen Erkundung und Rückversicherung erhaltenen emotionalen Information der Mutter. Die Entwicklung früher Objektbeziehungen kommt durch das Erschließen und Zuschreiben eines inneren Zustandes an die primäre Betreuungsperson zustande. Der intersubjektive Zustand erlaubt die Entwicklung der Wahrnehmung mentaler Zustände in sich selbst und im anderen und ist eine Voraussetzung dafür, dass das Kind die psychische Realität seiner Bezugsperson wahrnehmen kann [Fonagy et al., 2002].

Die kognitive Integration des emotionalen Erlebens innerer und äußerer Realität im dritten bis fünften Lebensjahr – die Fähigkeit zu Denken (Mentalisierung) – ermöglicht, eine Kontinuität im Erleben des psychischen Selbst sowie eine Bedeutung im Verhalten anderer zu erkennen (durch Zuschreiben von Gedanken und Gefühlen). Dies führt zu einer größeren Autonomie von Kind und Betreuungsperson, sowohl auf mentaler wie auch auf körperlicher Ebene. Die Fähigkeit, Inneres und Äußeres zu unterscheiden, aber auch zu verbinden, erlaubt die Regulation des psychischen Erlebens und stellt einen wichtigen Schritt in der Individuationsentwicklung dar. Primäre Repräsentationen des Erlebens werden zu sekundären Repräsentationen mentaler und körperlicher Zustände umorganisiert [Fonagy und Target, 1997]. Das Affekterleben ist der Keim, aus dem schließlich Mentalisierung erwachsen kann. Die Voraussetzung dafür ist mindestens *eine* beständige, sichere Bindungsbeziehung. Im Spiel mit einem Elternteil oder Geschwister erfährt das Kind, dass seine mentalen Zustände reflektiert werden. So kann die Bezugsperson den Vorstellungen und Gefühlen des Kindes im Spiel eine alternative Idee oder Lösung vorschlagen und auch eine Verbindung zur Realität herstellen. Das Kind erlebt auf spielerische Art und Weise eine emotionale und mentale Als-ob-Erfahrung. Die subjektive Erfahrungswelt entsteht also durch die erlebte Selbst- und Beziehungserfahrung in der interpersonalen Kommunikation.

Störungen der affektiven Einstimmung können große Enttäuschungen bewirken und von Seiten des Kleinkindes einen Besetzungsabzug bewirken. Die durch Rückzug und Entwertung getönte Beziehungsweise wird internalisiert, d. h. in die Selbstrepräsentanz aufgenommen. Beziehungsenttäuschungen führen zu Selbstentwertungen infolge des entwerteten verinnerlichten Selbstobjektes. Ebenso sind Störungen bei der Erkundung im Sozialbezug mit gemischten Gefühlen verknüpft, besonders häufig sind Gefühle von Scham und Verletztheit [Bürgin, 1989a].

Die wiederholte Internalisierung des von der Mutter bearbeiteten Bildes seiner Gedanken und Gefühle vermittelt dem Säugling «Containment» [Bion, 1962]. In einer kontinuierlichen, sicheren Beziehung gewährleisten Feinfühligkeit und Verfügbarkeit der Bezugsperson den Aufbau eines Repräsentationssystems innerer Zustände und die Internalisierung der Containment-Erfahrung. Wird der Kommunikation des Kindes ungenügende Bedeutung zugeschrieben, besteht keine Verbindung zum Erleben des Säuglings, vermag er nicht, eine symbolische Repräsentation für seine psychischen Zustände zu erwerben. Da Gefühle in der Mutter-Kind-Interaktion grundsätzlich auch als körperliche Zustände interpretiert werden können, ist es für den Säugling oder das Kleinkind schwierig, einesteils physische von psychischer Realität, andernteils die Realität von der Fantasie zu unterscheiden. Eine emotional inkonstante Verfügbarkeit eines Elternteils lässt häufig multiple Ängste sowie eine narzisstische Wut entstehen. Der Lernprozess des Säuglings und des Kleinkindes, mit aggressiven Affekten umzugehen, ist – wegen der fehlenden Holding-/Containing-Funktion der primären Bezugsperson – beeinträchtigt und damit weitere psychische Funktionen, die mit Aggressivität einhergehen: z. B. sich abzugrenzen, seine Autonomie zu behaupten, einen ersehnten Zustand von Befriedigung zu erreichen oder eine Quelle von Schmerz oder Frustration zu eliminieren [Kernberg, 1974].

Entwicklung eines falschen Selbst

Die Wahrnehmung des Selbst durch andere wird zur Repräsentanz des Erlebens des Kindes. Die Mutter oder die primäre Betreuungsperson hat die Aufgabe, die körperlichen Äußerungen des Säuglings zu interpretieren und ihm eine handhabbare Version zurückzugeben, was Winnicott [1974b] als die «angemessene» mütterliche Reaktion bezeichnet. Bei der Entwicklung eines falschen Selbst verzichtet der Säugling auf eigene kreative Gesten, imitiert seine ihn betreuende Umwelt, identifiziert sich mit den Betreuungspersonen, die seine Gefühle und Intentionen nicht verstehen und sie ihm nicht repräsentieren können, sondern sie durch ihre eigenen, meist nonverbalen Kommunikationen ersetzen. Internalisiert das Kind die Abwehrformen der Bezugsperson, wird es sein eigenes emotionales Erleben nicht angemessen repräsentieren und ausdrücken können. Ein Kind, das eine ungenügende Repräsentanz seines intentionalen Selbst entwickelt, wird die Repräsentanz des Anderen in sein Selbstbild inkorporieren oder internalisieren, sei es auf körperlicher oder auf psychischer Ebene. Ein verzerrtes Körper- und Selbstbild ist eine mögliche Folge: das Selbsterleben, die Selbsterfahrung des Kindes wurde in allzu hohem Maße von seinen frühen Wahrnehmungen der Gedanken und Gefühle anderer Personen beeinflusst und bleibt ohne Verbindung zum aktuellen Erleben des Kindes oder der anderen. Dies mag dazu führen, dass vernachlässigte oder misshandelte Kinder keine Objektpermanenz ausbilden können und sie in der Folge an Trennungsängsten leiden und intensive abhängige Beziehungen eingehen (Objektverschmelzungen). Sie bleiben existenziell abhängig von der körperlichen Anwesenheit der Beziehungsperson. Es handelt sich beim falschen Selbst um eine frühe Abwehrform gegenüber Übergriffen der Außenwelt oder gegenüber fehlendem Schutz vor Übergriffen durch die primäre Betreuungsperson.

Bei adoptierten Kindern ist die Entwicklung eines falschen Selbst im Sinne von Winnicott häufig. Bei traumatisierten Kindern finden die Integration des Wahrnehmungsprozesses von innerer und äußerer Realität und deren möglichen Unterschiede (Repräsentationen) ungenügend statt. Das Kind nimmt Gedanken und Gefühle wahr, die nicht zu seinem Selbst gehören. Die Befindlichkeit des anderen wird zur Eigenbefindlichkeit des Kindes. Die Aspekte des Funktionierens im Als-ob-Modus, so z. B. im Spiel, werden für das Kind zu Bestandteilen eines Realitätserlebens; intensive Gefühle und damit verbundene Konflikte werden mit einer Intensität erlebt, als ob es sich um ein aktuelles äußeres Ereignis handelte [Fonagy et al., 2002].

Winnicott erläutert, dass ein falsches Selbst auch durch Identifizierungen mit primären Betreuungspersonen zustande kommt; dieser Prozess führt beim Kind zum Verlust seiner eigenen Selbstentwicklung und -entfaltung sowie zu einer ungenügenden Differenzierung zwischen Selbst und Objekt mit Schwierigkeiten bei der Individuations- und Autonomieentwicklung, die auf dem klaren Bewusstsein der Getrenntheit von Elternteil und Kind beruht.

Entwicklung in der Adoleszenz

Die normale intrapsychische Entwicklung in der Adoleszenz beinhaltet einen Trauerprozess über den Verlust der Kindheit und die Umgestaltung von Selbst- und Objektrepräsentanzen (den signifikanten primären Beziehungsrepräsentanzen mit den internalisierten Elternanteilen). Der/die Jugendliche hat entwicklungsgemäß Trauerarbeit zu leisten, und zwar den Verzicht auf seine Eltern als primäre Liebesbeziehungen und das Abschiednehmen von der vertrauten Erlebnisart und Funktionsweise in der Kindheit. Parallel dazu findet eine verstärkte Besetzung des Selbst (narzisstischer Rückzug) statt, oft von depressiven Verstimmungen begleitet und mit Verunsicherung im Selbstempfinden einhergehend. Die Pubertät ist eng mit der Verstärkung der Intensität von Triebimpulsen, Bedürfnissen und Gefühlen verbunden sowie mit einer Reaktivierung infantiler Konflikte. Für adoptierte Jugendliche bedeutet dies oft eine neue Konfrontation mit narzisstischen, libidinösen und aggressiven Impulsen sowie eine Überflutung durch heftige Gefühlen der Wut, Trauer und des Schmerzes, die kritischen kindlichen Lebensereignissen entspringen, jedoch meist nicht bewusst erinnert und nicht verbalisiert werden können. Durch die genitale sexuelle Reifung zu Beginn der Adoleszenz findet eine Veränderung der Beziehung zum eigenen Körper statt, ein Prozess, der für jugendliche Adoptierte oft besonders konfliktreich verläuft. Der Körper stellt für Adoptierte die einzige Beziehung zu den leiblichen Eltern dar und wird gerade deswegen oft ambivalent besetzt. Verantwortung für seinen Körper zu übernehmen ist deswegen nicht selbstverständlich.

Die Autonomiebestrebungen der jugendlichen Adoptierten werden manchmal von Adoptiveltern und Adoptivkind als «Ablehnung» oder «Verlassenwerden» empfunden und Individualisierung wird häufig als etwas Destruktives erlebt. Beide, Adoptiveltern und Adoptivkind, tragen sich mit meist unbewussten Vorstellungen, keine weiteren Verluste im Leben ertragen zu können. Kinder bleiben mit den Eltern verbunden und vermögen nicht, sie zu verlassen und einen Trauerprozess zu durchlaufen, der notwendig ist, um eine eigene Liebesbeziehung einzugehen. Die Unfähigkeit der Eltern ihrerseits, einen Trauerprozess zu vollziehen, bzw. das Verleugnen von Trauer um die in der persönlichen Geschichte erlebten kritischen Lebensereignisse oder erlittenen Verluste führen zusätzlich dazu, dass auch ihre Kinder in ihrer Trauerarbeit und dadurch in ihrer Liebesfähigkeit beeinträchtigt sind [Kernberg, 1974]. Individuations-, Ablösungs- und Trennungsprozesse sind dann durch Abhängigkeitskonflikte, Loyalitäts- und Schuldgefühle gehemmt. Mangels eines stabilen Inzesttabus (die Inzestschranke kann nicht biologisch begründet werden) sind Adoptiveltern und adoptierte Jugendliche mit der Herausforderung konfrontiert, sexuelle Grenzen aufrechtzuerhalten. Die Entwicklung der Sexualität der jugendlichen Adoptierten sollte sich ohne sich einmischende Vorurteile und Phantasmen in Bezug auf Illegitimität oder vererbte Promiskuität entfalten können. Die ödipale Auseinandersetzung, Lösung und Integration der adoptierten Jugendlichen stellt einen komplexen Prozess dar und kann die Besetzung (heterosexueller) Beziehungen außerhalb der Familie erschweren.

Geschwister

«Für die fünf Kinder der Familie gibt es fünf verschiedene Familien»[Winnicott, 1986, S. 132; Übersetzung B. S.].

Eltern, die eine Adoption in Erwägung ziehen, sorgen sich, welche Auswirkungen die Adoption eines Kindes auf ihre leiblichen Kinder haben könnte. Es gibt wenige Studien, die Schwierigkeiten von leiblichen Kindern in Adoptivfamilien untersuchten [Alstein und Simon, 1991; Jacobs, 1988; Markovitch et al., 1995]. Die Reaktionen von leiblichen Kindern im Latenzalter auf ein zu adoptierendes oder im vergangenen Jahr adoptiertes Geschwisterkind sind vor allem Unsicherheit und Angst, z. B. davor, von den Eltern verlassen zu werden [Phillips, 1999]. Im Adoleszentenalter zeigte sich als hauptsächliche Reaktion Widerstand gegenüber der Adoption, oft begleitet von moralischer Empörung und Wut, die sich gegen die leibliche Mutter des adoptierten Kindes richtete. Im jungen Erwachsenenalter, das sich durch Unabhängigkeitswünsche kennzeichnet, waren die häufigsten Reaktionen entweder durch Distanznahme oder durch Identifikation mit der elterlichen Rolle charakterisiert. Das Interesse der Kinder galt vor allem der leiblichen Mutter des zu adoptierenden Kindes; den leiblichen Vater betreffende Fragen wurden nicht gestellt. Geschwisterrivalität wurde bei einigen Kindern beobachtet, war aber nicht das Hauptproblem. Phillips [1999] hält es für wichtig, die Kommunikation zwischen leiblichen Kindern und ihren Eltern aufrechtzuerhalten, nicht nur während des Adoptionsprozesses, sondern noch lange danach.

Leibliche Kinder erahnen manchmal die unbewussten Motivationen ihrer Eltern (wie z. B. das unbewusste Streben danach, der Verarbeitung eigener Verluste mit der Aufnahme eines Kindes auszuweichen) und sprechen sich aus Angst gegen das Projekt einer Adoption aus oder unterstützen es in der Hoffnung, dass deren unerfüllte intrapsychische Erwartungen sich tatsächlich verwirklichen könnten.

Adoption in eine Familie mit Kindern

Bei der Aufnahme eines Adoptivkindes in eine Familie, in der bereits Kinder (leibliche, Adoptiv- oder Pflegekinder) leben, ist es wichtig, die Rang- und Reihenfolge der Geschwister aufrechtzuerhalten (PFAD Bundesverband der Pflege- und Adoptivfamilien, 2003]. Es ist deshalb günstig, ein

Kind zur Adoption aufzunehmen, das jünger ist als die bereits in der Familie lebenden Kinder. Den deutlich älteren Geschwistern fällt es meist leichter, ein jüngeres Kind anzunehmen und Verständnis für seine Bedürfnisse nach Aufmerksamkeit und Zuwendung aufzubringen. Das jüngere Kind seinerseits hat genügend Zeit, sich in die Familie zu integrieren und Entwicklungsschritte nachzuholen, ohne dass es sich mit den in der Familie lebenden Geschwistern messen muss, dies vor allem mit gleichaltrigen Geschwistern, die in ihrer Entwicklung möglicherweise fortgeschrittener sind. Ein Altersabstand von mindestens drei Jahren zwischen den Kindern wird empfohlen. Während der ersten intensiven Betreuungszeit, die dem Beziehungsaufbau zwischen Adoptivkind und Adoptiveltern dient, sollen keine weiteren Kinder in die Familie aufgenommen werden. Den Bedürfnissen aller in der Familie lebenden Kinder gleichzeitig gerecht zu werden, stellt hohe Anforderungen an die Adoptiveltern. Der Einbezug wenn möglich aller Familienmitglieder in den Entscheidungsprozess, ein Kind aufzunehmen, und die Vorbereitung auf diese Aufnahme sind wichtige Voraussetzungen dafür, dass die bereits in der Familie lebenden Kinder zur Integration des Adoptivkindes beitragen.

Beispiel

Julien, 13 Jahre, wurde im Alter von fünf Jahren aus einem asiatischen Land adoptiert. Seine Adoptiveltern haben in den letzten acht Jahren vier weitere Kinder, davon zwei behinderte, adoptiert und wünschen ein sechstes, behindertes Kind zu adoptieren. Julien weise schwere Verhaltensstörungen auf, weigert sich, für die Schule zu arbeiten und zeigt sich zu Hause mutistisch. Julien leidet unter einem ausgeprägten depressiven Zustand. Seine Zeichnung eines Vogelnestes mit drei Vogelkindern, die von den Eltern genährt werden, spricht anstelle von Julien, der aus Loyalität gegenüber seinen Adoptiveltern, seinen Wunsch nach deren größerer Verfügbarkeit nicht ausdrücken kann (Abb. 1).

Als Säuglinge adoptierte Kinder, deren Geschwister leibliche Kinder ihrer Adoptiveltern waren, zeigten in der Adoleszenz doppelt so häufig psychiatrische oder Verhaltensprobleme als Kinder, die in Adoptivfamilien ohne leibliche Kinder aufwuchsen [Howe, 1997]. Die Resultate sind jedoch kontrovers. Das Vorhandensein von leiblichen Kindern in der Adoptivfamilie scheint sich weder günstig noch ungünstig auf das Adoptionsverhältnis auszuwirken [Festinger, 1986, 1990] Die Abbruchquote des Adoptionsverhältnisses war in gewissen Studien niedriger, in andern höher, wenn Adoptiveltern bereits eigene leibliche Kinder hatten. Die Anwesenheit von anderen

Abb. 1. Julien, 13 Jahre: Drei Vogelkinder, die von ihren Eltern genährt werden.

adoptierten Kindern, vor allem von Kindern, die später als das betreffende Kind in die Familie integriert wurden, schien als ein leicht protektiver Faktor zu fungieren [Howe, 1997].

Gemeinsame Aufnahme von Geschwistern

Die gemeinsame Aufnahme von Geschwistern stellt große Anforderungen an zukünftige Adoptiveltern. Häufig besteht eine starke wechselseitige Abhängigkeit unter den Geschwistern, deren Beziehung zueinander oft durch erlebte Notsituationen gekennzeichnet ist. Die Rollen und Funktionen der einzelnen Kinder sind meist bereits eingespielt; das ältere Kind ist in der Regel parentifiziert, d. h. es übernimmt Aufgaben anstelle der fehlenden erwachsenen Betreuungspersonen bzw. der Eltern. Kinder mögen deshalb größere Mühe haben, sich gegenüber einer neuen Familiensituation zu öffnen und sich auf neue Beziehungen einzulassen. Auch können sich Geschwisterrivalitäten verstärken im Bemühen des einzelnen Kindes, die Liebe und Zuneigung der Adoptiveltern zu gewinnen. Umgekehrt erleiden Geschwisterpaare oder -gruppen, die auseinandergerissen und getrennt vermittelt werden, zusätzliche Trennungs- und Verlusterlebnisse, die den Aufbau neuer Bindungen in der Adoptivfamilie beeinträchtigen können, weswegen die Adoption von Geschwistergruppen auch befürwortet wird [Ruston et al., 2001]. Kinder, die ohne ihre Geschwister platziert wurden, wiesen ein höheres Risiko psychosozialer Anpassungsschwierigkeiten auf [Rushton et al., 2001]. Abgeraten wird meist von der Aufnahme von Geschwistern, wenn bereits eigene Kinder vorhanden sind. Die mögliche Bildung zweier konkurrierender Geschwistergruppen kann kaum überwindbare Belastungen in sich bergen.

Die klinische Erfahrung zeigt, dass es gewissen Adoptiveltern gelingt, mehrere Adoptivkinder oder eine Geschwistergruppe zusätzlich zu leiblichen Kindern in ihre Familie zu integrieren und trotz höchst belastender Auseinandersetzungen den individuellen Entwicklungsbedürfnissen der leiblichen und der Adoptivkinder gerecht zu werden.

Ich wünsche mir so sehr, Eure Gesichter zu kennen,
endlich zu wissen,
nicht mehr im Zweifel zu sein,
nicht mehr mit Gespenstern zu leben.
Ich möchte verstehen,
ich möchte wissen, warum.
Ich möchte die Wahrheit, Eure Wahrheit,
und nicht die meiner Akten.
Habt Ihr mich je geliebt?
Ich möchte, dass diese Wunde sich eines Tages schließt,
mit den Jahren ist sie brennend geworden, übersensibel.
Ein gespanntes Seil, bereit, jeden Moment zu reißen.
Ich will nicht mehr leiden wegen Euch,
aber ich weiß, dass mein Weg
zur Wahrheit besät ist mit Leiden,
Unbekanntes, was bereitest Du mir vor?

Adoptierte Jugendliche

Beziehungsabbruch – Filiationsabbruch

Psychisches Trauma

Die Bedeutung psychischer Traumata in der Entstehung von Krankheitsbildern ist im menschlichen Bewusstsein seit jeher verankert; davon zeugen z. B. bereits die epischen Gedichte Homers. Der Kinderpsychiater Donovan soll 1990 als erster die Traumatologie als ein besonderes Forschungsfeld geprägt haben, und zwar als er die seelischen Verletzungen von Kindern beschrieb. Das Auftreten von posttraumatischen Störungen bei Kindern als Folge schwerwiegender psychischer Belastungen wird erst seit einigen Jahren anerkannt. Es gilt heutzutage als erwiesen, dass Schulkinder und sogar Vorschulkinder unter posttraumatischen Belastungsreaktionen leiden können, die jenen der Erwachsenen sehr ähnlich sind und viele Monate, ja sogar Jahre persistieren können [Udwin, 1993].

Ein psychisches Trauma (griechisch: Verletzung, Wunde), das im Gegensatz zum organischen zu keinen äußerlich erkennbaren Verletzungen führt, hinterlässt dennoch gleichsam Wunden, die schlecht heilen, deren Narben oft ein Leben lang sichtbar sind und die plötzlich, scheinbar unerwartet, wieder zu bluten beginnen; Wunden, deren Erinnerungsspuren sich in die persönliche Geschichte eines Individuums einprägen, auch wenn sie dem Bewusstsein der Person verloren gehen [Steck, 2003].

Traumatische Erfahrung wird als vitales Diskrepanzerlebnis zwischen bedrohlichen Situationsfaktoren und individuellen Bewältigungsmöglichkeiten definiert, das mit Gefühlen von Hilflosigkeit und schutzloser Preisgabe einhergeht und so eine dauerhafte Erschütterung von Selbst- und Weltverständnis bewirkt [Fischer und Riedesser, 1999]

Intra- und extrafamiliäre Traumata. Zu den Traumata, die sich im familiären Kontext ereignen, gehören Misshandlung, Vernachlässigung und Deprivation, Verlust von geliebten Personen, Trennung, Miterleben von grausamen Taten, kulturelle Entwurzelung. Zu den extrafamiliären Traumata zählen Folgen menschlicher Aggressionen und Grausamkeiten wie z. B. Krieg und Terrorismus, außerdem Katastrophen, die durch menschliches Versagen in technischen Belangen entstehen wie z. B. Flugzeugunfälle oder industrielle Katastrophen, und schließlich Naturkatastrophen wie Erdbeben und Überschwemmungen.

Der Begriff des Traumas entspricht einer konzeptuellen Brücke zwischen einem Ereignis und seinem Niederschlag. Er versucht dementsprechend die äußere Realität, die Ereignisse des Lebens, mit ihren Folgen auf die innere Welt eines Individuums zu verbinden und damit eine Beziehung zwischen innerer und äußerer Wirklichkeit herzustellen.

Die folgenden Fragen finden aufgrund der Komplexität des menschlichen Wesens an sich sowie seiner vielfältigen Vernetzung in der Umwelt, in der es aufwächst, keine definitiven Antworten. Wann entsteht ein solches Trauma, welche äußeren, welche inneren Faktoren lösen es aus? Welche Auswirkungen kurzfristiger und langfristiger Art haben traumatische Ereignisse? Was erleben die Kinder dabei und wie versuchen sie, mit einem psychischen Trauma umzugehen? Warum scheinen gewisse Kinder, die über Jahre schweren psychischen Belastungen ausgesetzt waren, psychisch weniger betroffen bzw. traumatisiert zu sein als andere Kinder, für die anscheinend weniger schwerwiegende Erlebnisse bereits traumatisch sind?

Janet, Zeitgenosse von Freud, hat bereits 1889 den Zusammenhang zwischen Symptomen und nicht verarbeiteter Erinnerung traumatischer Erlebnisse beschrieben: «... wie gewisse Ereignisse unauslöschbare und erschreckende Erinnerungen hinterlassen – Erinnerungen, zu denen der Leidende kontinuierlich zurückkehrte und durch die er tags und nachts gequält wurde.»

Freud [1892–1939] stellte sich während seines ganzen Lebens die Frage, ob in erster Linie die wahrgenommene Realität, d. h. die äußeren Einwirkungen, oder die phantasmatische Ausgestaltung dieser, d. h. die innere Verarbeitung der äußeren Einwirkungen, für die psychischen Folgen verantwortlich sind. Freud kam zum Schluss, dass es sich bei allen Erinnerungen vor allem um phantasmatische Konstruktionen handle. Nicht das Trauma an sich, sondern seine nachträgliche Verarbeitung, sei der pathogene Faktor, insbesondere, wenn frühkindliche traumatische Erfahrungen in der Gegenwart unassimiliert und unmodifiziert blieben. Wie Freud [1925–1931, S. 201] sagte, treffen in der Beziehung zur traumatischen Situation, gegen die man hilflos ist, äußere und innere Gefahr, Realgefahr und Triebanspruch zusammen.

Für manche Autoren ist es aber auch eindeutig, dass die direkte Einwirkung traumatischer Erlebnisse auf die innere psychische Welt mit ihren Fantasien und triebhaften Besetzungen nicht unterschätzt werden darf [Haynal, 1988]. Winnicott [1974b] betrachtet jedes Ereignis, das das Kontinuitätserleben im Subjekt unterbricht, als Trauma. Für Shengold [1989] ist ein überwältigendes psychisches Trauma gleichzusetzen mit Seelenmord. Khan [1976] entwickelte das Konzept des kumulativen Traumas, d. h. der sich wiederholenden traumatischen Ereignisse. In Anlehnung an Winnicott galt ihm vor allem die mangelnde Schutzschildfunktion der Mutter als traumatisierend. Dazu stellte er die Hypothese einer Art von Kurzschluss zwischen Psyche und Soma auf. Was psychisch nicht integriert werden könne, präge sich im Körper ein und manifestiere sich in psychosomatischen Erscheinungen, die sich stets wiederholen könnten. Es sei, als ob der Körper sich «erinnere» und das Kind in den Körper verlagere, was psychisch zu empfinden nicht aushaltbar, nicht ertragbar sei. Für Barrois [1988] ist das psychische Trauma immer dem Geheimnis und der absoluten Sinnlosigkeit unterworfen, weil es auf der Erfahrung von radikaler Nichtkommunizierbarkeit gründet, auch wenn diese in einer Beziehung stattfindet. Es kann als das Ergebnis eines durch die individuelle Psyche nicht beherrschbaren Überflutetwerdens betrachtet werden, als ein durch eine gegebene Situation ausgelöstes Schockerlebnis oder als Schaffung einer totlebendigen Enklave, einer «Krypte», wie sie von Abraham und Torok [1987] beschrieben wurde.

Nicht integrierte, unverarbeitete traumatische Erlebnisse werden durch unbewusste, nonverbale Kommunikation auf das Kind übertragen [Nachin, 1993]. Durch Identifizierung mit Erlebnisinhalten von Personen der vorangegangenen Generation werden intrapsychische, transgenerationelle Konfliktkonfigurationen vom Kind unbewusst übernommen [Faimberg, 2005]. Die Folgen schwerer psychischer Traumata können unter bestimmten Bedingungen wie eine Art kulturelles Erbe von einer Generation zur anderen weitergegeben werden. Die Geschichte der Eltern lässt sich nicht von der persönlichen Geschichte des Kindes trennen. Was in der Vergangenheit der Eltern war, wird in die Gegenwart des Kindes übertragen. Für manche Individuen scheint es keine Verarbeitung von psychischen Traumata zu geben: Der Albtraum der Vergangenheit wird dann in der Gegenwart gelebt und zur einzigen Perspektive der Zukunft.

Beispiel

Eine junge, im Kleinkindalter adoptierte Frau ist schwanger und wünscht sich ein Mädchen. Nach der Geburt eines Jungen ist sie sehr enttäuscht und vernachlässigt ihren Säugling, dessen Zustand sich zunehmend verschlechtert. Die Mutter weigert sich, Hilfe in Anspruch zu nehmen; die Natur solle über das Schicksal ihres Kindes entscheiden.

In einer doppelten Identifikation, einerseits mit dem Aggressor, d. h. mit ihrer eigenen leiblichen Mutter, die sich nicht um sie als Säugling gekümmert habe, exponiert sie ihr Kind, wie ihre eigene Mutter dies getan hat, einem ungewissen Schicksal. Andererseits – in der Identifikation mit dem Opfer – lässt sie ihr Kind ihr eigenes Schicksal erleiden: Sie selbst war in einem sehr schlechten Ernährungszustand in der Schweiz angekommen, als sie adoptiert wurde.

Psychobiologische Aspekte des psychischen Traumas

Selbst wenn Kinder über große Anpassungskapazitäten verfügen, können traumatische Erlebnisse das psychische und biologische Gleichgewicht eines Kindes derart beeinträchtigen, dass es seine Entwicklungsschritte in der Gegenwart nicht mehr oder nicht mehr lustvoll vollziehen kann.

Der neuroanatomische Grundaufbau des Gehirns ist durch Erbanlagen bestimmt. Während der ersten Entwicklungsphasen beeinflussen Erfahrungsmuster die spezifische Gestalt der neuronalen Verzweigungen und Verbindungsstellen, welche nach dem Prinzip der Häufigkeit des Gebrauchs erfolgt. Die sensorischen Signale werden in neurochemische und zelluläre Prozesse umgesetzt, die Auswirkungen auf die Struktur und Funktion des Gehirns haben [van der Kolk, 1998]. Die neuronalen Konnektivitäten und Funktionen sind auf allen Organisationsebenen des Gehirns von einer außerordentlichen Plastizität. Anatomische und chemische Veränderungen finden während des ganzen Lebens in einem komplexen

Wechselspiel mit umgebenden Kräften statt und formen kontinuierlich Verhalten, Wissen und Können eines Individuums. Gehirn und Umwelt kommunizieren interaktiv und beeinflussen sich gegenseitig. Alle mentalen Prozesse sind letztlich biologisch fundiert und Veränderungen von psychischen Prozessen sind mit entsprechenden organischen Modifikationen verbunden [Price et al., 2000].

Die Plastizität des Gehirns birgt eine erhebliche Anpassungsfähigkeit in sich, macht aber Säuglinge und Kleinkinder besonders anfällig für langfristige Auswirkungen infolge störender Einflüsse [van der Kolk, 1998; van der Kolk et al., 1996]. Wahrnehmung und Bewusstwerden von Körperempfindungen und Emotionen sind fundamentale Bausteine in der Entwicklung von Selbsterleben und Selbstbild sowie von kognitiven Prozessen und Kreativität. Diese grundlegenden Erfahrungsmuster bauen sich in den frühesten Beziehungen mit primären Betreuungspersonen auf [Damasio, 1995]. Bestimmte Bereiche des Nervensystems müssen in entscheidenden Entwicklungsphasen angemessen stimuliert werden, damit sie später optimal funktionieren können. Jegliche Störung in der frühen Anpassung der primären Bezugspersonen an die Bedürfnisse des Säuglings oder jedes Ereignis, das die Kontinuität im kindlichen Erleben und in der Entwicklung des Kindes unterbricht, kann als traumatogener Faktor fungieren [Winnicott, 1974b].

Frühkindliche traumatische Erfahrungen beeinträchtigen die normale Entwicklung des zerebralen Kortex und des limbischen Systems und können langfristige Veränderungen der multiplen Neurotransmittersysteme zur Folge haben [Bremner und Narayan, 1998; Glaser, 2000; Kaufmann et al., 2000; van der Kolk, 1998; van der Kolk et al., 1996].

Zentralnervöse Strukturen wie präfrontaler Kortex, Thalamus, Amygdala und Hippokampus sind an der schrittweisen Integration der hereinkommenden sensorischen, visuellen, akustischen Informationen beteiligt (Abb. 2). Diese Integration kann unterbrochen werden durch einen extremen affektiven Erregungszustand. Der Hippokampus, Teil des Temporallappens des Gehirns, ist wesentlich für das Gedächtnis verantwortlich. Er hat die Funktion, unbewusste präverbale Erinnerungen (prozedurales oder implizites Gedächtnis), die vor allem durch die Amygdala vermittelt werden, in bewusste verbale Erinnerungen (explizites oder deklaratives Gedächtnis) zu überführen [Le Doux, 1996]. Zum Zeitpunkt der Erinnerung soll er die verschiedenen Gedächtnisaspekte integrieren und die Erinnerung nach Zeit, Ort und Kontext lokalisieren [Bremner und Narayan, 1998]. Extreme emotionale Erregung verhindert die adäquate Evaluation und Kategorisierung der Erfahrung, da sie die hippokampale Funktion hemmt. Die Erinnerungen bleiben in

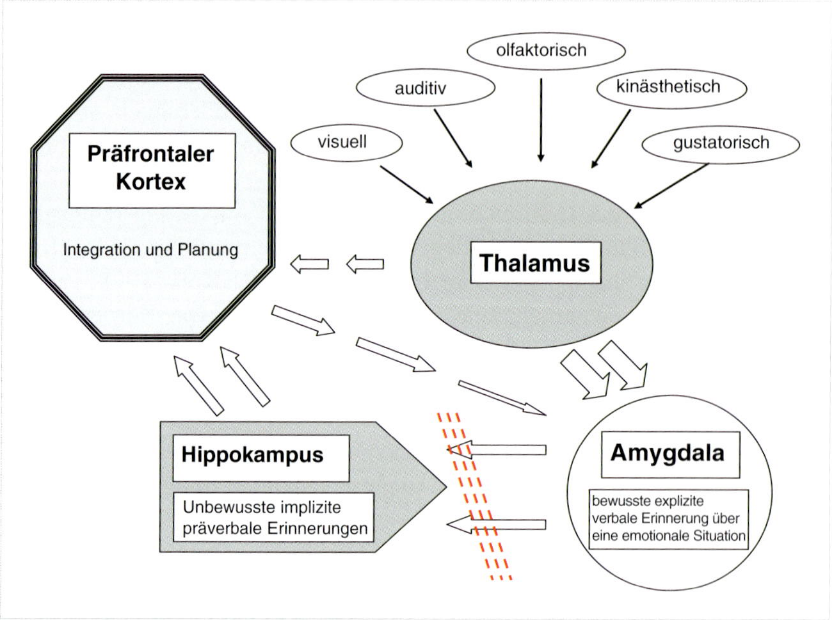

Abb. 2. Zentralnervöse Strukturen wie präfrontaler Kortex, Thalamus, Amygdala und Hippokampus sind an der schrittweisen Integration der hereinkommenden sensorischen, visuellen, akustischen Informationen beteiligt [nach van der Kolk, 1996].

der Amygdala, einem Teil des limbischen Systems, als affektive oder sensomotorische Zustände körperlicher Empfindungen und visueller Bilder gespeichert und sind unauslöschbar. Eine adäquate Beurteilung und Integration der emotionalen Erfahrungen findet nicht statt. Deswegen bleiben traumatogene Erinnerungen zeitlos und ichfremd. Der Hippokampus verfügt über eine hohe Konzentration an Rezeptoren für Glukokortikoide. Erhöhung des Serumcortisols ist eine physiologische Antwort auf akuten Stress, die bereits im Säuglingsalter beginnt [Glaser, 2000]. Das limbische System steuert die Aktivität der Hypophyse und diese ihrerseits die Produktion von Hormonen in der Schilddrüse und Nebenniere. Funktionsstörungen dieser Hypothalamus-Hypophysen-Nebennierenrinden-Achse (HHN) gehören zu den Hauptbeeinträchtigungen mit den bei Erwachsenen bekannten psychopathologischen Folgen, zu denen z. B. auch die Depression gerechnet wird.

Nicht alle Studien bei depressiven Kindern und Jugendlichen fanden erhöhte Cortisolwerte (durch die Messung von zentralem Corticotropin releasing hormone). So fand Kaufmann [1997] nur bei depressiven, misshandelten Kindern in aktuell belastenden Situationen erhöhte Werte, aber nicht bei depressiven Kindern ohne Misshandlung oder bei einer Kontrollgruppe. Die Hypothese einer HHN-Hyperaktivität bei Kindern wird kontrovers diskutiert [Glaser, 2000].

Gunnar [1998] postuliert, dass die sichere Bindung zur primären Betreuungsperson eine ausgleichende Schutzfunktion gegenüber der HHN-Achse bei Säuglingen und Kleinkindern darstellt. So zeigten z. B. 18 Monate alte Kleinkinder mit einer sicheren Bindung keine erhöhten Cortisolwerte in Anwesenheit ihrer Mutter, wenn sie mit Angst auf die Annäherung einer fremden Person (Clown) reagierten [Nachmias et al., 1996].

Die nachhaltigste Folge traumatischer Erlebnisse auf die Psyche beruht auf der Unfähigkeit, Erregungszustände zu regulieren, Gefühle von Wut, Angst oder Trauer zu steuern und in Worte zu fassen sowie Reize angemessen wahrnehmen und sich auf die Umwelt einzustellen. Je jünger ein Kind zum Zeitpunkt der Traumatisierung ist und je länger das Trauma andauert, desto größer ist seine Gefährdung [van der Kolk et al., 1996; van der Kolk, 1998]. Der Verlust der Selbstregulation kann sich in verschiedener Weise bemerkbar machen: als Aufmerksamkeitsproblem (als Verlust der Fähigkeit, sich auf bestimmte Reize zu konzentrieren) oder als Unfähigkeit, im Erregungszustand Handlungen zu bremsen (Verlust der Impulskontrolle), also mit unbeherrschbarer Angst, Wut oder Traurigkeit zu reagieren. Solange jemand den traumatischen Ursprung solcher Gefühle nicht kennt, wird er seine eigenen Gefühlsausbrüche ebenso wie die emotionalen Reaktionen anderer immer wieder als Retraumatisierung erleben. Somit werden Gefühle, die mit dem ursprünglichen Trauma verbunden sind, fortlaufend auf einer interpersonellen Ebene wiedererfahren.

Beispiel

Ein achtjähriger adoptierter Junge litt unter Schlafstörungen, Angstzuständen und Albträumen, nächtlichem Einnässen und chronischem Husten. Er verbalisierte Trennungs-, Vernichtungs- und Todesängste. Er stellte sich vor, dass Wut – seine eigene oder diejenige seiner Adoptiveltern – körperliche Verletzungen zur Folge haben könnte, wie er dies in zwei Zeichnungen zum Ausdruck brachte: Er stellte einen Räuber mit abgeschnittenem Bein (Kastrationsangst) (Abb. 3) und einen kleinen Jungen dar, der dem Leben adieu winkt aus Angst vor dem Tod (Abb. 4).

Abb. 3. Junge, 8 Jahre: Ein Räuber mit einem abgeschnittenen Bein.

Abb. 4. Junge, 8 Jahre: Ein kleiner Junge winkt dem Leben adieu aus Angst vor dem Tod.

Beurteilung einer traumatischen Situation

Die Interaktionen von Entwicklungsprozessen und traumatischen Belastungen sind komplex. Immer muss dem kognitiven und affektiven Entwicklungsstand des Kindes Rechnung getragen werden. Weiter zu berücksichtigen sind sein interpersonales Beziehungsfeld, seine familiäre und seine soziale Situation. Reife von Abwehr- und Bewältigungsmechanismen, Ressourcen wie z. B. Temperament, Humor und gute kognitive Fähigkeiten, die die Interpretation von traumatischen Erlebnissen beeinflussen, werden zu den protektiven Faktoren gezählt. Demgegenüber stellen vorbestehende physische und emotionale Vulnerabilität Risikofaktoren dar.

Oft sind mehrere Ursachen und Umstände an einem traumatischen Geschehen beteiligt. Verschiedene traumatische Ereignisse oder Umstände können simultan oder sukzessiv zusammenwirken. Die psychosozialen Belastungen werden nach ihrem «Schweregrad» eingeteilt (Tab. 1): Dabei werden akute Ereignisse, wie z. B. der Tod eines Elternteils, von länger andauernden Lebensumständen, wie z. B. einer chronisch behindernden Krankheit eines Elternteils, unterschieden. Diese Klassifikation wird der individuellen Betroffenheit des einzelnen Kindes nicht gerecht. Bei den akuten Ereignissen (Misshandlung, akute physische oder psychische Aggression) handelt es sich

Tab. 1. Schweregrad unterschiedlicher psychosozialer Belastungen nach DSM III-R

	Akute Ereignisse	Länger andauernde Lebensumstände
Mittel	Schulanschluss Geburt eines Geschwisters	Chronisch behinderte Krankheit eines Elternteils Ständiger Streit der Eltern
Schwer	Scheidung der Eltern Unerwünschte Schwangerschaft Haft	Strenge oder zurückweisende Eltern Chronische lebensbedrohende Krankheit eines Elternteils Verschiedene Aufenthalte in Pflegeheimen
Sehr schwer (extrem)	Sexueller Missbrauch oder körperliche Misshandlung Tod eines Elternteils	Wiederholter sexueller Missbrauch oder körperliche Misshandlung
Katastrophal	Tod beider Eltern	Chronische lebensbedrohende Krankheit

um eine exzessive Erregung, die in Bezug auf die Bewältigungsfähigkeiten des Kindes zu intensiv ist; bei den chronisch belastenden Lebenssituationen (Vernachlässigung, Deprivation, eigene chronische Krankheit) oder den sich wiederholenden – auch kumulative traumatische Ereignisse [Khan, 1976] genannt – werden die grundlegenden Bedürfnisse des Kindes, die für seine Entwicklung notwendig wären, nicht erfüllt.

Symptome und Merkmale psychischer Traumatisierung

Die auftretenden Symptome infolge der psychischen Belastung sind mannigfaltig und betreffen neben den emotionalen und Verhaltensstörungen auch körperliche Funktionen und psychosomatische Reaktionen – Ausdruck von unerträglichen Gefühlen, für die die Worte fehlen. Folgende Symptome können auftreten:

- ◇ Verhaltensstörungen (Regression), große Bedürftigkeit, anklammerndes Verhalten, depressive Verstimmung, Reizbarkeit
- ◇ Verlust bereits erworbener Entwicklungsfähigkeiten, z. B. sprachliche Fertigkeiten und Kompetenzen
- ◇ Ess- und Schlafstörungen, Enuresis
- ◇ Angststörungen: Trennungsängste und Phobien
- ◇ Albträume mit bedrohlichem Inhalt: Monstern und Gespenstern
- ◇ Psychosomatische Symptome wie z. B. Kopf- und Bauchschmerzen
- ◇ Aufmerksamkeits- und Hyperaktivitätsstörungen
- ◇ Fantasierte Schuld- und Verantwortungsgefühle
- ◇ Gefühl eingeschränkter Zukunft; z. B. das Leben ist zu kurz, um erwachsen zu werden.

Zusammenfassend nennt Terr [1995] als Merkmale von Kindheitstraumata wiederkehrende, sich aufdrängende Erinnerungen, repetitive Verhaltensweisen, traumaspezifische Ängste sowie veränderte Einstellungen zu Menschen, Leben und Zukunft.

Phasen psychischer Traumatisierung

Fischer und Riedesser [1999] beschreiben vier Phasen der traumatischen Reaktion bzw. der nachfolgenden Erlebniszustände (Abb. 5, S. 71). Sie spielen sich jedoch nicht immer – wie dargestellt – sequentiell ab, sondern können auch nebeneinander bestehen. Traumaverarbeitung oder -prozess werden durch Bewältigungs- und Anpassungsfähigkeiten sowie durch

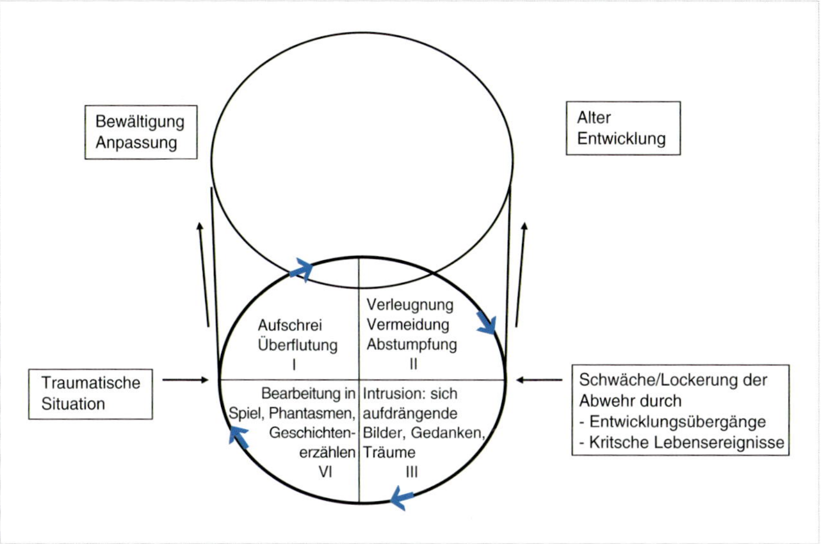

Abb. 5. Zyklen der Traumaverarbeitung [nach Fischer und Riedesser, 1999].

Alter, Entwicklungsphasen, Abwehrmechanismen und kritische Lebensereignisse beeinflusst.

Phase I entspricht der traumatischen Erlebnissituation: die emotionalen Störungen charakterisieren sich durch eine Übererregbarkeit, die sich in motorischer Hyperaktivität, in explosiver Aggressivität oder in panischen Angstzuständen manifestieren kann. Die primäre Abwehrreaktion entspricht Kampf- oder Fluchttendenzen mit nachfolgender Immobilisierung. In der Folge (Phase II) wird das traumatische Geschehen verleugnet, aus dem wachen Bewusstsein verbannt, die Erinnerung an das Ereignis verdrängt und die ursprünglichen Gefühle von Angst, Hilflosigkeit und Verzweiflung abgespalten. Kinder in dieser Phase sind emotional verstimmt, ziehen sich zurück und zeigen sich teilnahms- und freudlos. Gleichzeitig bleibt das Kind oft sehr wachsam, ein Versuch, bedrohliche Situationen antizipieren zu können. Kinder versuchen, emotionale Distanz zu bewahren und emotional gefärbte Situationen, die mit dem Trauma in Beziehung stehen könnten, zu vermeiden. Infolge einer Lockerung der Abwehr z. B. kommt es zum Übergang in die Intrusionsphase (Phase III), in der sich mit dem traumatischen Erlebnis verbundene Vorstellungen und Gedanken aufdrängen. Da die Erinnerungsspuren nicht ausgelöscht werden, tauchen sie als Albträume, spontane Bilder oder Geräusche auf. Das kindliche Spiel ist geprägt von sich wiederholenden

Aspekten des Traumas. Den Kindern fehlt die Fähigkeit, im Als-ob-Spiel interaktive soziale Rollen und Situationen auszuprobieren und entsprechende Geschichten zu erzählen. Narrative von traumatisierten Kindern sind oft chaotisch und beinhalten bedrohliche Themen. Im Spiel und im Geschichtenerzählen versuchen Kinder, das traumatische Erleben zu bewältigen und zu bearbeiten (Phase IV).

Beispiel

Ein aus Afrika stammender, achtjähriger Junge leidet unter heftigsten Wutanfällen und seit der Ankunft seiner Schwester (zur Adoption) unter Eifersucht. Die Adoptiveltern wurden darüber informiert, dass seine leibliche Mutter gestorben sei, als ihr Kind sieben Wochen alt war, und sein Vater zu arm gewesen sei, um seinen Sohn aufziehen zu können. Im Gespräch mit den Adoptiveltern sagt Aron, wenn er wütend sei, schalte sein Denken aus und er könne sein Herz nicht mehr steuern. So werde er sehr wütend beim Spielen, da er nicht verlieren könne und vor allem bei einem Spiel, bei dem man «hinausgeschmissen» werde. Er möchte wissen, was ihn so wütend mache. In der Folge spricht er von seinem leiblichen Vater und fragt, ob ihn das Spiel wohl so wütend mache, da es ihn daran erinnern würde, von seinem leiblichen Vater «hinausgeschmissen» worden zu sein.

Zu den Streitigkeiten mit seiner kürzlich zur Adoption aufgenommenen jüngeren Schwester meint Aron, sie sei eifersüchtig, da sie glaube, er sei im Bauch seiner Mutter (Adoptivmutter) gewesen. Eigentlich bräuchten sie beide nicht aufeinander eifersüchtig zu sein, da sie ja beide nicht im Bauch ihrer Mutter (Adoptivmutter) gewesen seien.

Aron möchte lernen, sein Herz zu steuern, damit sein Denken sich nicht ausschalte, und zwar ohne Hilfe seiner Adoptiveltern, dies sei sein «Ziel». Sein Wunsch zeigt, dass er sich die Containing-Funktion seiner Adoptiveltern aneignen und in seine Innenwelt integrieren möchte.

Im Einzelgespräch erzählt Aron seine Albträume, in denen er verfolgt und angegriffen werde und aus denen er mit Schrecken erwache. Zuerst konfus und verunsichert erklärt er «seine Legende», d. h. seine Bedeutungszuschreibung dieser Albträume: Er sehe sich als Säugling, der mit einem schwarz gekleideten Mann mit Kapuze – dessen Gesicht er nicht sehe – auf der Flucht sei. Dieser sei nur gefährlich für ihn, er richte seine Blitze gegen ihn, er sei so mächtig, dass eine Berührung durch ihn mit seinem Tod verbunden wäre. Es handle sich um einen Geist, der sich entwickelt habe, als seine leibliche Mutter gestorben sei, und dieser Geist besitze Kräfte, die aus der Früh- und Neuzeit stammen würden.

Aron scheint sich schuldig zu fühlen am Tod seiner leiblichen Mutter nach seiner Geburt und ihre und seines leiblichen Vaters Rache zu fürchten. Bei der Gestalt des Geistes bzw. schwarzen Mannes handelt es sich möglicherweise um eine Verdichtung der biologischen elterlichen Repräsentanzen.

Bindungs- bzw. Beziehungsabbruch in der Adoptionssituation

Verlassen-worden-Sein wird oft als der zentrale Kern der Adoptionsproblematik betrachtet [Steck, 1997a]. Dies bezeugen die Worte einer jungen Adoptierten, die sagte: «Verlassen-worden-Sein ist Mord.» Die Aussagen von adoptierten Kindern, Jugendlichen und Erwachsenen zeigen, dass Verlassen-worden-Sein als Ablehnung, Ausstoßung und Preisgabe an ein unbekanntes Schicksal empfunden wird. Die dabei entstandenen Wunden heilen schlecht und hinterlassen Narben, die sich bei einem belastenden Lebensereignis oder während eines Entwicklungsübergangs scheinbar unerwartet wieder öffnen können. Erinnerungsspuren von traumatisch erlebten Ereignissen prägen sich in die persönliche Geschichte eines Individuums ein, auch wenn sie aus dem Bewusstsein des Subjektes verloren gegangen sind. 'The greatest terror a child can have is that he is not loved, and rejection is the hell he fears', sagt Steinbeck [1968, S. xxii]. («Der größte Schrecken eines Kindes ist es, nicht geliebt zu werden, und Ablehnung ist die Hölle, die es fürchtet.» Übersetzung B.S.)

Je nach Alter hat das Kind eine bewusste oder unbewusste Erinnerung an seine Herkunftsfamilie oder seine primären Betreuungspersonen sowie an die Trennung von ihnen und den Bindungs- bzw. Beziehungsabbruch. Das Kind erleidet einen persönlichen Verlust und möglicherweise auch einen Verlust von Liebe und Schutz, die es in seiner Abhängigkeit und Bedürftigkeit braucht. «Im Frühstadium registriert der Säugling noch nicht, was gut oder an ihn angepasst ist, sondern reagiert auf, weiß daher um und registriert jedes Versagen der Zuverlässigkeit» [Winnicott, 1974b, S. 126]. Jede Unzuverlässigkeit im Säuglingspflegevorgang ist ein Trauma, auf das der Säugling reagiert. «Jede Reaktion ist eine Unterbrechung des fortwährenden Seins des Säuglings und ein Einbruch des Selbst im Säugling» [Winnicott, 1974b, S. 126]. «Genügend gutes mütterliches Holding», sagt Winnicott [1974b, 1978], schafft das Gefühl des Sich-verlassen-Könnens auf die menschliche Umwelt, im Sinne einer Garantie der Kontinuität der persönlichen Erfahrung, getragen von einer präverbalen Kommunikation. Ein Kind ist depriviert, wenn es diese Erfahrung des Sich-verlassen-

Könnens nicht gekannt hat, die Kontinuität in seinem Leben und seiner Entwicklung unterbrochen worden ist.

Die Erfahrung, von den Eltern abgelehnt oder verstoßen worden zu sein, führt zu Gefühlen, ausgeliefert und der fundamentalen Liebe beraubt worden zu sein. Diese Gefühle werden oft als derjenige Faktor betrachtet, der bei Kindern am psychischen Trauma am meisten beteiligt ist. Je kleiner das Kind oder je größer seine Verletzlichkeit, umso mehr wird es überwältigt von Vernichtungs- und Todesängsten.

Über die Trennung und den Verlust kann das Adoptivkind mit seinen affektiv bedeutsamen primären Bezugspersonen – sofern solche vorhanden waren – nicht sprechen, d. h. es kommt gleichzeitig zum Kommunikationsabbruch und zur Kommunikationsunmöglichkeit. In diesem Sinne findet das Trauma immer in der Beziehung zu einer anderen emotional bedeutungsvollen Person statt. Diese Kommunikationsunmöglichkeit kann sich natürlich auf verschiedenen Ebenen abspielen: Der Säugling und das Kleinkind besitzen noch gar nicht die nötigen Wahrnehmungsfunktionen und -strukturen, um ein mit überwältigenden Gefühlen verbundenes Erlebnis organisierend aufnehmen zu können. Aber auch das ältere Kind wird von Gefühlen der Hilflosigkeit, der Ohnmacht und der Verzweiflung überflutet, die es in einen Vernichtungs-, Verblüffungs- und Verwirrungszustand stürzen.

In der Folge versucht das Kind eine Fantasiewelt aufzubauen, die ihm als eine Art Überlebensstrategie dient. Diese Phantasmen, die sich das Kind nach dem Erlebnis, also nachträglich konstruiert, können als ein Versuch verstanden werden, einen Sinnzusammenhang für das, was mit ihm geschehen ist, zu finden. Das Kind sucht auf der Fantasieebene eine «Erklärung», um das Ereignis verstehen zu können. Diese Fantasiebildungen stellen innerpsychische Konflikte dar und werden oft in Form von Symptomen ausgedrückt. Der Sinn und die Bedeutung, die Kinder einer solchen Herausforderung mit ihrer affektiven Antwort geben, bildet die Basis der posttraumatischen Anpassung.

Beispiel

Ein achtjähriges Mädchen, das mit zwei Jahren zur Adoption aufgenommen wurde, wurde wegen seines oppositionellen Verhaltens, seiner Langsamkeit, Apathie, Anorexie, Masturbation und Lernstörung – es wollte nicht lesen lernen – von seiner Adoptivmutter zur Konsultation gebracht. Aurelia sprach in dieser ersten Begegnung nicht, spielte jedoch und kommentierte die Spielszene am Ende der halben Stunde folgendermaßen: Hier ist eine arme Familie, die nicht genug Geld hat; die Kinder haben nichts zu essen. Das älteste Mädchen ist mit anderen Leuten fortgegangen, um Geld zu holen, es wird zurückkommen. Die Mutter (sie steht im Spiel auf einer Terrasse, zu der eine Treppe führt) sieht ihr Kind und weiß, dass es zurückkommen wird. Auf die Frage wann, antwortet Aurelia: «Das Mädchen wird die gleiche Größe haben, wenn es zurückkommen wird, mit viel Geld.»

Als diese Szene den Adoptiveltern erzählt wurde, waren sie bestürzt, da die leibliche Mutter tatsächlich von einem Balkon mit Treppe dem Kind gewunken hatte, als sie es zu sich holten. Aurelia verlor ihre leibliche Mutter, ihre erste Liebesbeziehung. Was ihr in diesem Moment der definitiven Trennung wiederfuhr, warum ihre Mutter sie verließ und «verstieß», darüber konnte Aurelia niemals mit ihrer Mutter sprechen, denn die Kommunikation war abgebrochen. Die persönliche Fantasiekonstruktion dieses Erlebnisses, die aussagt, dass Aurelia nicht wachsen dürfe, wurde für sie pathogen, d. h. sie enthielt das Verbot, zu essen, lesen zu lernen usw. und schien sie zu zwingen, ihren Wachstumsprozess aufzuhalten. Gleichzeitig konnte Aurelia auf diese Weise, dank ihrer Fantasie, ihre Loyalitätsbindung an die Mutter aufrechterhalten.

Diskussion

Dieses Beispiel zeigt, dass traumatische Erlebnisse, auch wenn sie bewusst nicht erinnert werden, im Unbewussten Erinnerungsspuren hinterlassen können. Zum Verlust beider leiblichen Eltern kommen bei internationalen Adoptionen Verluste von ethnischen, kulturellen, rassischen und sprachlichen Bindungen hinzu. Für Nathan [1986] stellt der undenkbare und unsagbare Verlust des kulturellen Umfelds an sich bereits ein psychisches Trauma dar, da jedes Individuum auf sein kulturelles Umfeld angewiesen ist, um die Realität zu entschlüsseln. Er betrachtet die Identität eines Subjekts als eine Art Gedächtnis, eine Erinnerung, die dem Subjekt eine zeitliche Beständigkeit und eine räumliche Einheit verleiht.

Beispiel

Ein aus Afrika stammendes Mädchen stellt seinen Wunsch nach Integration der doppelten Elternschaft und der doppelten Kulturen auf seiner Zeichnung dar, indem es die beiden Teile seines inneren Hauses durch eine Brücke verbindet (Abb. 6, S. 76). Der Baum hat keine Wurzel, trägt aber zwölf Früchte. Ob das Mädchen zwölf Jahre alt sein mag? Geburtsdatum und Jahr waren unbekannt, als Beatrice in die Schweiz zur Adoption kam. Aufgrund der medizinischen Untersuchungen wurde ihr Alter auf zehn Jahre einge-

Abb. 6. Beatrice, ca. 12 Jahre: Zwei Teile eines Hauses, durch eine Brücke verbunden.

schätzt. Die Mädchenfigur auf der Zeichnung ist ohne Beine und Füße dargestellt bzw. diese sind ersetzt durch eine Art (Kleider-)Ständer. Beatrice scheint ihren Gefühlen von Hilflosigkeit und Bewegungsunfähigkeit in der Zeichnung Ausdruck zu geben.

Posttraumatische Folgen

Die posttraumatischen Folgen resultieren aus komplexen dynamischen Wechselwirkungen zwischen der inneren und äußeren Welt des Kindes, zwischen Tatsachen und deren subjektiver Bedeutung, zwischen dem traumatischen Ereignis und den posttraumatischen Verarbeitungsmöglichkeiten. Je nach Alter, Entwicklungsstadium und Kontext haben Traumatisierungen unterschiedliche Auswirkungen. Erst im Verlaufe der Entwicklung erhalten Ich-Funktionen eine relative und sekundäre Autonomie; ebenso erlangen auch Abwehr-, Anpassungs- und Bewältigungsmechanismen erst später einen größeren Reifegrad. Die Auswirkungen der Traumatisierung hängen auch davon ab, in welchem Ausmaß das Kind ein Grundvertrauen in sich selbst, in den eigenen Körper und zu den bedeutungsvollen Personen der Außenwelt aufbauen konnte [Bürgin, 1993].

Mögliche Folgen des Bindungs- bzw. Beziehungsabbruchs

Adoptivkinder brauchen nach dem Abbruch ihrer bisherigen Beziehungen ihre ganze Energie, um sich an Umstände anzupassen, die ihnen neu sind, um mit Personen leben zu lernen, die sie nie gekannt haben und deren Sprache sie sehr oft nicht verstehen, und dies unter Bedingungen, die ihnen fremd sind. Eine Studie bei jugendlichen Adoptierten – zehn Jahre nach ihrer Ankunft in der Schweiz zur Adoption – stellt fest, dass diese jungen Menschen keine genauen Erinnerungen mehr an die traumatisch erlebten Momente ihrer Ankunft besitzen [Waber-Thevoz und Waber, 2000].

Adoptivkinder werden genötigt, sich in einigen Wochen eine neue Herkunft und ein neues Schicksal zu «erfinden». Sie werden mit der Frage ihres Überlebens, d. h. mit Leben und Tod konfrontiert. Es wird von Adoptivkindern verlangt, ihre Liebe primären Betreuungspersonen gegenüber auf unbekannte Bezugspersonen zu übertragen. Die bei der Trennung von Bindungspersonen empfundenen Gefühle von Angst, Sehnsucht, Wut, Trauer und Hass umzuwandeln in Liebe, Vertrauen und Zuversicht ist eine Herausforderung, mit der Adoptivkinder in ihren bedeutungsvollen Beziehungen immer neu konfrontiert werden.

Zahlreiche Studien [Bertocci und Schechter, 1991; Brodzinsky und Schechter, 1990] bestätigen, dass Adoptivkinder durch jegliche Art von Trennung besonders verletzbar bleiben. Es ist, als ob der Moment der Trennung, der emotional als so schmerzhaft erlebt wird, das Kind an seine in der Vergangenheit erlittenen Beziehungsabbrüche erinnern würde. Solche Trennungsängste werden zumeist durch aggressive oder regressive Verhaltensweisen ausgedrückt. Das Adoptivkind verlangt oft nach einer exklusiven, besitzergreifenden Liebe und zeigt sich wenig frustrationstolerant, da jedes Nein der Eltern immer wieder die Beziehung als solche infrage zu stellen scheint. Gleichzeitig haben Adoptivkinder oft Mühe, affektiv andauernde, tragfähige Beziehungen einzugehen.

Adoptivkinder haben die Erfahrung gemacht, «als Mensch und Beziehungsperson nicht emotional besetzt zu sein, nicht wichtig genommen zu werden ... Da sie aber nicht gelernt haben, Nähe vertrauensvoll zu erleben und konstruktiv zu gestalten, weichen sie schnell verängstigt zurück und provozieren ihre erneute Ausstoßung ...» [Stierlin et al., 1971, S. 24].

Beispiel

Ein siebenjähriges, aus Indien stammendes Mädchen, dessen Adoptiveltern getrennt leben – der Vater hat eine Freundin –, leidet unter Asthmaattacken, Schulleistungs- und emotionalen Problemen. Es erlebt jedes Ende der Therapiestunde und jede Unterbrechung als äußerst schmerzhaft: Es hasse das Wort «aufhören» (am Ende der Therapiestunde), es wolle immer bei der Therapeutin bleiben oder nie wieder kommen. Die Therapeutin dürfe nur mit ihm sprechen und mit niemandem anderem: «Du bist privat für mich allein da.» Im Spiel gibt es seinem Wunsch, die Tochter der Therapeutin zu sein und diese nie mehr zu verlassen, Ausdruck. Es fantasiert, dass sein Adoptivvater ein Kind von seiner Freundin haben und es nicht mehr lieb haben werde. Es möchte bei seinem Adoptivvater leben. Im Spiel stellt es seine Adoptivmutter als geizige, es bestehlende und alles für sich behalten wollende, nie frohe Frau dar, die es ins Gefängnis einsperrt.

Adoptivkinder können infolge schlechter Bedingungen während der Schwangerschaft oder eines Mangels an Stimulation während der ersten Monate oder Jahre, zu Trägern spezifischer Störungen werden. Ältere Kinder haben oft schwere Traumata in Form von Misshandlungen sexueller Natur oder von physischen und affektiven Deprivationen erlitten. Viele haben multiple Beziehungsabbrüche, mehrere Platzierungen in verschiedenen Heimen oder Kriegssituationen erlebt.

Bei der Verarbeitung dieser alten Wunden zu helfen, verlangt von den Adoptiveltern eine fast grenzenlose Verfügbarkeit, große persönliche affektive Ressourcen und eine solide Ehebeziehung. Winnicott [1957b] meinte, Adoptiveltern seien – je nach dem Schweregrad der Belastung der affektiven Frühentwicklung ihres Kindes – eher dazu aufgerufen als Therapeuten und nicht nur als Eltern zu fungieren.

Traumatische Erfahrungen haben auf verschiedenen Ebenen der Entwicklung unterschiedliche Auswirkungen auf die kognitive, affektive und biologische Selbstorganisation [van der Kolk, 1998]. Wegen der komplexen Interkonnektionen zwischen den verschiedenen Hirnregionen mit ihren eigenen sensiblen Reifezeitpunkten entstehen bei frühkindlichen ungünstigen Erfahrungen unterschiedliche Entwicklungsstörungen und Krankheitssymptome [Kaudal und Jessel, 1991]. Wachstumsstillstand, Entwicklungsrückstände, Funktionsstörungen und Strukturveränderungen betreffen immer Körper, Seele und Gehirn und spielen sich in multidimensionalen Interaktionen auf psychologischer, neurobiologischer, endokrinologischer und immunologischer Ebene ab.

Neurobiologische, endokrinologische und immunologische Auswirkungen

Forscher nehmen an, dass die Trennung eines Säuglings von seiner Mutter zu langandauernden neurobiologischen Veränderungen führen kann und zwar auf der Ebene der Neurotransmitter (wie z. B. Serotonin, Katecholamine), die ihrerseits Störungen des Herzrhythmus, der Körpertemperatur und des Schlafes zur Folge haben [Glaser, 2000; van der Kolk et al., 1996;]. Es wird postuliert, dass Kinder, die solche Trennungen erlebt haben, verletzbar bleiben, da Störungen auf dem Gebiet des Neurotransmittersystems in späteren Stresssituationen reaktiviert werden können, z. B. in Situationen, die mit dem Verlust von affektiven Beziehungen verbunden sind.

Deprivationserfahrungen in der frühen Kindheit können zu verschiedenen Suchtverhaltensweisen führen, wobei die genaue Beziehung von Suchtverhalten und endogenem Opiatsystem ungenügend bekannt ist [van der Kolk et al., 1996]. Opiate haben die Fähigkeit, Trennungs- und Entfremdungsgefühle zu mildern, d. h. sie erhöhen die Schmerzunempfindlichkeit. Es wird vermutet, dass Kinder, die in der frühen Kindheit Trennungsangst erlebt haben, später versuchen, sich so zu verhalten, dass ihr Opiatsystem stimuliert wird (eine Endorphinreaktion freigesetzt wird), um ihre Erregungs- und unerträglichen Angstzustände zu beruhigen. Diese Kinder haben die Tendenz, sich immer wieder traumatischen Situationen auszusetzen. Nach den Erkenntnissen des amerikanischen National Institute of Drug Abuse ist Abhängigkeit eine Folge von wiederholt gestörten Regulationsvorgängen im Belohnungssystem des Gehirns – bei dem der Neurotransmitter Dopamin [Volkow et al., 2002] eine Hauptrolle spielt – mit Auswirkungen auf Motivation, Gedächtnis und Impulskontrolle.

Kinder mit traumatischen Erfahrungen sind auch für somatische Störungen und speziell für Infektionskrankheiten anfälliger. Dem Körper des Kindes kommt dann scheinbar die Funktion zu, unerträgliche Affekte auszudrücken. Die entsprechenden Manifestationen in Form von somatischen Symptomen sind als Hilferufe ernst zu nehmen und haben oft symbolischen Charakter, wie z. B. das Auftreten von Asthmaanfällen (wie das obige Beispiel zeigt) oder das Aufflackern von Hautmanifestationen (Ekzem) im Zusammenhang mit traumatisch erlebten oder schmerzlichen Trennungen. Anzieu [1985] spricht von der Einschreibung des Leidens auf die körperliche Hülle.

Auswirkungen auf die motorische und sprachliche Entwicklung

Green [1983] versuchte anhand von Psychotherapiebeobachtungen misshandelter Säuglinge und Kleinkinder das Zustandekommen von Entwicklungsstörungen zu erklären. Er stellte fest, dass solche Säuglinge und Kleinkinder den Blickkontakt mit den Eltern vermieden, Distanz bewahrten und sich den Eltern nur von der Seite oder von hinten näherten. Die Kinder saßen oft unbeweglich herum, waren aber überwach. Dieser Zustand der Überwachheit verhinderte ein normales Lernen auf sprachlichem und motorischem Gebiet.

Kinder, die oft misshandelt werden, wenn sie schreien, weinen oder auch nur vokalisieren, lernen, ihre verbalen Expressionen zu unterdrücken und bremsen damit ihre Entwicklung. Sie erlernen die Sprache spät und Artikulations- und Expressionsprobleme sind häufig. Auf die gleiche Weise verzichten misshandelte Kinder auf ihre motorischen Aktivitäten, wie z. B. Auf-allen-Vieren-Gehen, Klettern usw., wenn diese störend für die Umgebung sind, was zu vorübergehenden Störungen ihrer Reflexe, ihrer Koordination und ihres Tonus führen kann. Diese Kinder sind motorisch oft sehr ungeschickt und verletzen sich leicht.

Säuglinge und Kleinkinder, die in einem Zustand von extremer Angst und Hilflosigkeit allein gelassen werden, weinen sich schließlich in einen Erschöpfungsschlaf, was als physiologischer Schutzmechanismus, als Vermeiden eines «psychischen Todes» betrachtet werden kann.

Auswirkungen auf emotionaler Ebene

Die Antwort auf verschiedene psychische Traumata wie Entführung, Misshandlung, Deprivation, Inzest wurde als biphasisch beschrieben. Sie ist zunächst durch Übererregbarkeit und Überflutetwerden von Affekten, dann durch apathische Einkapselung und emotionale Verschlossenheit und Erstarrung charakterisiert [Wilson, 1989]. Ein beliebiger physiologischer, emotioneller, sensorischer Stimulus kann später das Kind dermaßen erregen und überwältigen, dass es mit motorischer Hyperaktivität, einer explosiven Aggressivität sich selbst oder anderen gegenüber oder mit einem panischem Schreckzustand, seltener mit Wein- und Schreikrisen reagiert. Dabei handelt es sich um extreme Reaktionen auf externe und interne Stimuli. Deprivierte Kinder können Angst und Aggressivität sich selbst und andern gegenüber nicht modulieren, ihre eigene Erregbarkeit nicht regulieren. Eine andere innere Antwort des Kindes besteht in einem Zustand der Teilnahms- und Freudlosigkeit: Es entsteht Anhedonie. Man nimmt an, dass durch das Trauma Veränderungen des Endorphingehalts ausgelöst werden und eine Betäubung bestimmter Gefühle auftritt. Das führt zu allgemeiner emotionaler Taubheit, dissoziierten Gefühlen, vom Leben und von der Anteilnahme an den Gefühlen anderer abgeschnitten zu sein. Die Kinder sind verstimmt, isolieren sich, ziehen sich affektiv ganz in sich zurück, sind apathisch, verharren jedoch gleichzeitig in einem überwachen Zustand.

Beispiel

Sabine, ein achtjähriges Adoptivkind, trägt ein undurchsichtiges Maskengesicht, bleibt ganz versteift in ihrem Körper unbeweglich sitzen, antwortet kaum oder mit «ich weiß nicht». Sie beginnt mit großer Mühe mehrmals Häuser zu zeichnen, die in zwei Teile zerschnitten sind und brennen. Sabine sagt: «Niemand wird lebend aus diesen Häusern herauskommen, nur eine Katze.» Sie möchte gerne diese Katze sein. Sabines größte Furcht besteht darin zu erblinden, sie hat also panische Angst davor, nicht mehr voraussehen und kontrollieren zu können, welche Katastrophen ihr bevorstehen, nämlich die Wiederkehr von unerträglichen Gefühlen ihrer einst traumatischen Erlebnisse. Bei der ersten Hospitalisation der damals 18 Monate alten Sabine, die sich in einem schweren Verwahrlosungszustand befand, wurde ein Entwicklungsrückstand von elf bis zwölf Monaten festgestellt.

Als signifikantes Merkmal eines posttraumatischen Zustandes wird das Verhalten eines Kindes gewertet, das nicht mehr lächelt, weder auf Lachen antwortet noch ein Lächeln initiiert und das sich auf den Austausch von Freude, Vergnügen und Gratifikation mit anderen nicht mehr einlassen kann. Hinter dem affektiven Sichabkapseln verstecken sich oft ein chronisch-depressiver Zustand und/oder in Schach gehaltene Wut- und Hassgefühle. Die Kinder können eine affektive Tonalität nicht aufrechterhalten, ihre emotionalen Kommunikationen sind unberechenbar, von hoher Ambivalenz und Ambiguität gefärbt und oft sehr oberflächlich.

Wenn ein oder mehrere psychische Traumata nicht in die Gesamtheit der Lebenserfahrungen integriert werden können, bleibt das Opfer an das Trauma fixiert. Die Spaltung, ein wichtiger Abwehrmechanismus, erlaubt, das traumatische Geschehen aus dem wachen Bewusstsein herauszustoßen, die Erinnerung an das Ereignis zu verdrängen, die ursprünglichen Gefühle von Angst, Hilflosigkeit und Verzweiflung abzuspalten. In späteren Stresssituationen, z. B. beim Eintritt in die Adoleszenz oder bei einer schweren Erkrankung, reagieren die Kinder dann mit der emotionalen Intensität, die sie im Moment des Traumas empfunden haben, als ob dieses sich wiederholen würde. Sie können nicht verstehen, was mit ihnen geschieht, da sich die historische, biografische Referenz im Unbewussten befindet. Selbst wenn die Kinder versuchen, emotionale Distanz zu behalten und emotionale Situationen, die mit dem Trauma in Beziehung stehen könnten, zu vermeiden, können

Erinnerungsspuren nicht ausradiert werden. Oft tauchen abgespaltene Elemente des traumatischen Erlebnisses wieder auf, ausgelöst durch Erinnerungsspuren wie Albträume, aber auch spontane Bilder, gewisse Töne, Geräusche, manchmal auch ein bestimmter Geruch.

Bestimmte Ereignisse im Leben, wie z. B. die Adoleszenz, eine erste Liebesbeziehung, das Ausbrechen einer Krankheit, ein Verlust oder andere Stresssituationen, lassen die infantilen traumatischen Ereignisse wieder aufleben, so dass es zum Durchbruch von überwältigenden Gefühlen bis hin zum psychischen Zusammenbruch kommen kann. Die Folgen sind panische Angstzustände, Fluchtreaktionen, Verwirrungs- und Depersonalisations- oder schwere Depressionszustände mit hetero- oder autoaggressivem Verhalten.

Lange bestehende traumatische Situationen in Verbindung mit zusätzlichen Verletzungen oder Verlusten führen zu anhaltender pathologischer Trauer oder chronischer Depression, die mit Gefühlen von innerer Leere, Sinn- und Leblosigkeit einhergehen können.

Auswirkungen auf kognitiver Ebene

Bei den kognitiven Dysfunktionen handelt es sich um Entwicklungsverzögerungen als Folge von akustischen und visuellen Wahrnehmungsstörungen. Die Kinder sind nicht fähig, mentale Bilder als Problemlösungen zu benützen und müssen sich so auf sensomotorisches Handeln stützen, um Veränderungen zu bewältigen. Eines der markantesten Zeichen ist, dass kognitive Strukturen und Funktionen so sehr fixiert sind, dass eine dynamische Veränderung nicht stattfinden kann. Der permanente Angstzustand verhindert die Fähigkeit zu planen und mit Alternativen zu spielen. Die Kinder zeigen ein Fehlen essenzieller Neugierde, die für exploratorisches Verhalten sowie für Lernprozesse nötig wäre [van der Kolk et al., 1996; van der Kolk, 1998].

Auf dem Gebiet der Wahrnehmung und der Kenntnis von sich selbst und anderen funktionieren traumatisierte Kinder eindeutig schlechter. Sie haben z. B. große Mühe, Geschichten zu erzählen, und empfinden dabei keine Freude. Ihre Erzählungen spiegeln inhaltlich oft schreckliche Ereignisse wie Mord, Entführung, Verlassen- und Verstoßenwerden wider und finden selten ein glückliches Ende, anders als dies bei Kontrollgruppen der Fall ist.

Je länger eine traumatische Situation andauert, je weniger das Kind sich seiner Umgebung anpassen kann, desto mehr wird es seine Energie dafür aufwenden, sich eine innere Welt mit multiplen allmächtigen Identitäten zu schaffen. Eine Welt, die es nicht mehr mit der Realität konfrontiert und in der es nicht mehr der Kritik, dem Vergleich oder dem Urteil unterzogen wird.

Beispiel

Luc, ein elfjähriger Adoptivsohn, führt in Kleinkindsprache einen «Dialog» mit seinem Clown, der ihm mit feiner Stimme Befehle erteilt, die Luc unbedingt ausführen muss. Es sei der Clown, sagt Luc, der all die Dummheiten begehe, für die er ungerechterweise angeklagt werde. Der Clown steht in Verbindung mit den bedeutungsvollen Personen, die Luc in seinem Ursprungsland kannte. Luc wurde in der Kindheit sexuell missbraucht. Was er damals als ohnmächtiges Opfer erlebt hat, reinszeniert er, indem er sich seinem Clown zwar ausliefert, so aber seine Wut- und Rachegefühle als aktiver Täter in der Identifikation mit dem Aggressor ausdrücken kann. Die Spaltung ermöglicht es Luc, seinen Wunsch, ein gutes Kind zu sein und geliebt zu werden, weiterhin aufrechtzuerhalten.

Geschlechtsunterschiede

Bei Jungen und Mädchen werden unterschiedliche psychische Entwicklungstendenzen beschrieben: Mädchen weisen eher Depressionen und selbstdestruktives Verhalten auf, neigen also zur Identifikation mit der Opferposition. Sie entwickeln ein chronisches Gefühl von Hilflosigkeit. Sie sind leichter verletzbar und die Gefahr ist groß, dass sie wegen ihrer sogenannten «gelernten Hilflosigkeit» erneut ausgenützt, wieder zum Opfer werden. Jungen identifizieren sich vermehrt mit der Aggressorposition, verhalten sich destruktiv bis zum delinquenten Agieren, zeigen sich aber auch in Beziehungen mit jüngeren Kindern aggressiv und lassen Schwächere erleben, wie mit ihnen selbst umgegangen wurde. Beide Repräsentanzen sind wohl intrapsychisch bei Mädchen und Jungen vorhanden, nur die Verhaltensmanifestationen sind verschieden, wobei wohl auch soziokulturelle Faktoren eine Rolle spielen.

Leiden und Schmerz sind immer die Voraussetzung umfassender Erkenntnis und eines tiefen Herzens. Mir scheint, wahrhaft große Menschen müssen auf Erden eine große Trauer empfinden.

Fjodor M. Dostojewski

Trauerprozess

Probleme bei der Bearbeitung des Verlustes

Es stellt sich die grundlegende Frage, inwiefern es für Adoptivkinder notwendig ist, eine Trauerarbeit ihrer erlebten Verluste zu vollziehen, damit sie emotional tragende, neue Bindungen zu ihren Adoptiveltern aufbauen können.

«In jener Nacht, als ich in meinem Bett lag, hatte ich das unheimliche Gefühl, als stünden meine wirklichen Eltern in der Dunkelheit und beobachteten mich voller Mitgefühl. Sie schickten mir Kraft, alle Demütigungen dieses Daseins zu ertragen. Nur ein Zeichen von mir, und sie würden hervortreten und sich offenbaren. Meine ganze Liebe für sie stieg in mir auf und dann ein anderes Gefühl, Angst. Ich fürchtete mich, diesen Geistern gegenüber zu treten: Der Tod hatte ihnen ihre Menschlichkeit genommen, wie er ihnen das Leben genommen hatte. Angesichts dieser Phantomeltern bestand die Gefahr, dass meine sichere Welt zerfiel. So sehr ich mich nach ihnen sehnte, ich wandte mich ab» [Lifton, 1981, S. 34, in ihren Memoiren einer Adoptivtochter].

Generell kann «Kindertrauer» als ein seelischer Prozess beschrieben werden, den ein Kind nach einem Verlust durchläuft und der ihm erlaubt, seine Entwicklung normal fortzusetzen. Die Trauerarbeit des Kindes kann nicht mit der des Erwachsenen verglichen werden. Trauerarbeit im eigentlichen Sinne kommt erst nach der Adoleszenz vor. Damit das Kind eine Trauerarbeit leisten kann, braucht es einen emotional bedeutsamen Erwachsenen, der ihm in einer kontinuierlichen Beziehung zur Verfügung steht. Das Kind kann einen Verlust immer nur seinem psychologischen Entwicklungsstand gemäß verstehen [Sekaer, 1987]. Der Verlust einer bedeutungsvollen Beziehung reaktiviert im Kind existenzielle Ängste und seine Bedürfnisse nach Sicherheit, Geborgenheit, Fürsorge und narzisstischer Befriedigung werden bedroht. Das Ich des Kindes hat noch nicht die nötige Reife entwickelt, um die heftigen Gefühle von Traurigkeit, Angst, Wut und Sehnsucht bewältigen zu können, weswegen es den Verlust meist auf unbewusster Ebene verleugnet. Sehr oft hält das Kind auf der Fantasieebene die Bindung an die verlorene Betreuungsperson aufrecht; es führt eine innere Beziehung zur verlorenen Person weiter. Eine solche Fantasiebesetzung und ein innerer Dialog können, wenn sie nicht übermäßig sind, vorübergehend hilfreich sein. Der Verlust einer bedeutsamen Beziehungsperson kann bei einem Kind eine anhaltende Sehnsucht und heftigen Schmerz erzeugen. Deswegen ist es auch möglich, dass es die Gefühle des Verlustes solange abwehrt, d. h. die Affekte werden unterdrückt oder abgespalten, bis es einen Entwicklungsstand erreicht hat, in dem es sich das Ertragen des Schmerzes zumuten kann. Das Kind bedarf in viel größerem Ausmaß als der Erwachsene äußerer Hilfe, damit die psychophysischen Bedürfnisse befriedigt werden können, seine Angst eingegrenzt wird und es seine Gefühle und Phantasmen mit den bedeutungsvollen Personen seiner Umwelt teilen kann. Die entwicklungsbedingte Unreife, intensive Gefühle von Schmerz, Traurigkeit, Wut und Schuld zu ertragen, führt dazu, dass diese Emotionen und die dazugehörigen Phantasmen abgewehrt werden, wodurch die Entstehung eines Trauerprozesses erschwert wird.

Identifikations-, Individuations-, Trennungs- und Loslösungsprozesse können durch Verluste gestört werden. Kinder mobilisieren aber auch Ressourcen und erfinden eigene kreative Lösungen und Phantasmen in Bezug auf die verlorene Betreuungsperson; diese können dem Kind in der Periode nach dem Verlust vorübergehend als Übergangsobjekte oder fantasierte Begleiter dienen. Das Kind kann jedoch einen Verlust ohne das Vorhandensein einer parallel dazu bestehenden neuen Bindung nicht verarbeiten, da es die narzisstischen Gratifikationen, die es auf der Fantasieebene in der Aufrechterhaltung der Bindung mit der verlorenen Beziehungsperson sucht, nicht aufgeben kann. Die Fantasiebildungen haben oft allmächtigen Charakter und werden im Spiel immer wieder ausgedrückt. Es handelt sich um symbolische Wiederholungen von Bewahren und Verlieren, um die traumatische Erfahrung besser meistern zu können.

Kinder können ihre Affekte in Bezug auf den Verlust ausdrücken sowie ihre Fantasien durcharbeiten, jedoch immer nur ihrem Entwicklungsstand gemäß. Die Entwicklung einer Beziehung zu einer neuen Person, die die Bedürfnisse des Kindes befriedigt, ist aber noch kein Garant dafür, dass ein Besetzungsabzug von der verlorenen, geliebten Person stattgefunden hat [Bürgin, 1989b]. Oft handelt es sich nur um einen Versuch, die alte Liebe auf eine neue Person zu verschieben, als Abwehrmaßnahme gegen einen Sehnsuchtsschmerz. Der Aufbau einer neuen Beziehung bleibt eine schwierige Aufgabe, da Kinder ihre Verluste von früheren Bindungen betrauern müssen, bevor sie neue Bindungen aufbauen können. Die Fähigkeit, die Realität des

Unwiederbringlichen zu akzeptieren, stellt eine unumgängliche Vorbedingung der Trauerarbeit dar. Der Trauerprozess beim Kind wird immer wieder neu aufgenommen, ausgelöst durch innere Entwicklungsphasen oder durch äußere Erlebnisse.

Verschiedene Autoren haben beobachtet, dass die Fähigkeit des älteren Kindes, positive Bindungen in einer Adoptivfamilie zu entwickeln, in Beziehung zu seiner Fähigkeit steht, mit seinen Adoptiveltern über frühere Bindungen sprechen zu können. Es wird aber auch angenommen, dass eine endgültige Loslösung von vergangenen Bindungen nicht notwendig sei, d. h. bewusstes und unbewusstes Vergessen seien ausreichend dafür, dass Erinnerungen die neuen Beziehungen zu Adoptiveltern nicht störten. Kates et al. [1991] vertreten hingegen die Meinung, Kinder müssten zuerst ihre Verluste von früheren Bindungen betrauern, bevor sie neue Bindungen aufbauen könnten. Eagle [1994] postuliert, Adoptivkinder seien fähig, neue emotionale Bindungen einzugehen, bei gleichzeitiger Koexistenz von persistierenden Bindungen zu den leiblichen Eltern. Die Frage, wie lange eine Trauerarbeit notwendig ist, bleibt unbeantwortet [Stroebe et al., 1992], da Trauern auf individuelle Weise, zu verschiedenen Zeiten, in einem eigenen Rhythmus und in unterschiedlichen Graden von Vollständigkeit geleistet wird. Diese Hypothese wird bestätigt durch Adoptivkinder – Jugendliche und sogar Erwachsene –, die z. B. beim Übergang in einen neuen Lebensabschnitt oder bei ereignisreichen Erlebnissen erneut mit ihrer Adoptionssituation konfrontiert werden können und dann eine begonnene, aber nicht beendete Trauerarbeit fortsetzen.

Die Trauerarbeit bei Adoptierten wird durch die erwähnten psychotraumatischen Faktoren, aber auch durch die Tatsache, dass über Leben und Tod der leiblichen Eltern Ungewissheit besteht und keine Bezugspersonen der leiblichen Eltern vorhanden sind, erschwert. Eine Trauerarbeit kann nur dann zustande kommen, wenn Gewissheit über den Tod der bedeutsamen Person besteht. Die Realitätsprüfung wird also zu einem wesentlichen Teil der Trauerarbeit. Eine Trauerarbeit erweist sich als notwendig, nicht nur damit das Kind seinen Entwicklungsprozess fortführen kann, sondern auch um zu vermeiden, dass es das traumatische Erlebnis wieder inszeniert und dabei eine zusätzliche Traumatisierung erfährt.

Vielfach aber kommt ein Trauerprozess bei Adoptivkindern nicht zustande. Die Kinder verleugnen den Verlust und halten auf der Fantasieebene die Bindung an ihre leiblichen Eltern aufrecht. Ihr Leben spielt sich wie in der Vergangenheit ab, und zwar in ganz versteckter Weise. Sie führen z. B. einen Dialog mit dem verlorenen Elternteil oder stellen sich abends im Bett vor, der leibliche Vater oder die leibliche Mutter seien da und hielten sie in den Armen; ihnen erzählen sie all ihr Unglück, für sie beten sie zu Gott. Sie fantasieren eine Wiedervereinigung mit dem verlorenen Elternteil, dem ihre ganze Liebe gewidmet scheint. So wird intrapsychisch der schmerzhafte Prozess des Liebesentzugs des verlorenen Elternbildes vermieden. Die innere Repräsentanz des Elternteils verliert nicht die emotionale Bedeutung, sondern im Gegenteil, wird überbesetzt idealisiert. Dies dient dem Kind zur so dringend notwendigen narzisstischen Gratifikation, d. h. der Vorstellung, geliebt zu werden. Die Verleugnung des Verlustes des Elternteils existiert gleichzeitig neben der bewussten und korrekten Kenntnis der Wirklichkeit des Verlustes [Freud, 1925–1931]. Wenn Adoptivkinder sich erlauben, eine Trauerarbeit zu beginnen, so bedeutet dies gleichzeitig auch, die Hoffnung aufzugeben, die Eltern und eine Art Grundbeziehung zu ihnen später einmal wiederfinden zu können. Wie kann man aber von noch lebenden Eltern sprechen, wie wenn sie tot wären? Für ihren Tod gibt es meist keinen Beweis, weder Zeugen noch Zeugenaussagen von Familienmitgliedern mit Erinnerungen an die verlorenen Eltern, kein Begräbnis, kein Grab. Der Verlust muss wahrgenommen und als dauernd und unwiederbringlich erkannt werden, soll Trauern möglich werden.

Beispiel

«Ich kann es nicht akzeptieren, dass meine (leibliche) Mutter gestorben ist, ich will es nicht wahrhaben, dass sie nicht mehr lebt; es gibt keinen Grund dafür, ich kann mir keine Erklärung geben und Gott kann ich erst fragen, wenn ich tot bin.» Der neunjährige Emmanuel möchte in die Vergangenheit zurückkehren, um seine Mutter noch einmal zu sehen.

Eine Trauerarbeit ist auch deshalb erschwert, weil das Adoptivkind sich sein Verlassen- und Verstoßen-worden-Sein nicht erklären kann. Adoptivkinder stellen sich oder anderen, zu denen sie sehr viel Vertrauen haben, vielfach die gleiche Frage: Warum wurde ich verlassen und ausgesetzt und warum gerade ich? Welches ist meine Andersartigkeit, die bewirkt hat, dass meine Mutter sich nicht um mich kümmern wollte? Das Kind begnügt sich nicht mit Antworten, die den Kontext erklären, wie z. B. Krieg oder Armut. Die Vorstellung, abgelehnt, weggegeben worden zu sein, ist mit sehr schmerzlichen, ja unerträglichen Gefühlen verbunden, wie die Aussagen von Adoptierten bezeugen [Delfieu und De Gravelaine, 1988; Schärer, 1991].

Psychische Manifestationen infolge des Verlustes

Depressive Symptome von Adoptivkindern zeigen sich oft in Kontexten, die nicht mit der Adoptionssituation in Verbindung stehen. So vertrauen sich Kinder einem animierten Objekt, z. B. einem Plüschtier oder einem Haustier, an, mit dem sie einen Dialog führen. Das Tier dient ihnen als eine Art Bindung zur verlorenen Bezugsperson und stellt einen Trost und Unterstützung spendenden Begleiter dar. Umgekehrt können ihre verzweifelten Trauerzustände plötzlich durch Weinkrisen zum Ausdruck kommen, wenn z. B. ein geliebtes Haustier krank wird oder das Kind sich auch nur eine geringfügige Verletzung zuzieht. Werden Trauergefühle unterdrückt, kann sich die Trauer auf die körperliche Ebene verschieben und in somatischen Beschwerden äußern.

Acht- bis zwölfjährige adoptierte Kinder, für die der Verlust ihrer leiblichen Eltern mit ausgeprägten negativen Gefühlen verbunden war, wiesen in der Selbstbeurteilung einen höheren Depressionsgrad auf und schätzten ihren Selbstwert niedriger ein als Kinder, für die der Verlust ihrer leiblichen Eltern mit weniger negativen Gefühlen assoziiert war [Smith und Brodzinsky, 2001].

Die meist unbewussten aggressiven Gefühle gegenüber der verlorenen Bezugsperson sind durch Gefühle des Verlassen-worden-Seins entstanden. Sie kommen durch aggressive und destruktive Verhaltensweisen zum Ausdruck und werden auf die Adoptiveltern verschoben, die oft für den Verlust verantwortlich gemacht werden. Zorn und Wut kommen auch in zerstörerischen Aktivitäten im Spiel zum Ausdruck. Die Verschiebung erlaubt gleichzeitig, die starken Schuldgefühle zu verleugnen. Des Kindes vermeintliche Schuld ist es, den Tod oder den Verlust verursacht zu haben und deshalb selbst den Tod zu verdienen. Unbewusste Aggressionswünsche gegenüber dem Elternteil oder der Bezugsperson werden durch seinen/ihren Tod oder Verlust, d. h. durch das Realitätserlebnis, quasi bestätigt.

Todesgedanken oder sogar Suizidversuche beruhen auf fantasierten Wünschen, sich mit dem verlorenen Elternteil wiederzuvereinigen. Der Wunsch zu sterben drückt gleichzeitig ein Strafbedürfnis aus. Krankheit, Verletzung und Trennung sind Äquivalente des Todes oder des Verlustes und in allen diesen drei Situationen hat das Kind Angst zu sterben oder wünscht zu sterben. Solche exzessiven Identifikationen können pathologische Folgen haben. An sich ist der Verlust nicht pathologisch, er kann jedoch zum Kern werden, um den sich alte Konflikte und potenziell pathogene Elemente kristallisieren.

Das Kind kann aber auch die Identifikation mit einer kranken oder verstorbenen Mutter abwehren; handelt es sich z. B. um ein Mädchen, kann es sich wie ein Junge verhalten und wünschen, Vater zu werden. Beim Tod eines Elternteils wird ein kleines Kind seiner grundlegenden identifikatorischen Referenzen beraubt (vgl. Anna, S. 159ff). Umgekehrt können sich kleinere Kinder – zur Überbrückung des Verlustes – mit dem verlorenen Liebesobjekt identifizieren und krank werden, so wie es Mutter oder Vater gewesen waren. Manche Kinder identifizieren sich mit dem Tod als Tod und nicht mit dem Tod der gestorbenen Person. Sie können Ängste entwickeln, dass der Tod sie auch abberufen werde. Die Identifikation mit dem Toten kann auch zu Ängsten führen, dass der Tote zurückkomme, um sich zu rächen (Phantasmen der Vergeltung) (vgl. Pascal, S. 172ff).

Befangen in den Formen unseres Leidens, begreifen wir nicht mehr, wenn Leid sich löst.

Rainer Maria Rilke

Pathologische Trauer und Geheimnis

Die Abgrenzung von normaler zu pathologischer Trauer ist schwierig und wird kontrovers diskutiert. Pathologische Trauer liegt vor, wenn Trauerarbeit verzögert, besonders lang, besonders kurz, ungewöhnlich heftig, unterdrückt oder gar nicht vorhanden ist. Die Beurteilung einer pathologischen Trauer im Kindesalter muss die Umstände des Verlustes, die Trauerarbeit, die nachfolgenden Ereignisse und die persönlichen Entwicklungsveränderungen berücksichtigen. Generell kann man von pathologischer Trauer sprechen, wenn sich die Trauer des Kindes in Verhaltensweisen und Symptomen ausdrückt, die nicht mehr eine seinem Entwicklungsstand entsprechende Antwort auf den Verlust darstellen. Beim Kleinkind liegt eine solche vor, wenn es zum Verlust von Ich-Funktionen (z. B. Gehen oder Sprechen) kommt, Affektlosigkeit auftritt oder eine persistierende Regression (ein Rückgriff auf frühere Verhaltens- und Erlebnisweisen) stattfindet. Beim Vorschulkind und in der Latenz zeigt sich die pathologische Trauer in einer depressiven Entwicklung oder im Rückzug und im Verzicht auf lustvolle neue Funktionen oder Fertigkeiten. In der Adoleszenz kann sich die Unmöglichkeit, einen Trauerprozess zu vollziehen, auch in einer schweren Beeinträchtigung der Besetzung von Beziehungen oder von Lernprozessen zeigen [Bürgin, 1989b].

Ein traumatisches Erlebnis, das weder bewältigt noch verarbeitet werden konnte, stellt oft den Ausgangspunkt bei der Entstehung eines Geheimnisses dar. Solche Erlebnisse können mit der Eltern-Kind-Bindung und -Beziehung (Filiation) oder einem Verlust durch Tod verbunden sein. Ein Geheimnis entsteht ursprünglich immer in einer bedeutungsvollen Beziehung und stellt ein gemeinsam Geteiltes dar [Abraham und Torok, 1987].

Bei schmerzhaften Verlustsituationen, wie z. B. bei Beziehungs- und Ursprungsabbrüchen, schließt das Kind in einem Teil seines Ichs ein Bild der im Moment des Ereignisses beteiligten Personen in sich ein – Ein Bild von sich selbst und den mit dem Erlebnis verbundenen Gefühlen von Schock, Angst, Schmerz, Wut und Scham sowie ein Bild der Bezugspersonen und den Gefühlen, die das Kind bei ihnen wahrnahm. Das Kind kann sich unter gewissen Lebensumständen später mit diesen abgespeicherten Erinnerungsbildern identifizieren oder fantasierte Gefühle und Affekte wieder empfinden und ausdrücken [Tisseron, 1992].

Derartige traumatische Erlebnisse in der frühen Kindheit, von denen das Kind keine organisierte Repräsentation hat – nicht einmal in Form von Bildern –, hinterlassen sensomotorische Spuren, da die Fähigkeit der Verdrängung oder der psychischen Verarbeitung im Kleinkindalter noch ungenügend ausgebildet ist. Unter gewissen Lebensumständen und insbesondere in der Adoleszenz «erwachen» die Spuren dieser Ereignisse und gelangen als somatische oder motorische Manifestationen, als Erleben von intensiven Emotionen, als Affektausbrüche oder Agieren von Emotionen zum Ausdruck. Ein Ereignis, dessen intrapsychische Vorstellung fehlt, riskiert, mit Phantasmen und archaischen Ängsten des Subjekts vermischt zu werden [Tisseron, 1992]. Die Entstehung eines Geheimnisses scheint einen leeren verborgenen Raum in der Psyche des Individuums zu erzeugen, der in der Folge durch bizarre intrapsychische oder interpersonelle Ereignisse aller Art in Erscheinung tritt [Khan, 1976]. Die Anwesenheit eines Geheimnisses greift in jede bedeutungsvolle Beziehung ein, sei es eine Beziehung, in der ein Individuum von einem Gegenüber abhängig ist – so wie das Kind von seinen Eltern –, sei es eine Liebesbeziehung, in der eine Person das Gegenüber erwählt hat. Das affektive Erleben der persönlichen Geschichte eines Individuums wird in solchen Fällen wieder aktualisiert. Die damit verbundenen Erwartungen sind, das Geheimnis zu lüften, dessen Sinn erklären und dessen Bedeutung verstehen zu können [Tisseron, 1992]. Die Reaktivierung entspricht der Hoffnung, dass das bedeutungsvolle Gegenüber, z. B. ein Elternteil, dem Kind bei der Erarbeitung des Geheimnisinhaltes behilflich sein werde.

In der pathologischen Trauer – nach den Theorien von Abraham und Torok [1987] – kann ein Mensch, der den Verlust eines Liebesobjektes als traumatisch erlebt hat, keine Trauerarbeit vollziehen; er wird Träger einer geheimen Krypte oder einer Enklave, die er in seinem Innern einrichtet, und zwar durch Inkorporation des verlorenen Liebesobjektes. Inkorporationsfantasien [Abraham und Torok, 1987] bewahren ein narzisstisch und libidinös unersetzliches Objekt, z. B. einen Elternteil, dessen plötzlicher Verlust radikal verleugnet werden muss. Ist jedoch ein Elternteil Kryptenträger, riskiert sein Kind, Symptome zu entwickeln, d. h. es leidet z. B. unter Ängsten vor Monstern, Phantomen, Gespenstern – die auch in Albträumen in Erscheinung treten –, aber auch unter Schlafstörungen, Phobien, Lernschwierigkeiten und Gedächtnisstörungen. Das Kind wird Phantomträger, wie Abraham dies nennt. Das Phantom ist die unbewusste Bearbeitung eines nicht eingestehbaren Geheimnisses eines Anderen. Das Spiel des Kindes, so Abraham, stellt nicht nur die symbolische Inszenierung seiner eigenen Triebimpulse dar, sondern auch unbewusste Tatsachen, verstecktes Leiden und verborgene Ängste der Eltern. Das Kind symbolisiert, was es nicht verstehen und was es nicht nennen kann. Manchmal kommt es zum Ausagieren von Aktivitäten, die eine Art phantasmatische Lösung des Problems des Elternteils darstellen sollen, manchmal aber auch zur massiven gedanklichen und intellektuellen Hemmung. Die klinischen Manifestationen resultieren aus der psychischen Belastung und Bearbeitung des Kindes, verbunden mit seiner Hoffnung, den Elternteil zu verstehen und seinerseits besser verstanden und geliebt zu werden, sind aber auch Versuche, die Lücke in einem seiner eigenen fundamentalen Repräsentanzen zu füllen. Nach Diatkine [1986] führt ein Familiengeheimnis zu einer intellektuellen Hemmung, wenn ein Kind die Krypte eines Elternteils – der den Verlust des Liebesobjekts verneint – inkorporiert. Unter diesen Bedingungen werde das Kind durch das Geheimnis nicht stimuliert, sondern es verpflichte sich, nicht zu wissen, verbiete sich zu denken.

Beispiel

Ein adoptiertes Geschwisterpaar, ein neunjähriges Mädchen und ein elfjähriger Junge, wurde von ihrer leiblichen Mutter verlassen, wenig später wurde ihr Vater erschossen. Sowohl der Junge (vor allem wegen Verhaltens- und psychosomatischen Störungen zugewiesen) als auch das Mädchen (mit schweren Lernstörungen trotz guter Intelligenz) teilten diese Ereignisse in je einem individuellen Erstgespräch mit. Die Kinder waren in verschiedene, analytisch orientierte Psychodramagruppen integriert. Das Mädchen schlug vor, die Geschichte eines Jungen, der immer Hunger hat und essen will, zu spielen. Während des Spiels erklärt Sandra, die die Rolle des Jungen jemand anderem zugeteilt hat, was dem Jungen zugestoßen sei: «Er hatte so großen Hunger, dass er seine Mutter gegessen und getötet und sie so verloren hat. Deshalb ist er ein Waisenkind, hat immer Hunger und muss immer essen.»

Sandras Phantasmen gehen dahin, ihre Mutter inkorporiert zu haben und sie in sich ernähren zu müssen, dabei aber ewig ungesättigt zu bleiben. Sandra bleibt in einer loyalen, vampirischen Fantasiebindung mit ihrer leiblichen Mutter verzahnt. Ihr Symptom deutet auf eine abgekapselte Trauer hin [Steck und Bürgin, 1996]. Die Inkorporationsfantasien gehen von der magischen Annahme aus, Gedanken, Gefühle, Vorstellungen oder Personen wie

Gegenstände in den Körper aufnehmen zu können. Inkorporationsfantasien tendieren dazu, die Lebendigkeit des verlorenen Liebesobjekts mittels eines eigenartigen Zustandes zwischen tot und lebendig, im Inneren des Subjekts aufrechtzuerhalten. Das eigentliche Schicksal der Person und die Realität des Verlustes werden verleugnet.

Die Inkorporationsfantasie erlaubt eine Kontinuitätsbindung an ein Objekt, von dem sich das Subjekt durch diesen Vorgang nicht zu trennen braucht. Der Schmerz über das fehlende Objekt wird auf diese Weise gelindert. Inkorporationsfantasien dienen dazu, sich den wirklichen Schmerz der Wunde, die im Subjekt nicht vernarben kann, nicht eingestehen zu müssen.

Sandras Bruder schlägt immer wieder Geschichten mit gewaltbedingtem Tod vor und wählt die Rolle desjenigen, der stirbt oder tot ist. An einer Grippe erkrankt, weint und schreit er in den Armen seines Adoptivvaters stundenlang, er werde und wolle sterben. Wie das Beispiel zeigt, hält Sandra ihre Bindung an das verlorene Liebesobjekt, ihre leibliche Mutter, im Zustand einer Totlebendigen, die sie ernährt, aufrecht, während ihr Bruder seine Fantasiebindung an den ermordeten Vater im Zustand des immer wieder sterbenden Toten aufrechterhält.

Beispiel

Ein elfjähriger adoptierter Jugendlicher, der sich selbst als Allesfresser bezeichnet (er schluckte Gegenstände mit nachfolgenden Verdauungsstörungen), hatte keine Trauerarbeit über den Verlust seiner leiblichen Eltern vollziehen können; seine agierte Inkorporation deutet auf eine abgekapselte Trauer hin.

Man kann die Hypothese aufstellen, dass gewisse Adoptivkinder, die keinen Trauerprozess um ihre Vergangenheit vollziehen können, Träger von Krypten eines traumatisch erlebten Verlustes eines geliebten Objekts sind. Adoptivkinder können aber auch Träger von Phantomen sein, z. B. wenn ihre leibliche Mutter Kryptenträgerin ist. Die Motivation einer leiblichen Mutter, ihr Kind zur Adoption freizugeben, könnte sogar mit ihrer persönlichen Geschichte eines kryptophoren Objekts verbunden sein. Unintegrierte, nicht verarbeitete traumatische Erlebnisse einer Mutter werden durch unbewusste, nonverbale Kommunikationsformen auf das Kind übertragen; das Kind identifiziert sich mit diesen abgespaltenen Teilen der mütterlichen Repräsentanzen und nimmt sie in die eigene Selbst- oder Objektrepräsentanz auf. Die Kommunikation von Unbewusstem zu Unbewusstem [Abraham und Torok, 1987; Nachin, 1993] spielt sich sehr früh in der Mutter-Kind-

Beziehung durch präverbale Interaktionen ab, deren Variablen taktiler, visueller, auditiver oder sensomotorischer Natur sind. Die Lücken in der Sprache der Mutter, das Unaussprechbare, und das Bedürfnis der Mutter, sich an ihr Kind nicht nur als Kind, sondern als Pfand ihrer verlorenen Liebe zu klammern, drückt sich vor allem durch ihren Blick, ihre Stimme, ihre Haltung und ihre Gestik aus, und nicht so sehr durch den Inhalt dessen aus, was sie sagt.

Da das Kind seine Trauerarbeit immer nur mit Hilfe eines emotional wichtigen und in einer stabilen Beziehung verfügbaren Erwachsenen beginnen kann, verlangt man von den Adoptiveltern unendlich viel. Die unaussprechbare Wut des Verlassen-worden-Seins kann vom Kind gegenüber den (abwesenden) leiblichen Eltern nicht ausgedrückt werden und richtet sich stattdessen gegen die anwesenden Adoptiveltern. Sind diese selbst belastet durch nicht verarbeitete Verluste, wie z. B. ihrer Reproduktionsfähigkeit bei infertilen Adoptiveltern, den Verlust eines leiblichen Kindes oder andere, in ihrer persönlichen Geschichte erlebte Verluste, so ist es für sie schwierig, ihrem Adoptivkind bei seinem Trauerprozess zu helfen.

Die klinische Erfahrung zeigt, dass Adoptivkinder sich oft maximal an ihre Adoptivfamilie anpassen. Es handelt sich um Anpassungsstrategien vor dem Hintergrund massiver Angstgefühle, wieder verlassen und verstoßen zu werden. Zusammenbrüche (nicht selten Suizidversuche) finden meist in der Adoleszenz statt, d. h. in dem Zeitabschnitt, in dem der Jugendliche einen Trennungsprozess von den Adoptiveltern vollziehen sollte, gleichzeitig aber konfrontiert ist mit ungelösten, unverarbeiteten Verlusten aus seiner Kindheit. In diesen Situationen kann es bei Adoptiveltern und -kindern zum schmerzlichen Eindruck kommen, dass eine tragende affektive Bindung nicht zustande gekommen sei. Das Kind ist wohl legal adoptiert, fühlt sich aber nicht als Sohn oder Tochter seiner Adoptivfamilie, ist ein Fremder geblieben, der auf phantasmatischer Ebene Bindungen an seine ursprüngliche Familie aufrechterhält. «Ich habe meine Adoptiveltern nie als meine Eltern betrachtet», sagen solche Jugendlichen, während ihre Eltern festhalten: «Wir haben ein Kind adoptiert, aber er ist nicht unser Sohn.» Die Einsamkeit und die emotionale Kluft aufgrund der bereits bestehenden Wunden vertiefen sich. Ein Heilungsprozess, sofern er möglich ist, braucht viel Zeit. Gelingt er, führt dies dazu, dass der Jugendliche seinerseits seine Adoptiveltern als seine Eltern erwählt. Adoption ist dann eine gegenseitige Anerkennung emotionaler Zugehörigkeit und erfolgt somit zu zwei verschiedenen Zeiten. Der Jugendliche muss zuvor seine Wut darüber, dass er nicht gefragt wurde, ob er mit seiner Adoption einverstanden sei, verarbeitet haben. Gewisse Adoptivfamilien scheinen eine andere Lösung zu finden: Weder Adoptiveltern noch Adoptivkinder planen je eine Trennung; eine Loslösung wird aus gegenseitig unbewusster Furcht vor individuellem und/oder familiärem Zusammenbruch vermieden [Waber-Thevoz und Waber, 2000].

An meine Mutter (Adoptivmutter)
Warum konnte ich mich nicht meiner Mutter erfreuen
wie die anderen Kinder?
Meine Mutter war so schön.
Aber wie alle schönen Sachen war sie vergänglich.
Sie war Mutter für viel zu kurze Zeit.
Und jetzt bleibe ich bitter und ohne Mutter.
Aber wenn man mit der Bitterkeit verbleibt,
gelingt es niemals, sein Leben aufzubauen.
Doch sie hat mich gewünscht;
mehr als eine andere Mutter, die mich verlassen hat.
Ist es vielleicht ihr so starker Wunsch,
der mir erlaubt hat aufzubauen, was ich heute habe?
Sie ist vielleicht fortgegangen,
aber sie hat mich nicht verlassen.
Unsere Trennung hat mir erlaubt,
das Leben selbst zu entdecken,
und hat mich stärker gemacht.

Adoptierte Jugendliche

Beziehungsaufbau – Filiationskreation

Adoptionsbindung und Adoptionsbeziehung

Der Begriff der Filiation (vom Lateinischen filius = Sohn, filia = Tochter) wird hier als Ausdruck der Bindung zwischen Mutter bzw. Vater und Kind verwendet. Der Begriff beinhaltet rechtlich die Abstammung und die familiäre Verbindung eines Individuums und umfasst auch die diesbezüglichen Vorstellungen eines Subjekts. Guyotat [1980] definiert die Filiations*bindung* als die Art und Weise, wie ein Individuum sich in der Beziehung zu seinen realen und imaginären Vorfahren und seinen Nachkommen situiert und situiert wird.

Es werden drei Achsen der Filiation unterschieden:

◇ Das leibliche Kind und die biologische Elternschaft, deren Referenzen Zeugung, Schwangerschaft und Geburt sind (biologische Achse).

- ◇ Das imaginierte Kind oder die imaginierte Elternschaft, die mit Emotionen, Erwartungen, Hoffnungen und Projektionen verbunden sind (affektive Achse).
- ◇ Die soziale oder symbolische Elternschaft, die erlaubt, Namen und Erbschaftsgüter zu übertragen und die auch die Rechte und Pflichten der Eltern-Kind-Beziehung und der Zugehörigkeit bestimmt (institutionalisierte, rechtliche Achse).

Bei der Adoption handelt es sich um eine eingerichtete Form der Familiengründung und eine konstituierte Eltern-Kind-Beziehung. Von den drei Achsen der Filiation, der biologischen, der affektiven sowie der institutionalisierten bzw. rechtlichen, bedarf es der letzten beiden für die kulturell-gesellschaftliche Anerkennung der Familie, der Elternbindung und der Filiation [Levy-Soussan, 2002]. Wie das Fehlen der biologischen Filiation von den Adoptierten empfunden werden kann, zeigt folgendes Beispiel: Ein junger erwachsener Adoptierter erachtet die totale Abhängigkeit von den Adoptiveltern als die hauptsächliche Schwierigkeit in der Adoptionssituation. Durch den Verlust persönlicher Eigenschaften wie der Sprache, der Kultur und der Erwartungen der Ursprungsfamilie empfinde sich das Adoptivkind nur als ein Empfänger der Gaben der Adoptiveltern. Die Adoptionsbeziehung beruhe in diesem Sinne nicht auf einer Wechselseitigkeit, auf der Möglichkeit des gegenseitigen Gebens und Nehmens. Diese Tatsache führt zusätzlich zur Erfahrung, verlassen worden zu sein, zum Erleben einer Selbstenteignung, und ist mit Schamgefühlen verbunden. Adoptiert zu sein, verleihe ihm das Gefühl, weniger wert zu sein.

In der Adoption kann das Fehlen der biologischen Filiation (Abstammung) bei Adoptiveltern irreale, nicht sexualisierte oder im Gegenteil promiskuitive Vorstellungen der Zeugung des Kindes begünstigen. Adoptiveltern legen häufig Wert auf die Priorität der sozialen und legalen Filiation (Bindung und Abstammung). Wird die Bedeutung der Geburt auf ein sexuelles, biologisches oder legales Ereignis reduziert, wird die grundlegende Erfahrung der menschlichen Begegnung (der leiblichen Eltern) – auch wenn sie nur kurz ist – verneint und damit auch das damit verbundene Erleben von Begehren oder Liebe. Dieses Totschweigen ist mit der Gefahr verbunden, dass das ursprüngliche Ereignis dem Kind nicht übermittelt wird [Julien, 2000]. Für Adoptiveltern kann es eine zusätzliche Herausforderung oder psychische Arbeit darstellen, ihre Paarbeziehung affektiv so zu besetzen, dass diese für das Kind zum Ort seines Ursprungs und zur eigenen Geschichte werden kann.

Beispiele

Ein achtjähriges, aus Indien adoptiertes Mädchen, dessen Adoptiveltern getrennt leben, gründet wiederholt im Spiel Familien und gibt sich die Rolle eines Mädchens oder einer Mutter. In einer der Spielinszenierungen lässt Rebekka ihren Hund seine Geschäfte überall verrichten. «Das Mädchen kann sich nicht um ihren Hund kümmern, da es nicht echt ist», kommentiert Rebekka ihr Spiel. «Es kommt aus dem Weltall und gelangte von dort in einen Bauch, woraus es geboren wurde.» Es wird deutlich, wie schwierig es für Rebekka ist, sich ihren Ursprung aus einer generativen sexuellen Beziehung ihrer Eltern (sowohl der leiblichen als auch der Adoptiveltern) vorzustellen.

Der fünfeinhalbjährige Johannes lehnt die Erklärung seiner Adoptionssituation und seines Ursprungslandes ab: «Ein Engel hat mich zu Mami und Papi gebracht; mich hat niemand geboren.» Johannes zieht es vor, seine biologische Zeugung und Herkunft zu leugnen und stellt sich vor, ein Kind Gottes zu sein.

Ein achtjähriger Junge, aus Südamerika stammend, stellt sich vor, dass seine leibliche Mutter in Alaska von Eskimos gejagt wurde und um ihr Überleben kämpfen musste, weswegen sie sich nicht um ihn habe kümmern können und er deshalb zur Adoption freigegeben wurde. Dieser Junge wiederholt in Spielinszenierungen Katastrophengeschichten, in denen alle Personen sterben, außer einem Neugeborenen, das allein für sein Überleben kämpfen muss. Das Phantasma des Ausgesetzt-worden-Seins und der Überlebensschuld sowie der damit verbundenen existenziellen Bedrohung wird deutlich.

Adoptivkinder können in ihren Phantasmen auf allmächtige Art und Weise ihre biografische Herkunftssituation dramatisieren, wie das Beispiel von Jonas zeigt.

Beispiel

Die Adoptiveltern von Jonas sind sehr beunruhigt über die täglichen dramatischen Szenen ihres neunjährigen Sohnes bei den Hausaufgaben. Jonas schreie, er sei dumm, und schluchze heftig, er wolle sich umbringen. Diese sich wiederholenden Szenen sind für die Adoptivmutter kaum auszuhalten und nicht nachvollziehbar, da ihr Sohn nach diesen Wut- und Weinkrisen seine Aufgaben in Kürze und meist ohne Fehler ausführe. In der Psychotherapiestunde erklärt Jonas, dass er das Teuflische in ihm, seine Wut und Bosheit, zuerst explodieren lassen müsse, bevor er sich auf seine Hausaufgaben konzentrieren könne. Er ertrage es nicht, dumm zu sein; dies sei Grund genug, sich umzubringen. Sein leiblicher Vater habe keine Arbeit, sei arm, könne kaum überleben, habe nie einen Beruf erlernen können. Jonas fantasiert ein gleiches Schicksal wie sein leiblicher Vater und gleichzeitig eine tragische Geschichte, warum ihn sein leiblicher Vater zur Adoption freigegeben habe. Seine Wut und Trauer darüber kommt in seiner täglichen leidenschaftlichen phantasmatischen Dramatisierung zum Ausdruck und erlaubt ihm, mit Hilfe seiner Adoptiveltern Trauerarbeit über den Verlust des leiblichen Vaters zu leisten. Die narzisstische Unterstützung und emotionale Zuwendung seiner Adoptiveltern tragen zum Aufbau der gemeinsamen Bindung und Beziehung bei.

Die Bindungs- und Beziehungsbildung, die Adoptionsfiliation, wird durch den Austausch gegenseitiger Wünsche und Bedürfnisse der Eltern und des Kindes affektiv genährt. Es handelt sich um den Wunsch der Adoptiveltern, ein Kind aufzunehmen und gerade dieses Kind als ihr eigenes anzuerkennen, sowie um den Wunsch des Kindes, Eltern zu haben und eben gerade diese Eltern als die seinen anzunehmen. Eine solche Eltern-Kind-Beziehung befähigt das Kind, die adoptivelterliche Sexualität als Ort seines Ursprungs zu fantasieren [Juillerat, 2001] und ein Gefühl aufzubauen, von seiner Adoptivmutter und seinem Adoptivvater abzustammen. Die Filiation stützt sich auf einen rechtlichen Rahmen (institutionalisierte Filiation), der die Eltern ernennt, und bildet sich innerhalb dieses Rahmens auf intrapsychischer und intrapersonaler Ebene durch den affektiven und imaginären Austausch in der Eltern-Kind-Triade aus. Diese psychische Arbeit erlaubt jedem Beteiligten, seine eigene Identität zu entwickeln und aufzubauen, seine Subjektivität zu erlangen und zu seinem Schicksal beizutragen.

Loyalitätskonflikte

Familienloyalität beruht auf der biologischen, erblichen Verwandtschaft. Etymologisch stammt das Wort Loyalität aus dem Französischen (la loi = das Gesetz) und bedeutet gesetzestreues Verhalten. «Die unsichtbaren Phasen der Loyalität sind in der Blutsverwandtschaft, der Erhaltung biologischen Lebens und der Sicherung des Fortbestandes der Familie auf der einen, in den erworbenen Verdiensten der Mitglieder auf der anderen Seite verankert» [Boszormenyi-Nagy, 1981, S. 84].

«Who is my real mother? he shouted. I am, I said. I am your real mother by love and by law.» («Wer ist meine wahre Mutter? Rief er aus. Ich bin es, sagte ich. Ich bin deine wahre Mutter durch (meine) Liebe und durch das

Gesetz.» Übersetzung B.S.). So spricht Buck zu ihrem (adoptierten) Kind (Tatara, 1985); sie hat sieben Kinder adoptiert.

Die Tatsache, dass ein Kind zur Adoption freigegeben wurde, die geheimen Informationen über die leiblichen Eltern und der unerlässliche Schutz der Adoptivfamilie tragen, nach Boszormenyi-Nagy [1981], oft starke Züge der Verleugnung. Eben diese Verleugnung macht es dem adoptierten Kind unmöglich, Loyalitätskonflikte mit seinen (leiblichen sowie Adoptiv-)Eltern zu lösen. Bevorzugt es die einen Eltern, ist es den anderen gegenüber illoyal. Die ursprüngliche Loyalität zu den leiblichen Eltern bleibt bestehen. Adoptivkinder fühlen sich verpflichtet, die Gründe, warum sie von ihren leiblichen Eltern zur Adoption freigegeben wurden, zu verstehen. Das Adoptivkind kann sich nicht vorstellen, dass seine leiblichen Eltern aus unedlen Motiven gehandelt hätten; es besteht zu ihnen eine tiefe Hingabe, auch wenn diese konfliktbeladen ist. In seinen Fantasien um das Geheimnis von Schwangerschaft, Geburt und weitere Beiträge seiner leiblichen Eltern glaubt das Kind, dass sich die Adoptiveltern, ohne es zu verdienen, exklusive Rechte und Verdienste angeeignet hätten. Das adoptierte Kind neigt häufig dazu, um seine leiblichen Eltern einen besonderen Mythos zu entfalten. Es stellt sich z. B. vor, seine Eltern seien gezwungen worden, es abzugeben, und es ist fähig, eine starke imaginär-geheimnisvolle Bindung aufzubauen, ohne ihnen jemals begegnet zu sein. Während seines ganzen Lebens muss das adoptierte Kind versuchen, ein Gleichgewicht zu finden zwischen dem Mythos um seine leiblichen Eltern und der Wirklichkeit, die von ihm verlangt, seinen Adoptiveltern gegenüber die entsprechenden Verpflichtungen zu erfüllen. Die Adoptiveltern ihrerseits befinden sich in dem Zwiespalt zwischen den Rechten und Pflichten ihrer «Elternschaft» und der Tatsache, dass sie zu dieser Elternschaft biologisch nichts beigetragen haben, und müssen diesem gerecht werden.

Beispiele

Ein aus Indien stammendes, neunjähriges Mädchen sagt, es versuche seine leibliche Mutter und seine Adoptiveltern gleich lieb zu haben, da es niemandem Unrecht antun möchte, was jedoch schwierig sei. Seine Wut über die Freigabe zur Adoption findet in seinem sich wiederholenden Albtraum, die leibliche Mutter komme ins Gefängnis, Ausdruck.

Ein siebenjähriges Mädchen, dessen Ursprungsland in Südamerika liegt, erzählt, seine leibliche Mutter sei so arm, dass sie sich aus Abfallsäcken ernähren müsse; es möchte ihr Essen und Spielsachen bringen.

Ein elfjähriger, in Afrika geborener Junge erzählt sein Geburtsphantasma: Ein Vogelkind habe seinen Vater verloren, während es vom Muttervogel ausgebrütet wurde. Der Vatervogel sei von dessen Bruder getötet worden. Dieser wolle den neugeborenen Vogel als Komplizen mit sich nehmen, um Schwarzstörche zu rauben. Weißstörche – erklärt der Junge – bringen Kinder auf die Welt, während Schwarzstörche Kinder verfluchen. Die Vogelmutter verteidige ihr Junges und räche den Vater, indem sie den Onkel töte.

Es handelt sich um ein Narrativ, das als der Versuch des Jungen verstanden werden kann, einen Sinnzusammenhang für das, was mit ihm geschehen ist, zu finden. Sein Phantasma enthält den Wunsch, seine Mutter möge ihn vor einer Trennung durch einen stehlenden Dritten schützen. Das Narrativ macht deutlich, dass der Junge Schuldgefühlen aufgrund unbewusster vatermörderischer Phantasmen aus dem Wege geht. Er scheint seine Elternrepräsentanzen zu spalten in gute, lebensspendende (die Weißstörche) und in schlechte Räuber, die Kinder verfluchen (Schwarzstörche). Sind seine leiblichen Eltern die lebensspendenden und seine Adoptiveltern die Räuber, die ihn gestohlen haben?

Das Adoptivkind nimmt die Verantwortung und die Schuld seines Verlassen- und Verstoßen-worden-Seins auf sich, um so die «guten, unschuldigen» leiblichen Eltern in seinem Innern bewahren zu können – Vorstellungsbilder, die es offenbar dringend für sein psychisches Überleben braucht. Fantasien wie z. B. jene, das Kind habe sich verlaufen und sei von den leiblichen Eltern nicht mehr gefunden worden, oder gar, es sei von den Adoptiveltern gestohlen worden, sind sehr häufig. Adoptivkinder sagen oft, es sei unmöglich, dass eine Mutter ihr Kind fortgebe. Andere stellen sich als Gründe dafür, dass sich ihre Mutter nicht um sie habe kümmern wollen, vor, hässliche, böse, schmutzige Säuglinge gewesen zu sein. Das Phantasma ein «Kotkind», d. h. wertlos zu sein, kommt auf verschiedene Arten zum Ausdruck. Ein Junge meinte, ihn könne man die Toilette hinunterspülen, er sei ja nur Kot. Ein fünfjähriges Mädchen agierte ihre diesbezügliche Fantasie aus, indem sie nicht nur irgendwo zu Hause, sondern auch auf Spielplätzen ihren Stuhl hinterließ. Es handelt sich um Regressionen auf eine kleinkindliche (anale) Entwicklungsstufe.

Beispiel

Ein 13-jähriger, aus Afrika stammender Junge sagte: «Ich finde mich immer dumm und blöd, deshalb wurde ich hinausgeworfen.» Es wird deutlich, dass dieser nachweislich intelligente Jugendliche sich mit dem Phantasma trägt, von seinen leiblichen Eltern aufgrund intellektueller Defizite – seiner «Dumm- und Blödheit» – verstoßen worden zu sein. Er scheint an dieser Erklärung festzuhalten und diese gar beweisen zu wollen, indem er sich Zuhause und in der Schule «dumm und blöd» verhält.

Wenn Adoptivkinder fantasieren, verlorene Kinder zu sein, tragen die leiblichen Eltern keine Verantwortung für die Freigabe zur Adoption und können als unschuldige Elternfiguren idealisiert werden. Wenn Adoptivkinder fantasieren, von ihren Adoptiveltern gestohlen worden zu sein, kann das Kind sie anschuldigen und seine Wut auf sie rechtfertigen. Das Phantasma, ein gestohlenes Kind zu sein, dient der Wiederherstellung einer Selbstrepräsentanz, die aussagt, wertvoll und erwünscht zu sein.

Beispiele

Adoptiveltern berichten, dass ihr zehnjähriger Sohn sich mit dem Film «Batman» beschäftige, von dem er gesagt habe, «das ist wie meine Geschichte». Er identifiziert sich mit dem Bösewicht des Films, einem Pinguin, der als Monster geboren (Nase und Finger sind deformiert), von seinen Eltern eingeschlossen und schließlich in Abwasserkanäle geworfen worden sei. Eine Pinguinfamilie adoptiere den Monsterpinguin, der in der Folge zum König der Pinguine auserkoren werde. Er wolle sich rächen, d. h. seine leiblichen Pinguineltern, von denen er in die Abwasserkanäle geworfen wurde, töten; diese seien jedoch bereits tot. So möchte er die Stadt, in der sie gelebt haben, explodieren lassen, werde aber von der Polizei eingeholt und erneut in die Kanalisation geworfen. Dieser Junge gibt seinen Gefühlen von Hoffnungslosigkeit Ausdruck: trotz seiner – dank der Adoption erlangten – Königsposition, gelingt es ihm nicht, seinem ursprünglichem Schicksal zu entrinnen.

Ein zehnjähriges, aus Südamerika adoptiertes Mädchen ist völlig fasziniert von der Löwenkönig-Geschichte, dem Film von Walt Disney, den es mehrmals gesehen habe. Sie erzählt, wie der verlorene Löwenprinz Simba, dessen Königsvater vom Bruder des Vaters umgebracht worden sei, sich als erwachsener Löwe räche, den Thron seines Vaters einnehme und die Löwin Nala heirate. Das Mädchen möchte sowohl Simba wie auch Nala sein.

Die Adoptiveltern sind sehr beunruhigt im Hinblick auf die sexuelle Identität ihres achtjährigen Sohnes: Josua wolle ein Mädchen sein, kleide sich wie ein Mädchen und spiele ausschließlich mit Puppen. Josua zeichnet eine Biene mit einem Stachel, mit dem sie alle andern Bienen töte, da sie die einzige und stärkste sein wolle (Abb. 7). Sie nehme den Honig aller getöteten Bienen, um ihre Kinder zu ernähren. Josua möchte sowohl ein Junge wie auch ein Mädchen sein, wie die Biene. Ausgestattet mit einem Phallus (Stachel) fantasiert sich Josua als Mann, der alle seine Rivalen vernichtet, und gleichzeitig als Frau und Mutter, die ihre Kinder nährt.

Beiden Geschlechtern gemeinsam sind die unbewussten oder vorbewussten Fantasien der Bisexualität. Freud hat den Begriff der unbewussten Bisexualität bereits 1898 geprägt (Brief an Fliess Nr. 81 vom 04.01.1898) und sich während seines ganzen Lebens in den verschiedensten Werken damit auseinandergesetzt. «Der Ödipuskomplex bot dem Kinde zwei Möglichkeiten der Befriedigung, eine aktive und eine passive. Es konnte sich in männlicher Weise anstelle des Vaters setzen und wie er mit der Mutter verkehren, wobei der Vater bald als Hindernis empfunden wurde, oder es wollte die Mutter ersetzen und sich vom Vater lieben lassen, wobei die Mutter über-

Abb. 7. Josua, 8 Jahre: Die Biene tötet mit ihrem Stachel alle anderen Bienen, denn sie möchte die einzige und stärkste sein.

flüssig wurde» [Freud, 1940, S. 398]. «Wir sehen im Grunde nur, dass bei männlichen und weiblichen Individuen sowohl männliche wie weibliche Triebregungen vorkommen und ebenso durch Verdrängung unbewusst werden können» [Freud, 1917–1920, S. 224]. «Unser aller Libido schwankt normalerweise lebenslang zwischen dem männlichen und dem weiblichen Objekt» [Freud, 1917–1920, S. 285].

Sehr häufig thematisieren Adoptivkinder beider Geschlechter, dass der Grund für ihre Weggabe durch die leibliche Mutter in der Tatsache liege, dass sie ein Junge bzw. ein Mädchen seien, d. h. der Fehler liege in ihrem Geschlecht.

Beispiel

Ein fünfjähriges, mit 13 Monaten adoptiertes Mädchen glaubt, dass alle Kinder als Jungen geboren würden. Nimmt die Mutter ihr Kind sofort zu sich, bleibe es ein Junge; wenn die Mutter dies unterlasse, durchbohre der Arzt den Penis des Jungen und schaffe eine Vagina [Blos, 2000]. «Ich und meine (ebenfalls adoptierte) Schwester wurden im Krankenhaus zurückgelassen, deswegen sind wir Mädchen.» Verlassen-worden-Sein ist gleichbedeutend mit Kastriertsein. Nicht erwünscht zu sein erscheint in der Selbstrepräsentanz als Kastriertsein, analog zu den leiblichen Eltern, die als ein verlorener Teil des eigenen Selbst erlebt werden und analog zu den infertilen Adoptiveltern.

Loyalitätskonflikte entstehen also aus dem Problem der doppelten Elternschaft. Adoptierte entwickeln besondere Loyalitätsbindungen mit ihren unbekannten leiblichen Eltern, die mit denen zu den Adoptiveltern in Konkurrenz stehen können. Das Interesse an ihrer Abstammung und die Klärung der eigenen Filiationszugehörigkeit dienen der Identitätsbestimmung und -klärung.

Beim Mahle rief ein schwer bezechter Mann,
ich sei nicht meines Vaters echter Sohn.
An jenem Tag verbarg ich kaum die Wut,
jedoch am nächsten sucht ich Rechenschaft
bei meinen Eltern, welche, hoch empört,
dem Mann verwiesen seinen üblen Schimpf.
Ich war beglückt. Doch innen saß der Wurm
Und fraß an meinem Herzen tag und nacht.
So brach ich heimlich von den Eltern auf nach Delphi.

Sophokles

Enthüllung der Adoption

Eine der Hauptaufgaben der Adoptiveltern besteht darin, das Adoptivkind über seine Herkunft und seine Adoption zu informieren. Der Zeitpunkt der Aufklärung wurde in der Literatur viel und kontrovers diskutiert. Soll die Aufklärung vor oder nach der ödipalen Entwicklungsphase des Kindes stattfinden? Eine zu frühe Information könnte für das Kind eine Retraumatisierung darstellen und seiner psychosexuellen Entwicklung schaden. Die Information über die Adoption zu einer Zeit, in der das Kind den Unterschied zwischen Fantasie und Realität noch nicht klar getrennt wahrnimmt, kann zu Ängsten führen, wiederum verlassen zu werden. Bei zu später Information bestehe die Gefahr, dass das Kind die Information von einer anderen Person als den Eltern erhalte. Das Geheimnis könnte das Selbstbild des Kindes beeinträchtigen und seine Identitätsentwicklung erschweren [Anthony et al., 1989]. Ebenso kann das Geheimnis der Adoption für die Eltern und das Kind mit einer Belastung und gegebenenfalls mit Kommunikationsproblemen verbunden sein. Wahrscheinlich gibt es keinen «richtigen» Zeitpunkt, aber wohl viele falsche Momente, wie z. B. wenn die Adoptiveltern noch nicht bereit sind, ihr Kind aufzuklären, die Information über die Adoption in aggressiver, feindseliger Atmosphäre erfolgt oder in einer Krisensituation (z. B. bei Trennung oder Scheidung der Adoptiveltern) stattfindet.

Beispiel

Silvia wurde im Alter von einem Monat von ihrer zukünftige Adoptivfamilie aufgenommen. Die Adoptiveltern haben ihre Tochter im Alter von vier Jahren über ihre Adoption informiert. Silvia wird wegen eines depressiven Zustandes und einer ausgeprägten Lernstörung im Alter von zehn Jahren zur Abklärung gebracht.

Im Einzelgespräch zeichnet Silvia eine Katze und sagt, es handle sich um ein vierjähriges Weibchen, das traurig sei, da es keine Mama mehr habe (Abb. 8). Die Katze wisse nicht, wie sie ihre Mama verloren habe. Die Katze ist auf der Zeichnung mit einem fröhlichen Gesicht dargestellt. Silvia wehrt ihre Trauer über den Verlust ihrer leiblichen Mutter ab; diese manifestiert sich jedoch in ihren depressiven Symptomen. Die Frage stellt sich, inwiefern ihre Lernschwierigkeiten mit ihrem Unwissen über ihre Herkunft in Zusammenhang stehen.

Abb. 8. Silvia, 10 Jahre: Ein vierjähriges Katzenweibchen, das traurig ist, weil es keine Mama mehr hat.

Soll die Information erfolgen, bevor das Kind Fragen stellt oder erst und nur dann, wenn es Fragen stellt [Macintyre, 1990]? Ein Kind, das keine Fragen stelle, könnte entwicklungsmäßig noch nicht bereit sei, sich mit der Adoptionsinformation auseinanderzusetzen. Eine zu frühe Information könnte überwältigende Trennungsängste oder regressives Verhalten auslösen, das Grundvertrauen des Kindes verletzen, zu phantasmatischen Verzerrungen oder sogar zu einer Traumatisierung führen. Wenn das Kind die dafür notwendige altersgemäße Entwicklung erreicht habe, werde es diesbezügliche Fragen von sich aus stellen. Der hauptsächliche Grund, das Kind behutsam aufzuklären, auch wenn es keine Fragen stellt, besteht darin, dass die Information durch die Adoptiveltern erfolgen soll und nicht durch andere Personen, da letzteres vom Kind als Vertrauensbruch erlebt werden kann. Ein Kind, dessen Adoptiveltern es nicht informiert haben, kann mit Gefühlen von Verrat, Misstrauen, Empörung und sogar Verzweiflung auf die Eröffnung durch Dritte reagieren.

Kenntnis und Bedeutung der Adoptionsfiliation

Eine Studie bei 100 Adoptivkindern, die in den ersten zweieinhalb Lebensjahren adoptiert wurden, und einer Vergleichsgruppe von 100 leiblichen Kindern [Brodzinsky et al., 1986] verschiedener Altersgruppen (4–5, 6–7, 8–9, 10–11, 12–13 Jahren) stellte fest, dass Adoptivkinder erst im Alter von durchschnittlich sieben Jahren und zwei Monaten eindeutig zwischen Adoption und Geburt unterscheiden konnten. Mit einem Durchschnittsalter von acht Jahren und acht Monaten waren sich die Adoptivkinder der Dauerhaftigkeit der Eltern-Kind-Beziehung nicht sicher. Sie glaubten, dass die leiblichen Eltern sie zurückholen oder die Adoptiveltern sie fortgeben könnten. Erst mit zehn Jahren und vier Monaten waren sich die Kinder der Dauerhaftigkeit der Beziehung zwischen Adoptiveltern und -kindern sicher. Sie beriefen sich dabei auf Autoritätspersonen wie Richter, Ärzte oder Rechtsanwälte. Adoptivkinder wussten mit durchschnittlich zwölf Jahren und fünf Monaten, dass mit der Adoption eine – auf Gesetzesgrundlage verankerte – Übertragung elterlicher Rechte und Pflichten von den leiblichen Eltern auf die Adoptiveltern verbunden ist. Erst mit einem Durchschnittsalter von elf Jahren und elf Monaten verstanden die Adoptivkinder, dass die Vermittlungsstelle die Aufgabe hat, das Wohl des zur Adoption freigegebenen Kindes sicherzustellen und deswegen die zukünftigen Adoptiveltern zu überprüfen. Dasselbe Ergebnis fand sich bei der

Vergleichsgruppe: Auch bei leiblichen Kindern entwickelte sich das Verständnis der Adoption in einem langandauernden Prozess. Die 200 untersuchten Kinder erreichten zu unterschiedlichen Zeitpunkten ein besseres Verständnis. Es bestanden keine signifikanten Verständnisunterschiede zwischen den beiden Gruppen.

Aufgrund dieser Ergebnisse ist es leicht zu verstehen, warum Acht- bis Neunjährige sich in ihrer Adoptivfamilie unsicher fühlen können und Fragen über ihre Herkunftsfamilie stellen. Vor dem Alter von 13 bis 14 Jahren ist die Tatsache der doppelten Elternschaft schwer zu verarbeiten.

Mädchen haben ein besseres Verständnis der Adoption als Jungen [Newman et al., 1993]. Dafür verantwortlich mag die unterschiedliche Art und Weise der Sozialisation von Mädchen und Jungen sein, wie dies bereits in anderen Studien über Familienkonzepte gezeigt wurde. Die Adoption stellt für Mädchen ein wichtigeres Thema dar, da sie sich intensiver als Jungen mit dem Thema Elternschaft bzw. Mutterschaft auseinandersetzen. Eine Literaturübersicht über Geschlechtsunterschiede von Adoptierten zeigt, dass sowohl leibliche wie Adoptivväter eine Randstellung einnehmen und Adoptivmütter und -töchter sich stärker engagieren in der emotionalen Auseinandersetzung mit der Adoptionssituation als Adoptivsöhne [Freeark et al., 2005]. Dies mag Folge des größeren Bedürfnisses nach emotionalem Ausdruck und sozialer Unterstützung von Frauen und Töchtern sein und auch durch soziokulturelle Faktoren beeinflusst werden.

Bei der Aufklärung des Kindes über seine Adoption handelt es sich um einen über Jahre dauernden Prozess, der die Entwicklungsgeschichte des Kindes prägt [Brodzinsky et al., 1984]. Die Fragen, die das Kind über seine spezielle Filiation stellen wird, sind je nach Alter verschieden. Das Kleinkind beschäftigt sich mit den Fragen von Zeugung und Geburt und will wissen, warum seine Adoptivmutter es nicht in ihrem Bauch getragen und geboren hat. Die Information muss kontinuierlich, dem Alter und der Verständnisfähigkeit des Kindes angepasst, erfolgen und darauf ausgerichtet sein, seinem Selbstwertgefühl nicht zu schaden. Auch wenn das Kind weiß, dass es adoptiert ist, wird ihm die Bedeutung seines spezifischen Status erst während der Latenzjahre klar. Die Informationen über Herkunft und Adoption sind mit Fragen des Kindes über die Gründe seiner Freigabe zur Adoption und nach eigener Schuld und Verantwortung verbunden. Es handelt sich bei dieser Informationsvermittlung somit um einen über Jahre erfolgenden Prozess, dessen Bedeutung gemeinsam getragen werden muss und der von den Adoptiveltern viel Einfühlungsvermögen und emotionale Unterstützung gegenüber ihrem Adoptivkind verlangt. Durch das gemeinsame Durcharbeiten von Verlusten nähern sich Eltern und Kinder der Spezifität ihrer gemeinsamen Familienbindungen an [Anthony et al., 1989].

Die Tatsache, dass Kinder z. T. keine Fragen hinsichtlich ihrer Herkunft stellen, hat wohl unterschiedliche Gründe und führt oft dazu, dass ihr Umfeld annimmt, das Kind interessiere sich nicht für seinen Ursprung und seine leiblichen Eltern. Das Kind wünscht einerseits seine eigene Vergangenheit vergessen zu können; es spürt andererseits aber auch die Angst seiner Adoptiveltern, zugunsten der leiblichen Eltern entwertet oder in ihrer elterlichen Kompetenz infrage gestellt zu werden. Zudem befinden sich infertile Eltern oft in einer konflikthaften Situation, was die Übermittlung von sexuellen Informationen an ihre Kinder betrifft, da es ihnen schwerfällt, dem Kind den Unterschied von sexueller Aktivität und Zeugungsfähigkeit zu erklären. Die unbewusste Verbindung von Sexualität und Fortpflanzung kann zu einer Verunsicherung des Gefühls eigener sexueller Kompetenz führen. Ihr Unvermögen zu Zeugung, Schwangerschaft und Geburt erscheint unfruchtbaren Eltern oft als ein sexuelles Versagen [Baethge, 1993]. Im Weiteren kann das Adoptivkind in der unbewussten Fantasie der Adoptiveltern, vor allem der Adoptivmutter, die Überschreitung eines von Natur oder Gott gegebenen Verbotes, ein Kind zu zeugen, verkörpern.

Es ist für Adoptiveltern oft leichter zu schweigen oder die leiblichen Eltern als tot darzustellen. Dies entspricht manchmal auch den Aussagen von Adoptivkindern, es wäre für sie leichter zu wissen, die leiblichen Eltern seien gestorben. Befürchtungen, das adoptierte Kind werde seine leiblichen Eltern mehr lieben, bevorzugen oder die Adoptiveltern eines Tages verlassen, fallen damit weg.

Beispiel

Eine für debil gehaltene, in eine Behinderten-Schulklasse integrierte Jugendliche sagt im Gespräch: «Meine Mutter behauptet, meine leibliche Mutter sei tot. Ich weiß aber, dass das nicht stimmt. Ich weiß, dass sie lebt.» Die Adoptivmutter hatte es der Einfachheit halber vorgezogen, die leibliche Mutter für tot zu erklären.

Noch immer kommt es vor, dass Adoptiveltern dem Adoptivkind seinen Filiationsstatus in einem Moment von Verzweiflung offenbaren: «Mach doch, was du willst. Du bist ja sowieso nicht unser Kind!» Die Enthüllung der Filiation in einer solchen Form kann für Kinder oder Jugendliche traumatisch wirken: Es ist, wie wenn sie Zugehörigkeit und Identität plötzlich verlören; unerträgliche Gefühle des Abgelehnt- oder Ausgesetztwerdens wie auch der Einsamkeit paaren sich dann mit Gefühlen des Betrogen- und Belogen-worden-Seins.

Die Enthüllung ist für Adoptiveltern auch deshalb heikel, weil sie das Gefühl haben, sich in einer Art Doppelbindung zu befinden, die zum Inhalt hat, einerseits alles zu tun, damit das Kind ihnen zugehört, ihm andererseits mitteilen zu müssen, dass es nicht ihr eigenes Kind, nicht von ihrem Blut ist.

Familienroman

Die Adoption bewirkt eine besonders intensive Umgestaltung der allen Menschen gemeinsamen Fantasie des «Familienromans», d. h. einer inneren szenischen Vorstellung über die eigene Herkunft [Brinich, 1995; Freud, 1906–1909; Soulé, 1984]. Den Familienroman finden wir in Mythologien, in Legenden und Märchen und in Romanen [Robert, 1972].

«Ich schämte mich ein wenig, abends bevor ich einschlief, mich zu freuen, die andere (= die leibliche Mutter) wieder lebendig zu machen, tot in meinem Geheimnis, unter den immer graziösen Zügen einer Schauspielerin, eines Stars, einer Tänzerin oder einer Prinzessin, immer von englischer Abstammung» [Brunet, 1989, S. 105; Adoptivtochter und Autorin des Buches «L' amour adopté»; Übersetzung B.S.].

Der Familienroman entwickelt sich nach Freud [1906–1909] in verschiedenen Phasen. Nachdem das Kind Wert und Autorität seiner Eltern zuerst überschätzt hat, nimmt es eine kritischere Haltung ein, motiviert durch die sexuelle Rivalität mit dem gleichgeschlechtlichen Elternteil und dem Gefühl, vom Elternpaar ausgeschlossen zu sein. Dies wird noch verstärkt durch die Geschwisterrivalität. Diese Spannung versucht das Kind durch Phantasmen zu lösen, Phantasmen wie z. B. von anderen Eltern abzustammen oder ein gefundenes oder gestohlenes Kind zu sein.

Das Kind der Präpubertät oder der beginnenden Adoleszenz erträumt sich in seinen Fantasien Eltern eines höheren sozialen Ranges, weniger triebhafte, allmächtigere, ideale Eltern. Es kann so seine eigenen, gering geschätzten Eltern ersetzen, von ihnen Distanz gewinnen und Konflikte zu vermeiden versuchen.

Während das Kind in der ersten Phase die Eltern nicht getrennt wahrnimmt, trennt es sie in der zweiten Phase und verleugnet die Urszene. Es schafft so omnipotente, nicht kastrierbare Elternfiguren. Durch die narzisstische Überbesetzung dieser mythischen, fantasierten Elternfiguren kann sich das Kind wieder geliebt und allmächtig fühlen. Diese narzisstische Gratifikation funktioniert wie eine Abwehr gegenüber Triebspannungen.

In der zweiten Phase des Familienromans führt das Bewusstsein der differenzierten sexuellen Funktionen der Eltern dazu, dass die Mutter als Erzeugerin nicht mehr infrage gestellt wird, während der Vater weiterhin als unbekannt und idealisiert fantasiert wird (mater certissima, sed pater semper incertus est). Doch der Mutter kann man sich nur nähern um den Preis ihrer Erniedrigung, sie wird heimlich der Untreue angeschuldigt oder wird als Verführerin wahrgenommen; ihr werden geheime Liebschaften zugeschrieben, weswegen sich die meist unbewusste Fantasie eines illegitimen, d. h. eines Bastardkindes entwickeln kann.

Die erste Phase des Freud'schen Familienromans entspricht einem Findelkind, das – gefangen in der präödipalen Welt – sich nur dank der Allmacht seiner Fantasien befreien kann. Die zweite Phase entspricht einem Bastardkind, das sich wegen seiner Illegitimität einzigartige Rechte anmaßt, die reale Welt anzugreifen, als wäre sie gesetzlos, auf der Suche nach dem idealisierten Vater, getragen von der Ambition, ihn zu ersetzen oder zu übertreffen.

Freud [1906–1909] schließt seine Erläuterungen zum Familienroman, indem er darauf hinweist, dass das Kind in seinen Fantasien seine ersten Zärtlichkeitsgefühle für seine Eltern aufrechterhält und seiner Sehnsucht nach der Zeit der Kindheit, in der seine Eltern perfekte Modelle darstellten, Ausdruck gibt.

Der Familienroman aus der Sicht des Kindes

Märchen und Legenden erzählen uns von Kindern, die von ihren Eltern ausgesetzt und ihrem Schicksal überlassen werden (z. B. Hänsel und Gretel) oder unglücklich bei ihren Stiefeltern leben. Tintin, eine Figur aus französischen Comics, ein ewiger Jugendlicher, hatte nie reale Eltern und lebt einzig und allein mit Familienromanfiguren.

Nach A. Freud [1973] besitzen die meisten Kinder im Alter von sechs bis zehn Jahren einen geheimen Tagtraum (Familienroman), der von ihrer Abstammung von königlichen oder vornehmen Eltern handelt, die sie ihren realen Eltern (die niedrigerer Abstammung sind) anvertraut haben. Diese Fantasien sind Versuche, sich mit einer ganzen Reihe von konfliktbeladenen Emotionen auseinanderzusetzen.

Der Familienroman erlaubt, die ödipale Situation zu entdramatisieren. Der Junge kann z. B. seine Mutter heiß lieben, ohne mit dem Inzestverbot in Konflikt zu geraten, und Aggressivität gegenüber seinem Vater empfinden, ohne sich schuldig zu fühlen. Im Familienroman lassen sich verschiedenste Konflikte, vor allem auch der Ödipuskonflikt, für eine gewisse Zeit überbrückungsartig «lösen». Er dient z. B. sowohl der Kompensation narzisstischer Kränkungen als auch der Abwehr von Inzestwünschen. Für gewisse Adoptivkinder scheint aber die Ausgestaltung eines Familienromans in ihrer Imagination ausgeschlossen, so, als ob die reale Existenz der leiblichen Eltern den inneren Fantasieprozess unmöglich machen würde. Adoptierte Kinder geraten nach Anna Freud meist in der Latenzperiode in Schwierigkeiten, «also zur Zeit, wenn alle Kinder die unvermeidliche Enttäuschung an den Eltern erleben und der Familienroman, d. h. die Fantasie, nicht das Kind der eigenen Eltern zu sein, durch die Wirklichkeit der Adoption zum schmerzlichen Erlebnis gesteigert wird» [A. Freud, 1968, S. 71]. Für ein Kind ist geliebt und gleichzeitig weggegeben zu werden unvereinbar [Rosenberg und Horner, 1991].

Das Adoptivkind kann im Familienroman seine leiblichen Eltern als omnipotent idealisieren und so die inneren Vorstellungsbilder der Eltern in gute (z. B. die leiblichen) und schlechte (z. B. die Adoptiveltern) Repräsentanzen spalten [Priel et al., 2000]. Persistiert eine Spaltung der Elternrepräsentanzen in der Innenwelt des Kindes, so kann es zur unbewussten Identifikation mit nur einem Teil kommen. Adoptierte Kinder identifizieren sich z. B: mit den fantasierten schlechten oder idealisierten Eigenschaften der leiblichen Eltern und verhalten sich entsprechend. Auf diese Weise versuchen sie, die Beziehungsaufgabe bei doppelter Elternschaft (leibliche und Adoptiveltern) zu bewältigen und dabei eine meist unbewusste Loyalitätsbindung zu den leiblichen Eltern aufrechtzuerhalten.

In einer typischen Familienromansituation von nicht adoptierten Kindern werden die leiblichen Eltern verschmäht, während die sich erwünschten (Adoptiv-)Eltern idealisiert werden. Das Adoptivkind hingegen verschmäht nach Blum [1983] sowohl die Adoptiveltern als auch die (unbekannten) leiblichen Eltern. Adoptivkinder können aber auch ausgedehnte und sich wandelnde Familienromanphantasmen entwickeln, die dazu dienen, den Aufbau einer Selbstrepräsentanz zu ermöglichen, und die bis weit in die Adoleszenz oder sogar bis ins Erwachsenenalter aufrechterhalten werden und immer auch Züge einer möglichen Realität tragen. «Man könnte sagen, dass die Länge der Familienromanzeit proportional zum Ausmaß der erlebten Verstoßung sei» [Bürgin, 1992a, S. 591].

Der Familienroman aus der Sicht der Adoptiveltern

Für gewisse Adoptiveltern scheint die Adoption eine Möglichkeit darzustellen, ihren eigenen fantasierten Familienroman in der aktuellen Realität mit dem Adoptivkind zu verwirklichen. Es scheint, dass das Adoptionsprojekt die Familienromanfantasien der zukünftigen Adoptiveltern wiedererweckt. Dies wird durch die Existenz der leiblichen Eltern des zukünftigen Kindes begünstigt. Adoptiveltern identifizieren sich mit den von ihnen als Kind fantasierten allmächtigen Idealeltern, während die leiblichen Eltern des Kindes die von ihnen als Kind gering geschätzten Eltern darstellen. Auch das Kind betreffende Fantasien der Adoptiveltern sind das Produkt ihres eigenen Familienromans [Steck, 1998b].

Der Familienroman der Adoptiveltern trifft auf den Familienroman des Kindes. Die intrapsychische Dynamik des Familienromans verbindet sich mit der interpersonellen Familiendynamik. Die Adoption kann Trägerin geheimer Verknüpfungen der Fantasiewelten von Adoptiveltern und Adoptivkind werden.

Der Adoptionsprozess kann entsprechend den von Freud beschriebenen Phasen des Familienromans verstanden werden:

Das Findelkind der ersten Phase wird durch die Adoption zum Königskind. Aufgrund des Familienromans können wir die Hypothese aufstellen, dass Adoptiveltern sich in ihren unbewussten Fantasien als Kinder noblerer Eltern, z. B. als Königskinder fantasierten. Diese Fantasien werden auf das Adoptivkind projiziert – Königskind oder Idealkind –, ihm wird gehuldigt, als wären sie wiedergutmachende Eltern.

So berichtet eine Adoptivmutter, dass sie sich gegenüber der leiblichen Mutter sehr verpflichtet fühle und ihren Sohn als Königskind betrachte, das ihr erlaubt habe, Mutter zu werden.

Adoptiveltern stellen sich also an den Platz der von ihnen einst fantasierten, allmächtigen idealeren Eltern und distanzieren sich von den realen leiblichen Eltern; sie lehnen sie ab, da diese sich nicht um ihr Kind kümmern (es aussetzen, d. h. zur Adoption freigeben). Sie glauben an eine Wiedergutmachung am Adoptivkind, stellvertretend für ihr eigenes inneres Kind bzw. ihr eigenes Selbst.

In der Praxis handelt es sich um Adoptiveltern, die oft Mühe haben, ihrem Kind Grenzen zu setzen, es lustvoll in den Tag hineinleben lassen und es wenig mit der Realität konfrontieren. Das Adoptivkind seinerseits stellt sich den unbewussten Fantasien seiner Adoptiveltern zur Verfügung. Es passt sich an und lebt nach einer inneren Devise, die so lauten könnte: «Ihr habt mich ja gewollt, gewählt, also habe ich ein Anrecht auf alles.»

Adoptiveltern und Adoptivkind leben in einer Art gemeinsamem Familienroman, der mit der Ankunft des Kindes beginnt. Dieser Neubeginn ist wie eine Geburt. Die Adoptiveltern können nicht nur den Vornamen ändern, sondern auch den Ankunftstag des Kindes als Geburtsdatum auf dem Zivilstandesamt registrieren lassen und somit gar sein Alter umändern. Das Adoptivkind seinerseits bestätigt die Adoptiveltern in ihrem Familienroman, d. h. in der Position der Idealeltern. Sie stellen in diesem Moment für das Kind die Idealeltern seines eigenen Familienromans dar: König und Königin, die das ausgestoßene Findelkind retten und so zur Wiedergutmachung seiner narzisstischen Verletzung beitragen. Das Adoptivkind passt sich maximal an, wobei es sich hierbei um eine Überlebensstrategie handelt, die in massiven Angstgefühlen gründet, erneut verlassen und verstoßen zu werden.

So wird die Vergangenheit von Adoptiveltern und Adoptivkind annulliert. Von diesen «problemlosen» Adoptionen hören wir in der Klinik erst später, in der Präpubertät oder Adoleszenz, wenn der unbewusste Vertrag zwischen Idealkind und Idealeltern, d. h. der gemeinsame Familienroman des allmächtigen Findelkindes, wie ein Kartenhaus in sich zusammenbricht. Der Zusammenbruch ist ein Sturz in die Vergangenheit.

Das Primat eines Ideals, das von den Adoptiveltern und vom Adoptivkind geteilt wird, macht es schwierig, die natürliche Ambivalenz und die unvermeidbaren Anpassungsstörungen zu integrieren. Sie führen zu intensiven Schuldgefühlen. Dies erklärt die Macht des Wunsches nach Harmonie, aber auch die Verzweiflung und Bestürzung, die in Krisensituationen aufkommt. Der unbewusste, narzisstische Vertrag, welcher der Adoptionsbeziehung zugrunde liegt, erlaubt, die konflikthaften Anteile der Beziehung und die damit verbundenen Gefühle von Hass zu verleugnen. Sie werden abgespalten, kommen aber heimtückisch aus dem Hinterhalt durch Angriffe auf die Eltern-Kind-Bindungen und -Beziehungen, auf das Selbstbild sowie auf die Fähigkeit zu denken und zu handeln, zum Vorschein [Waber-Thevoz und Waber, 2000].

Beispiel

Für ein siebenjähriges, aus Indien adoptiertes Mädchen wird wegen Lernstörungen trotz guter Intelligenz, sozialen Integrationsschwierigkeiten, emotionalen Ausbrüchen und Verhaltensproblemen (Stehlen und Lügen) eine Psychotherapie verlangt. In den Stunden verbietet Rebecca der Therapeutin zu schreiben, zerstört ihre Spielinszenierung, übermalt eigene Zeichnungen.

Niemand darf jemals wissen, was sie bei der Therapeutin sagt oder tut. In sich wiederholenden Szeno-Inszenierungen setzt sie sich mit ihrer Adoptionssituation und den damit verbundenen Phantasmen und Gefühlen auseinander. Ihr Hass und ihre mörderische Wut kommen in der Übertragung zuerst vor allem gegenüber ihrer Adoptivmutter zum Ausdruck, die ihrem Empfinden nach verantwortlich ist für den Verlust ihrer leiblichen Eltern. Vor einer Therapieunterbrechung ist sie einmal mehr beschäftigt, alles (Zeichnung, Spiel) auszulöschen. Auf die Intervention der Therapeutin, sie wolle keine Spuren von sich hinterlassen, was ihrem Gefühl entspreche, keine Spuren von ihrer leiblichen Mutter zu kennen, antwortet sie mit «Nein, nein», hält sich die Ohren zu und rennt zum Telefon, will, dass ihre Adoptivmutter sie sofort abholen komme und beschimpft die Therapeutin, gemein, dumm, blöd und zu dick oder zu dünn zu sein. Sie will die Therapeutin nie mehr sehen und alles, was diese besitze, zerstören. Angesprochen auf ihre Verzweiflung und ihren Schmerz über den Verlust ihrer leiblichen Mutter und darüber, dass sie nicht wisse, wie ihre leibliche Mutter aussehe, sagt sie, sie wünschte sich so sehr, wenigstens ein Foto von ihr zu besitzen. Ihr Selbstbild ist das eines dummen, blöden, gemeinen Mädchens, ihr Körperbild – die einzige Verbindung zu ihrer leiblichen Mutter stellt ihr Körper dar – scheint sie in ihrem Empfinden nicht aufbauen zu können (zu dünn oder zu dick). Ihre Beschäftigung mit der leiblichen Mutter – in der Übertragung mit der Therapeutin – scheint sie als Angriff auf die Adoptivbindung zu erleben. Ihr Gefühl, nicht wissen zu dürfen, Spuren ihrer Vergangenheit nicht in ihr aktuelles psychisches Erleben einschreiben zu können, findet seinen Niederschlag in ihren Lernschwierigkeiten.

Werden Adoptiveltern in ihrer Rolle als Idealeltern von ihrem Kind nicht mehr bestätigt, so werden sie konfrontiert mit ihrem eigenen Familienroman, der plötzlich aus dem Unbewussten ins Bewusstsein auftaucht. Dieser Durchbruch von unbewussten Fantasien ins Bewusstsein kann auch bereits bei der Begegnung mit dem zukünftigen Adoptivkind stattfinden, d. h. im Moment, wo in ihrem Bewusstsein imaginäres und reales Kind miteinander konfrontiert werden.

Die Fantasie z. B. der allmächtigen, phallischen Mutterfigur wird in der Projektion zur sich rächenden, verfolgenden leiblichen Mutter, die ihr Kind zurückholt. In Kontrast dazu steht die Fantasie der leiblichen Mutter als zu arm oder zu krank, um sich um ihr Kind zu kümmern; diese dient der Adoptivmutter dazu, ihren Rivalitäts- oder Schuldgefühlen auszuweichen. Oder die der Untreue angeschuldigte, verführerische Mutter wird in der Projektion zur sich prostituierenden leiblichen Mutter, deren uneheliches und unerwünschtes Kind das gleiche Schicksal erwartet.

Beispiel

Der Diebstahl von Süßigkeiten durch das Adoptivkind führt bei den Adoptiveltern zum Zusammenbruch und zu einer massiven Ablehnung des Kindes. Im Familiengespräch sagen die Eltern, dass sie offensichtlich ihrem Kind nicht entsprechen würden, dass ihr Kind nie eine authentische Bindung mit ihnen etabliert habe und dass das Verhalten des Kindes nicht erstaunlich sei, wenn man das Leben seiner Mutter kenne. Alle ihre Anstrengungen und ihre Hingabe würden niemals die Erblast ihres Kindes ausgleichen können. Es sei nicht vorstellbar, was ihre Tochter in einigen Jahren tun werde, wenn sie das Alter, in dem die leibliche Mutter geschwängert worden sei, erreicht habe. Die Adoptiveltern glauben an eine unabdingbare Wiederholung des gleichen Schicksals von Mutter und Tochter.

In der zweiten Phase des Freud'schen Familienromans ist es den Adoptiveltern im Adoptionsprozess nicht mehr möglich, aus ihrer Position des «Findelkindes» ihren allmächtigen Wiedergutmachungstraum als ideale, geistige Eltern aufrechtzuerhalten. Im Moment der Präpubertät oder der Adoleszenz spiegelt das Adoptivkind diese Erwartung häufig nicht mehr wider und in den Adoptiveltern erwacht das revoltierende «Bastardkind», das auf das Adoptivkind projiziert wird. Dieses wird zum entrüsteten Verweigerer der Ordnung, das die Welt und die Gesellschaft angreift und versucht, ihnen seinen Willen aufzuzwingen. Auch hier sprechen Adoptiveltern von Heredität eines von «gesetzlosen» Eltern gezeugten Kindes, das sich den sozialen und gesetzlichen Normen widersetzt, z. B. bei Delinquenz, Toxikomanie, Promiskuität.

Familienroman und Adoptionsmotivationen

Die Motivationen von Adoptiveltern, ein Kind zu adoptieren, können ebenfalls unter dem Blickwinkel des Familienromans betrachtet werden. Die bewusste Motivation (eine der wichtigsten ist die Sterilität), ein Kind zu adoptieren, verdeckt die unbewussten Motivationen, die sich oft erst bei der Ankunft des Kindes enthüllen und durch die Anwesenheit des Kindes ans Licht kommen. Die Integration eines Adoptivkindes kann verdrängte, unbewusste psychische Konflikte aufbrechen lassen, manchmal in einem Schweregrad, der zur Dekompensation eines Elternteils oder zur Ablehnung des

Kindes und Ausstoßung aus der Familie führen kann. Nicht verarbeitete Verluste, massive Parentifikationen bei Adoptiveltern (die in ihrer eigenen Kindheit Rollen und Funktionen von Erwachsenen ihren eigenen Eltern oder Betreuungspersonen gegenüber einnehmen mussten und sich deswegen als ihrer Kindheit beraubt, als Kindheitswaisen fühlen) scheinen eine Aufrechterhaltung der Fantasie des Familienromans bis ins Erwachsenenalter zu begünstigen.

Die Raubfantasie entspricht dem Familienroman der Adoptivmutter, selbst ein gestohlenes Kind gewesen zu sein. Sie weist indirekt darauf hin, dass die Adoptivmutter sich mit ihrer eigenen Mutter identifiziert, welcher sie – in ihrem Erleben oder in ihren Phantasmen – zuschreibt, sie als Kind geraubt oder ihr ihre Kindheit geraubt zu haben, d. h. als Kindsdiebin oder Kindheitsdiebin, wie folgendes Beispiel illustriert.

Beispiel

Bei der Adoption eines zweiten Kindes trat die Adoptivmutter direkt im Ursprungsland in Kontakt mit der leiblichen Mutter des Kindes. Nach der Heimkehr in die Schweiz mit ihrem zukünftigen Adoptivkind bemächtigt sich ihrer die Fantasie, das Kind gestohlen zu haben. Diese Raubfantasien werden zu intensiven, andauernden Zwangsgedanken, die es der Mutter unmöglich machen, das Kind zu betreuen, sodass sie dessen Wegnahme verlangt.

Man kann vermuten, dass hinter dem Verlangen von ledigen Frauen, ein Kind zu adoptieren, die Verleugnung der Urszene, d. h. die Weigerung der phantasmatischen Wahrnehmung der elterlichen sexuellen Aktivität und damit die Aufrechterhaltung der Fantasie der allmächtigen Mutterfigur, steht. Oft handelt es sich dabei um religiöse Frauen, für die Gott die Vaterfigur beim Kind übernehmen wird (analog dem christlichen Glauben). Es handelt sich um den Ausschluss des Dritten in einer Zweierbeziehung, in der die ledige zukünftige Adoptivmutter in ihrer Allmachtsfantasie Vater- und Mutterrolle zu übernehmen gedenkt. Gleichzeitig verbergen sich wohl Inzestängste.

Beispiel

Ein Adoptivelternpaar einigt sich dahingehend, die verheimlichte internationale Adoption eines Kindes als leibliches, einem Ehebruch der Adoptivmutter entstammendes Kind zu deklarieren. Die Fantasie der von jedermann verführbaren Mutterfigur tritt hier zutage.

Andere Fantasien, die Teil der unbewussten Adoptionsmotivation sein können, gehen dahin, eine leibliche Elternschaft zu vermeiden. Es ist, als ob eine neue, eingerichtete Filiation vor einer genetischen oder Blutsfiliation schützen könnte. Eigenen Inzestwünschen, eigenen Kinds- und Vatermordphantasmen muss ausgewichen werden. Das klassische Beispiel einer Überschreitung eines von Natur oder Gott gegebenen Verbotes ist die Tragödie von Ödipus. Laios, sein Vater, überschreitet das von der Sphinx ausgesprochene Verbot der Zeugung. Ödipus, sein Kind, wird für das fehlerhafte Übertreten seines Vaters bestraft. Der transgenerationelle Fluch geht über auf Antigone, Ödipus' Tochter und Schwester, die durch ihren Tod auf eine weitere Zeugung verzichtet, d. h. die Generationslinie zu Ende kommen lässt.

Die unbewussten Fantasien enthüllen manchmal aber auch den Wunsch, die eigene Heredität oder die eigene schmerzliche Vergangenheit nicht auf ein leibliches Kind zu übertragen. Die Adoption soll zwar den Generationensprung von Sohn-Tochter auf Vater-Mutter ermöglichen, gleichzeitig aber die biologische Generationslinie unterbrechen. Multiple Ängste, wie z. B. einem leiblichen Kind kein kompetenterer Elternteil sein zu können als die eigenen Eltern, oder einem leiblichen Kind ebenfalls das Schicksal eines Findel- oder Bastardkindes aufzuladen, mögen dazu beitragen, eine eigene Fortpflanzung zu beeinträchtigen. Der Tatsache, dass Adoptiveltern ihre Eltern in der Realität nicht zu biologischen Großeltern werden lassen, mag unter anderem der unbewusste Wunsch zugrunde liegen, die Konfrontation von innerpsychischen Imagines mit fantasierten und realen Eltern zu vermeiden.

Eine geistige, legale Filiation wird sogar der Blutsverwandtschaft vorgezogen, wie das Beispiel eines Vaters zeigt, der am gleichen Tag auf sein leibliches Kind verzichtet und das Kind seiner zweiten Frau adoptiert.

Das Ereignis der Adoption birgt Unglück und Chance in sich. So erhoffen Adoptiveltern, mit dem Adoptivkind eine neue Lebensgeschichte zu erschaffen, die Erinnerungen an gemeinsam erlebte Erfahrungen erlaubt und so die Kontinuitätsbrüche der Vergangenheit sowohl der Adoptiveltern wie auch des Adoptivkindes wiedergutmachen wird. Die Adoption stellt eine Art Spiegelphänomen dieser unbewussten Hoffnung dar. Sie ist auf unbewusster Ebene verbunden mit dem Wunsch, die eigene, oft so schmerzhafte Geschichte zu verleugnen, zu verdrängen. Der Wunsch, durch die Adoption mit dem Adoptivkind eine neue Geschichte zu kreieren, die außerhalb der eigenen, belasteten Lebenserfahrung stattfinden soll, verwirklicht sich nicht. Eigene Verluste lassen sich nicht durch den «Gewinn» eines Kindes ersetzen, noch lassen sie sich überbrücken, indem man einem verlorenen Kind die

Eltern ersetzt. Das Adoptivkind (sehr oft ein traumatisiertes Kind) weckt und offenbart die erlebten, nicht verarbeiteten Traumata seiner Adoptiveltern.

Der Wunsch der eigenen Wiedergeburt von Adoptiveltern durch das Adoptivkind wird durch die Tatsache verstärkt, dass einesteils auch das Adoptivkind den Wunsch in sich trägt, wiedergeboren zu werden, um seine schmerzliche traumatische Geschichte vergessen zu können, andernteils durch die Tatsache, dass Adoptiveltern oft sehr wenig von den leiblichen Eltern des Kindes und seiner Geschichte wissen. Hinzu kommt, dass die Gesetzgebung diese Tendenz ebenfalls begünstigt.

Die klinische Erfahrung zeigt, dass im optimalen Fall Adoptiveltern in der Konfrontation mit dem Kind innerpsychische Konflikte verarbeiten. Sehr oft vollziehen sie Trauerprozesse um eigene Verluste. Adoptiveltern können in diesen Situationen von einer Chance sprechen. Gelingt es hingegen den Adoptiveltern nicht, das Aufflackern ihres Familienromans als Anlass zu einer innerpsychischen Verarbeitung zu nutzen, so projizieren sie ihre problematische Vergangenheit auf das Adoptivkind. Das vermeintliche Retterkind kann so zum Katastrophenkind werden. Zwischen diesen beiden beschriebenen Extremsituationen ist die Komplexität in der Adoption und die daraus folgende klinische Manifestation mannigfach.

Die Fantasie des Familienromans soll vermeiden, was Ödipus – unwissend – realisiert, nämlich das doppelte Verbrechen von Vatermord und Inzest und damit das Aufheben der Generationen. «Die leidvollste Gestalt der griechischen Bühne, der unglückselige Ödipus, ist von Sophokles als der edle Mensch verstanden worden, der zum Irrtum und zum Elend trotz seiner Weisheit bestimmt ist, der aber am Ende durch sein ungeheures Leiden eine magische segensreiche Kraft um sich ausübt, die noch über sein Verscheiden hinaus wirksam ist» [Nietzsche, 1895, S. 66].

Die intrapsychische Dynamik des Familienromans verknüpft sich mit der interpersonellen Familiendynamik. Das phantasmatische Leben eines Kindes wird geprägt durch die phantasmatische Interaktion mit der Fantasiewelt der Eltern, die schon vor der Geburt des Kindes vorhanden ist. Die Fantasien der Eltern in Bezug auf das Kind sind das Produkt ihres eigenen Familienromans. Jedes Elternpaar, jeder zukünftige Elternteil, wird mit der Frage nach seiner persönlichen Identität konfrontiert, Resultat der Integration des psychischen Prozesses von Identifikationen in Bezug auf die realen und die fantasierten Eltern.

In der Adoption kommen nicht nur die Familienromanfantasien der Adoptiveltern und des Adoptivkindes zur phantasmatischen Interaktion, sondern auch deren die leiblichen Eltern betreffenden Fantasiewelten. Für Adoptiveltern stellen die leiblichen Eltern des adoptierten Kindes eine Quelle von Vorstellungen, Fantasien und Ängsten dar [Soulé, 1984]. Leibliche Eltern können im unbewussten interaktiven Spiel der Adoptiveltern und des Adoptivkindes viel Platz einnehmen.

Diese Fantasien sind «ernst» zu nehmen, da sie unausgesprochen ein selten erahntes Gewicht haben, dies umso mehr, da sich die Fantasien auf in der Realität existierende Eltern beziehen, die aber immer abwesend und oft unbekannt sind. Die Ängste der Adoptiveltern zentrieren sich um Fragen wie: Werden wir oder die leiblichen Eltern die wahrhaftigen Eltern für unser Kind sein? Wird das Adoptivkind die Fantasien seines Familienromans mit den realen leiblichen Eltern als Idealeltern erleben? Dabei handelt es sich um die elterlichen Projektionen eigener Familienromanfantasien. Deshalb ist die Integration des Familienromans in die psychische Dynamik von Adoptiveltern von großer Bedeutung für Adoptivkinder.

Auf allen Wegen ist Heimkehr.

Rainer Maria Rilke

Identitätsentwicklung und -problematik

«Als Identität bezeichnet man die erlebte Einheit der Person. Sie umfasst und integriert die Vielfalt der Erfahrungen, die aus der individuellen Lebensgeschichte und aus den verschiedenen Rollen stammen, die in einer differenzierten Gesellschaft von jedem einzelnen auszufüllen sind. Feste Merkmale der Person – etwa körperliche wie Geschlecht, Alter, Größe und Attraktivität, aber auch andere, wie Bildungsgrad, Beruf, Geburt und Herkunft, können nicht beliebig ausgetauscht werden, sie sind Aufhänger der individuellen Einmaligkeit» [Parsons und Goffmann, in Huth, 1980, S. 61].

Das sich wiederholende Spiel eines achtjährigen adoptierten Mädchens zeigt deutlich, wie seine Identitätsentwicklung durch die Auseinandersetzung mit seiner Herkunft geprägt wird. Die Erlebnisse im Spiel betreffen immer zwei Mädchen, dem einen gibt Sarah den Namen, den ihre Adoptiveltern ihr gegeben haben, dem andern ihren ursprünglichen Namen.

Die Adoleszenz stellt eine besonders einschneidende Entwicklungsphase für Adoptivkinder dar. Die Besorgnisse und Ängste, ihre Ursprünge betreffend, intensivieren sich. Die Identitätskonflikte der jungen Adoptierten beinhalten die Neugier und das Interesse für ihre genealogische Geschichte, d. h. ihre Abstammung. Diese Identitätsdimension, die Erikson [1968, 1975] eine psychohistorische nannte, umschließt die existenziellen Interessen, die den Menschen durch den Lebenszyklus hindurch – von der Geburt bis zum Tod – an frühere und kommende Generationen binden, eine Kontinuität, die Adoptierten bei ihrer Identitätsentwicklung fehlt. Bei allen Schritten von Individuation und Trennung im Kindesalter und in der Adoleszenz wird das Kind an die Tatsache seiner Adoptionssituation und die damit verbundenen Beziehungsabbrüche erinnert [Hoksbergen et al., 1994]. Eine solche Identitätslücke, der Bruch in der Kontinuität der Generationen, schafft das Gefühl, die Zukunft beherberge erneut Unterbrechungen. Existenzielle Ängste und Befürchtungen sind akzentuiert: «Ich habe keine Wurzeln, deshalb habe ich kein Zentrum und keine Ausrichtung.» «Meine Vergangenheit ist durch eine Mauer abgeschnitten, die sich auch gegenüber meiner Zukunft aufrichtet.» «Ich bin identitätslos.» Solche Aussagen von jungen Adoptierten zeigen, wie sehr die Erfahrung des Filiationsbruchs den Entwicklungsprozess ihres Identitätssinnes zu komplizieren vermag. Einesteils fühlen sie sich in ihrem Selbstwertgefühl erschüttert, d. h. in ihrer affektiven Einstellung gegenüber sich selbst infrage gestellt, andernteils ist ihre affektive Distanzierung von ihren Adoptiveltern dadurch kompliziert, dass es sich bei diesem Prozess der Individuation und Trennung nicht nur um einen symbolischen Verlust handelt, wie dies für alle Adoleszenten der Fall ist, sondern diese Emanzipation auch an den realen Verlust in der Vergangenheit erinnert.

Jugendliche – in ihrer Identitätssuche und während ihres Individuationsprozesses – haben ein starkes Bedürfnis, «anders» zu sein, als ihre Umwelt oder ihre Adoptiveltern es von ihnen erwarten, wie sich dies auch in ihrem intensivierten Erleben ihrer äußeren Erscheinung zeigt. Die Identifizierung mit den leiblichen Eltern – die oft als dissozial oder promiskuös fantasiert werden – kann ein Ausagieren der Jugendlichen in Richtung solchen Verhaltens zur Folge haben, umso mehr da die Adoptionssituation für viele Adoptierte mit einem Gefühl verbunden ist, sie seien Opfer von handelnden Erwachsenen geworden: So kamen sie ungeplant zur Welt, wurden von den leiblichen Eltern weggegeben, von den Adoptiveltern adoptiert, ohne gefragt zu werden; zusätzlich wurde ihre Adoption von einer Vermittlungsstelle abgehandelt. Andernteils haben Adoptiveltern Schwierigkeiten, biologisch fundierte Differenzen zu tolerieren, oder machen den biologischen Hintergrund ihres/r adoptierten Jugendlichen für seine/ihre Verhaltensstörungen verantwortlich. Es ist schwierig, biologische Fremdheit durch soziale Vertrautheit wettzumachen. Wechselseitige, bewusste oder unbewusste sexuelle Phantasmen zwischen Adoptiveltern und jugendlichen Adoptierten können wegen der nicht biologisch vorhandenen Inzestschranke intensive Ängste und Schuldgefühle auslösen und die interaktiven Beziehungen verunsichern.

Ethnische Identitätsentwicklung

Entwicklungstheorien postulieren, dass die Ausbildung der ethnischen Identität auf der kognitiven Entwicklung basiert, d. h. auf einer progressiven Fähigkeit des aufwachsenden Kindes, ethnische Zeichen wahrzunehmen, zu verstehen und zu unterscheiden [Friedlander, 1999]. Vierjährige vergleichen ihre physischen Eigenschaften mit denen ihrer Eltern. Die unterschiedliche Hautfarbe wird als erstes bewusst wahrgenommen und oft mit der Adoption in Zusammenhang gebracht. So entsteht z. B. der Glaube, dass nur farbige Kinder adoptiert werden. Im Alter von sechs bis sieben Jahren verfügt das

Kind über ein rudimentäres Verständnis der Fortpflanzung und realisiert, dass die unterschiedlichen physischen Eigenschaften bedeuten, dass es nicht wirklich seinen Adoptiveltern zugehört. Der doppelte Minoritätsstatus – Ethnie und Adoption – mag besonders für Kinder im Schulalter schmerzhaft sein.

Beispiele

Ein achtjähriger, aus Costa Rica stammender schwarzer Junge behauptet, dass seine jüngere, ebenfalls adoptierte, jedoch hellhäutige Schwester von seiner Adoptivmutter im Bauch getragen (also nicht adoptiert) worden sei und ist grenzenlos eifersüchtig. Er hält die Überzeugung aufrecht, dass nur schwarze Jungen adoptiert werden. Er möchte ebenfalls weiß sein wie seine Schwester, schwarz sei hässlich.

Ein neunjähriger, in Afrika geborener Junge beklagt sich bitter darüber, dass er in der Schule wegen seiner Hautfarbe gehänselt werde, so z. B. werde er Schokolade genannt. Er zeichnet die ihn demütigenden Kinder als Monster mit Hörnern, Zähnen, eine Zigarette rauchend, ohne Herz, mit Stachelketten an den Armen und vergleicht deren Verhalten mit demjenigen der Nazis (Abb. 9).

Ethnische Identifikation setzt sich aus verschiedenen, sich überlappenden Komponenten wie die der persönlichen Identifikation, des Selbstwertgefühls sowie der Identifikation mit verschiedenen sozialen Gruppen zusammen [Richards, 1994]. Nach Angaben der Literatur [Rotheram und Phinney, 1987] haben sich die Einstellungen des Kindes gegenüber Rasse und Ethnie im mittleren Schulalter herauskristallisiert. Zu diesem Zeitpunkt beginnen Kinder Beziehungen zu Gruppen aufzunehmen, zu wählen, welchen Gruppen sie angehören wollen, und sich in diese zu integrieren. Die Bedeutung der ethnischen Identifikation scheint durch Umweltfaktoren vermittelt zu werden, so z. B. durch die Familienstruktur, die Gemeinde oder durch ethnische Gruppen [Grotevant et al., 1992; Phinney und Rosenthal, 1992]. Das «bikulturell kompetente» Individuum hat einen starken Sinn für die ethnische Identität und ist fähig, in zwei Kulturen adäquat zu funktionieren, ohne sich gezwungen zu fühlen, zwischen den beiden wählen zu müssen [LaFramboise et al., 1993]. Persönlicher Selbstwert und Gruppenidentifikation sind zu unterscheiden. Ein Kind mag ein starkes Selbstwertgefühl besitzen, aber nicht darauf vorbereitet sein, als andersfarbige Person in Beziehung zu einer vorherrschenden Kultur treten zu müssen [Taylor und Thornton, 1996]. Für Jugendliche, die einer Minorität angehören, können ethnische Identifikation

Abb. 9. Junge, 9 Jahre: Monster mit Hörnern, Zähnen, aber ohne Herz, die sich wie Nazis verhalten.

und Stolz einen wichtigen Beitrag für ihr Selbstwertgefühl und ihre psychische Anpassung darstellen [Phinney und Rosenthal, 1992].

Viele Studien deuten darauf hin, dass für die meisten Adoptierten die neue Identität, die ihrer Adoptivfamilie, wichtiger ist als ihre ursprüngliche [Textor, 1991a]. International Adoptierte übernehmen die Kultur ihrer Adoptiveltern, eine bikulturelle Identifikation findet selten statt. Transethnisch und -kulturell international Adoptierte unterscheiden sich nicht in ihrem Selbstwertgefühl und ihrer Anpassung von im Inland Adoptierten, insbesondere wenn sie im Kleinkindalter adoptiert wurden. Viele international Adoptierte haben sogar ein besseres Selbstbewusstsein als Nicht-Adoptierte oder im Inland Adoptierte [Textor, 1991a]. So zeigen international früh adoptierte Kinder positive Gefühle ihrer ethnischen Identität gegenüber, während später adoptierte Kinder sowie Kinder mit traumatischen Erfahrungen im Ursprungsland oft größere Anpassungsschwierigkeiten auf emotionaler, sprachlicher und sozialer Ebene erleiden und ihrer ethnischen Identität gegenüber negativ eingestellt sind.

Ethnische Selbstidentifikation hängt von der Haltung der Adoptiveltern und vom Kontakt mit der Herkunftskultur ab. Viele fühlen sich nicht wohl mit ihrer physischen Erscheinung und werden durch rassistische Vorfälle zusätzlich belastet. Adoptierte werden in die Kultur ihrer Adoptivfamilie assimiliert, wenn Adoptiveltern eine fürsorgliche Umgebung schaffen, den physischen Unterschied ihres Adoptivkindes anerkennen, gleichzeitig psychologische Ähnlichkeiten betonen und ihre Kinder mit Personen gleicher Ethnie ihres Ursprungslandes, die eine positive Identifikation ermöglichen, konfrontieren.

Es gehört zu den Aufgaben des Adoptivkindes, sowohl seine biologischen Wurzeln als auch sein Aufwachsen als Adoptivkind als Realität anzunehmen. Bei der Ausbildung einer einheitlichen Identität handelt es sich um einen höchst komplexen Prozess. Die die leiblichen Eltern betreffenden Phantasmen dienen verschiedenen Funktionen, unter anderem auch der Identitätsbildung; sie stellen aber auch ein Potenzial für Identitätskonflikte dar. Adoptierte haben es schwer, Ambivalenzen in sich zu ertragen und positive und negative Aspekte ihres Selbstbildes miteinander zu vereinen. Adoptivkinder müssen ihre Autobiografie über ihre ethnische und genetische Herkunft, Schwangerschaft und Geburt selber entwerfen. Phantasmen können erst dann zur Ruhe kommen, wenn ihnen die Integration ihrer biologischen Wurzeln und ihres Aufwachsens in der Adoptivfamilie gelingt.

> Man muss nie verzweifeln, wenn etwas verloren geht, ein Mensch oder eine Freude oder ein Glück: es kommt alles noch herrlicher wieder.
>
> *Rainer Maria Rilke*

Auseinandersetzung mit der Herkunft und Suche nach den Ursprüngen

Adoptivkinder entwickeln eine innere Beziehung zu ihren leiblichen Eltern [Hoksbergen et al., 1994]. Mit zunehmendem Alter – vor allem in der Pubertät und in der Adoleszenz – und mit besserem Verständnis der Adoption mit allen ihren Implikationen [Textor, 1993] – findet bei den meisten Adoptierten die Auseinandersetzung mit ihrer Herkunft statt [Ebertz, 1987].

Wenn man die biologischen Wurzeln eines Kindes ausradiert, beseitigt man seine Biografie. Das bedeutet psychologische und praktische Amputation der persönlichen Geschichte sowie der biologischen Wurzeln. Adoptierte, Adoptiveltern und Gesellschaft ersetzen das Amputierte durch Wunschdenken. Dies beginnt manchmal mit der Fälschung des Geburtsscheins und wird bestimmend für das ganze Leben des Adoptierten. Das einzig Charakteristische für das adoptierte Kind ist, dass es nicht wirklich weiß, wer es ist. Der Wunsch, seine biologische Herkunft zu kennen, entstammt einem tiefen inneren psychologischen Drang nach lebensnotwendiger Kontinuität und Vollständigkeit. Die wichtigste Botschaft, die üblicherweise dem Adoptierten vermittelt wird, geht dahin, das Bestreben, seine Wurzeln zu kennen, zu verdrängen. Nicht selten suchen Adoptierte, von Kindheit an bis ins Erwachsenenalter, auf den Straßen nach Gesichtern, welche die von Mutter, Vater oder Geschwistern sein könnten. Sucht der Adoptierte nach konkreten Informationen, wird er als undankbar und illoyal empfunden. «Alle Familien haben Geheimnisse, doch die des Adoptierten sind in dem Sinne einzigartig, als das Suchen nach den Quellen ihres Daseins mit tiefen Schuldgefühlen behaftet ist» [Lifton, 1976, S. 2f].

Während der Adoleszenz oder auch später bemühen sich adoptierte Jugendliche und junge Erwachsene in ihrer Identitätssuche darum, an Informationen über ihre leiblichen Eltern und über ihre frühkindliche persönliche Geschichte zu gelangen. Die meisten Adoptivkinder erhalten jedoch nur spärliche Informationen über ihre Herkunft.

Bei internationalen Adoptionen ist real oft sehr wenig über die zukünftigen Adoptivkinder bekannt. Es kommt auch vor, dass Adoptiveltern gewisse

Informationen «vergessen», wenn in ihren Augen die Herkunft ihres Adoptivkindes mit Schamgefühlen verbunden ist, wie z. B. bei Kindern aus Inzestbeziehungen oder aus dem Prostitutionsmilieu. Es kommt dann zu einer Tabuisierung des Adoptionsthemas und das Interesse an der Herkunft wird verleugnet. Doch das Geheimnis um die Herkunft kann psychische Auswirkungen haben [Delaisi und Verdier, 1994; Verdier und Soulé, 1986]. Aufgrund mangelnder Informationen schaffen sich Adoptivkinder umso mehr Fantasien über ihre eigene Herkunft.

Als Auslöser für die Suche nach dem Ursprung werden Heirat, Schwangerschaft, Geburt eines eigenen Kindes oder auch der Tod eines Adoptivelternteils genannt. Frauen suchen häufiger nach ihren Ursprüngen als Männer. Es wird ein Zusammenhang mit der zentralen Beschäftigung junger Frauen mit Mutterschaft, -rolle und -funktion postuliert. Die Identifikation und Kommunikation mit den leiblichen Eltern über deren Erleben des Übergangs zur Elternschaft ist nicht möglich und mit Adoptiveltern aufgrund deren Infertilität oft schwierig. Vor allem junge Frauen äußern Ängste, ein krankes oder behindertes Kind zu gebären, da sie über keine Informationen bezüglich möglicher genetisch hereditärer Belastungen verfügen. Adoptierte haben auch ein Bedürfnis, den eigenen Kindern ihre persönliche Geschichte zu erzählen – woher sie kommen, wer sie sind –, und Angst, eigene Identitätslücken, die durch die Unterbrechung der Generationenlinie zustande kamen, zu übertragen.

Beispiel

Eine junge adoptierte Mutter leidet unter einem depressiven Angstzustand nach der Geburt ihres ersten Kindes (20 Jahre nach ihrer Integration in ihre Adoptivfamilie). Während der Schwangerschaft habe sie mit der Angst gelebt, dass ihr Kind nicht normal sein könne, und seit der Geburt werde sie von Ängsten überflutet, verlassen zu werden oder eine ihr nahestehende Person zu verlieren. In ihren Träumen begegne sie ihrer leiblichen Mutter und ihrer leiblichen Schwester, mit denen sie real seit 20 Jahren keinen Kontakt mehr habe. Die junge Mutter wünscht sich, ihrem Sohn von ihren eigenen leiblichen Eltern erzählen zu können, von denen sie jedoch nicht einmal weiß, ob sie noch am Leben oder bereits gestorben sind.

Studien über die Suche nach Ursprüngen

In einer Übersicht von zwölf Studien bei erwachsenen Adoptierten, deren Bedürfnis es war, ihre leiblichen Eltern zu suchen [Bertocci und Schechter, 1991], kommen die Autoren zum Schluss, dass das Phänomen des Suchverhaltens von unbewussten Phantasmen und Assoziationen über bewusste Vorstellungen bis zur aktiven Suche mit dem Ziel einer Wiedervereinigung mit den leiblichen Eltern reicht. Als einheitliches Ergebnis zeigte sich, dass es sich bei der Mehrzahl der Suchenden um junge erwachsene weiße Frauen handelte, die der Mittelschicht angehörten. Nach erfolgreicher Suche erlebten sie subjektiv signifikant positive psychische Veränderungen, nicht nur bei sich selbst, sondern auch in ihrer Beziehung zu den Adoptiveltern [Bertocci und Schechter, 1991; Sorosky et al., 1984]. Wurde die Suche verschoben oder vermieden, geschah dies aus Angst, die Adoptiveltern zu verletzen oder zu verlieren. Unterschiede zeigten sich bei der Einschätzung der Adoptivfamilie durch die Adoptierten sowie bei deren Phantasmen die leiblichen Eltern betreffend [Bertocci und Schechter, 1991; Sorosky et al., 1984]. Die mittels Fragebogen erhobenen Informationen zeigten, dass die meisten Adoptierten früh (77 %) – ohne multiple vorangehende Platzierungen (66 %) – in die Adoptivfamilie integriert worden waren. 48 % gaben Probleme in der Kindheit an, die v.a. emotionaler Art waren, z. B. Angst- und Verwirrungszustände, Verhaltensstörungen, Depressionen und Lernschwierigkeiten. Von der Kindheit zum Erwachsenenalter war eine eindeutige und beständige Zunahme an bewussten und vorbewussten Vorstellungen über den eigenen Adoptionsstatus zu verzeichnen, welche im Wunsch resultierte, spezifische Informationen über die leiblichen Eltern zu erhalten. 54 % der Befragten signalisierten signifikante Gesundheitsprobleme (Alkoholismus, chronische physische oder psychische Krankheit) bei einem oder beiden Adoptiveltern, die fast ein Drittel der betroffenen Adoptierten als traumatisierend erlebten. Für 60 % bedeutete das Fehlen von physischen Ähnlichkeiten ein Hauptproblem, das mit Frustration, Beschämung, Verwirrung, Neid und Einsamkeit verbunden war. Ungeachtet davon, wie sie ihre Adoptiveltern einschätzten – positiv oder negativ –, nannten die Adoptierten gemeinsame Themen von Verlorenheit, mangelnder Zugehörigkeit, Unvollständigkeit und großer Ängstlichkeit. Nach erfolgreich beendeter Suche nahmen die Adoptierten eindeutige psychische Veränderungen wahr. Dazu gehörten ein besseres Selbstwertgefühl und Körperbild, bessere interpersonale Beziehungen und verminderte Verletzbarkeit in Angstsituationen. Da die Gruppe der nicht suchenden Adoptierten der Forschung kaum zugänglich ist, besteht keine Möglichkeit, ihre subjektiven psychischen Erfahrungen und Anpassungsleistungen einzuschätzen und zu verstehen.

Andere Studien bei adoptierten Erwachsenen zeigen ähnliche Ergebnisse [Campbell et al., 1991; Schechter und Bertocci, 1990; Swientek, 2001]. Einige Adoptierte traten für eine offene Adoption ein sowie für eine bessere Vorbereitung der zukünftigen Adoptivfamilien auf die Bedürfnisse adoptierter Kinder und Jugendlicher, mit ihren leiblichen Eltern in Verbindung zu stehen. Begegnungen der Adoptierten mit ihrer leiblichen Mutter wurden aber auch als Enttäuschung und für beide Teile als belastend erlebt. Hingegen stellte das Wiederfinden von Geschwistern oft eine lohnende Erfahrung dar.

Das Interesse an der Herkunft führt meist zur Suche nach der leiblichen Mutter, eventuell und meistens später auch nach dem Vater oder nach Geschwistern. Nach mehreren Untersuchungen sind Adoptierte mit einer eher schlechten Beziehung zu den Adoptiveltern unter den Suchenden überrepräsentiert [Textor, 1990]. Bei einer schweizerischen Studie war knapp die Hälfte der 42 adoptierten Jugendlichen an einer Suche nach den leiblichen Eltern interessiert [Keller-Thoma, 1987]. 70 % von 50 befragten Adoptierten im Alter von 15 bis 18 Jahren bestätigten Fantasien über ihre Adoptiveltern und ihre Herkunft [Stein und Hoopes, 1985].

Die Autoren der Studien bei suchenden und nichtsuchenden adoptierten Erwachsenen kommen zu folgenden Ergebnissen [Howe und Feast, 2000; Howe, 2001]: Mehr Suchende als Nichtsuchende beschreiben die Beziehung zu ihrer Adoptivfamilie und ihre Gesamterfahrung der Adoption mit gemischten oder in wenigen Fällen mit negativen Gefühlen. Dies lässt vermuten, dass ambivalente oder negative Gefühle über die eigene Adoption Faktoren sein können, die gewisse Adoptierte zur Suche motivieren. Da jedoch 53% der Suchenden ihre Adoption als eine positive Erfahrung einschätzten, können negative Gefühle nicht der einzige Grund für die Suche sein. Die Hälfte der Nichtsuchenden sagte aus, sie seien nicht neugierig, ihren Ursprung oder familiären Hintergrund kennenzulernen, weswegen sie kein Bedürfnis empfanden, ihre leiblichen Eltern oder Verwandten zu suchen. Die andere Hälfte der Nichtsuchenden zeigten gewisse Interessen und Neugierde, sorgten sich aber darüber, dass ihre Suche ihre Adoptiveltern oder sie selber schwer erschüttern könnte.

Bei der Entscheidung zu suchen handelt es sich um eine komplexe Interaktion von verschiedenen Faktoren. Ein Unterschied besteht zwischen den Suchenden, die mit der Adoptionserfahrung unzufrieden waren (diese suchen nicht nur einen vollständigeren Sinn ihres Selbst, sondern zusätzlich eine Beziehung zu ihren leiblichen Eltern), und jenen Suchenden, die ihre Adoption als sehr positiv beschrieben und sich hauptsächlich für Themen wie Selbstgefühl und Identität interessierten, aber kein Bedürfnis hatten, eine alternative Filiationsbeziehung mit einem leiblichen Elternteil zu entwickeln.

Adoptierte suchen nach Antworten auf Fragen, die ihre Identität (wer bin ich, wie sehe ich aus, wem gleiche ich) und ihren Selbstwert (warum wurde ich freigegeben, warum wurde ich abgelehnt, wohin gehöre ich) betreffen. Sie suchen Sinn und Bedeutung in Verbindung zu ihrer Herkunft. Kontakt- und Wiederfindungserfahrungen – ob aktiv erreicht im Fall der Suchenden oder ob passiv im Fall der Nichtsuchenden – erwiesen sich als außerordentlich hilfreich im Beantworten von Fragen nach Identität und Selbstwert. Dabei war nicht notwendigerweise ein Wunsch für eine zweite oder alternative Familienbeziehung impliziert.

Herausforderungen bei der Begegnung mit den leiblichen Eltern

Während der oft jahrelang andauernden Suche nach den leiblichen Eltern ist die affektive Besetzung der Adoptivkinder so sehr auf diese zentriert, dass sie ein intensives Gefühl der Loslösung von ihren Adoptiveltern empfinden, das oft sogar mit einem sehr schmerzhaften Entfremdungsgefühl einhergehen kann. Ihre realen Beziehungen zu den Adoptiveltern, Geschwistern, aber auch zur erweiterten Familie erscheinen ihnen unwirklich, unecht. Dazu kommen Schuld- und Angstgefühle, die Adoptiveltern, denen sie soviel verdanken, zu verletzen.

Während die jugendlichen Adoptierten ihre leiblichen Eltern affektiv mit einer sehnsüchtigen Liebe, grenzenloser Hoffnung und Erwartung besetzt haben, wissen sie gleichzeitig, dass diese für sie Fremde sind. Ein mögliches Zusammentreffen mit den leiblichen Eltern wird – als Antwort auf die emotionale Sehnsucht – als Erfüllung der existenziellen Identitätsleere fantasiert [Steck, 1992]. Deshalb kann die Begegnung mit dem leiblichen Elternteil zu einem psychischen Schock führen. Die leibliche Mutter oder der leibliche Vater sind Fremde, irgendeine Frau, irgendein Mann. Die Enttäuschung kann unermesslich sein. Gewisse Jugendliche haben das Gefühl, ihr in der Vorstellung aufgebautes Familienschloss falle in sich zusammen, ihre psychische Innenwelt werde vernichtet. Der Verlust, den sie erleiden, erscheint ihnen unendlich. Sie fühlen sich als Waisen und sagen, es wäre leichter, wirklich Waise zu sein. Die Konfrontation der idealisierten inneren Bilder der leiblichen Eltern mit jenen der realen ist ein Erkenntnisvorgang, ein Bewusstwerden, das sie mit einer Kindheit konfrontiert, an die sie sich nicht erinnern, über die sie bestenfalls Informationen erhalten, denen sie oft nicht vertrauen und die sie nicht in eine biografische Geschichte integrieren können. Die Jugendlichen können an schweren Depressionen und multiplen psychosomatischen Beschwerden erkranken sowie Regressionszustände oder unerträgliche Revolten zeigen. Einige zeigen ein ungewöhnliches und angstauslösendes Verhalten; Adoptiveltern haben Mühe, ihr Kind wiederzuerkennen.

Trauerarbeit ist unumgänglich. Es handelt sich dabei um einen komplexen und schmerzhaften Verarbeitungsprozess. Doch die Jugendlichen bedauern ihre Suche und ihr Zusammentreffen mit den leiblichen Eltern meist nicht. Sie haben das Gefühl, sich etwas angeeignet zu haben, das ihnen fehlte. «Wir sind verbunden, gebunden durch nichts, wir haben etwas Gemeinsames im Nichts.». Das «Seil», über das sie mit ihrer Vergangenheit verstrickt waren und «das (sie) wie einen Sklaven gefangen» hielt, «scheint sich endlich zu entknoten» und psychische Energie freizulassen, die ihnen erlaubt, in die Zukunft zu schauen.

Es sind insgesamt nur wenige Adoptierte – in der Literatur nennt man etwa 5 % –, die bis zu einem Zusammentreffen mit einem leiblichen Elternteil gelangen. Vielen genügt es, Informationen zu erhalten. «Wissen, dass ich wissen konnte, dass ich wissen durfte, genügte mir», sagte ein Jugendlicher. Nach Dickmann [1992] schreibt unsere Gesellschaft genetischen Ursprüngen eine spezielle Bedeutung zu, wie sich dies in den Aussagen «Der Apfel fällt nicht weit vom Stamm» oder «Wie der Vater so der Sohn» zeigt. Jugendlichen Adoptierten fehlt dieses «Sicherheitsnetz der genetischen Erwartungen». Dickmann stellt die Frage, ob die Suche nach den leiblichen Eltern nicht vielmehr einem Bedürfnis nach Verbindung mit kultureller und biologischer Erbschaft entspricht als nach tatsächlicher Beziehung zu den leiblichen Eltern.

Zusammenfassend lässt sich sagen, dass das Bedürfnis, seinen Ursprung zu kennen, aus multiplen, miteinander verknüpften Quellen zu stammen scheint: die genetisch prädisponierten Aspekte der Persönlichkeitsorganisation, die die subjektiven Antworten auf Verlust, Bindung und kognitive Verwirrungen jedes adoptierten Individuums mit einschließen; die psychodynamisch beeinflusste Auseinandersetzung mit der Wahrnehmung von Andersartigsein, welches die Bedeutung eines Nachteils einschließt, wird mit dem kognitiven Wissen, fortgegeben worden zu sein, in Beziehung gebracht. Diese Themen werden selbstverständlich zutiefst durch die adoptivelterlichen Persönlichkeitskonstellationen, ihre individuelle und Familiengeschichte beeinflusst. Schließlich spielt auch die gesellschaftliche Haltung gegenüber der Adoption als «Hilfslösung» und gegenüber dem Adoptivkind als andersartig, mysteriös eine prägende Rolle. Diese Haltungen werden durch die Gesetzgebung verstärkt, die alle im Adoptionsdreieck Beteiligten «schützen» will. Die Suche stellt somit den Versuch des Adoptierten dar, die Bedeutung des Verlustes wiedergutzumachen, sich vom Gefühl des Nachteils zu befreien, Identitätsfragen zu konsolidieren (dazu gehören auch Körperbild und sexuelle Identität) und kognitive Dissonanzen zu klären, ein Gefühl von Kontrollmöglichkeit zu internalisieren und schließlich das fundamentalste Bedürfnis des Erlebens menschlicher Verbundenheit zu befriedigen [Brinich, 1990].

Beispiel

Der zehnjährige Lionel wünscht sich «unbedingt», seine leibliche Mutter kennenzulernen. Im kinderpsychiatrischen Gespräch zeichnet er die Stadt, in der sie – nach Angaben seiner Adoptiveltern – gelebt hat und wahrscheinlich noch leben soll. «Wo wohnt sie? – Sie könnte auch hier im gleichen Stock wie Sie wohnen.» Seine leibliche Mutter zu sehen, sei sein «allergrößtes Ziel»; er möchte wissen, wie sie aussehe, wie sie lebe, wie es ihr gehe und mit ihr allein sein, mit ihr zusammenleben. Er habe viele Fragen an sie; er möchte erfahren, wie er als kleines Kind gewesen sei, warum sie ihn fortgegeben habe und wo sein Bruder wohne. In einer Squiggle-Zeichnung zeichnet er eine Spirale: «Die bringt mich ans Ziel.» Er zeigt den Weg, den er zu gehen habe, Raststätten, an denen er Pausen einschalten werde, und rechnet, dass es Monate dauern werde, bis er das Ziel, die Mitte der Spirale erreichen werde, d. h. seine Mutter sehen könne. Im folgenden Squiggle entsteht ein Gesicht, «ein frohes Gesicht, eine Frau, meine Mutter», die ihn bei der Begegnung freudig ansehen werde.

Eine Studie [Petta und Steed, 2005] untersuchte – anhand von semistrukturierten Interviews – die Erfahrungen von 21 Adoptivelternpaaren während des Zusammentreffens ihrer Adoptivkinder mit ihren leiblichen Eltern. Adoptiveltern fühlten sich oft in ihren Gefühlen und Bedürfnissen während des Begegnungsprozesses vernachlässigt, verzweifelt und verwirrt. Sie äußerten Angst, ihr Kind zu verlieren, und befürchteten eine Gefährdung der Eltern-Kind-Beziehung. Sie stellten ihr Recht auf Elternschaft gegenüber ihrem Kind infrage. Trauer und schmerzhafte Gefühle über ihre Infertilität erwachten wieder.

Vertrauen kommt nur aus Vertrauen, alles Wohltun ist ein *Wieder*tun

Rainer Maria Rilke

Adoption älterer Kinder

Familien, die ein älteres Kind aufnehmen, machen oft ähnliche Erfahrungen, begegnen vergleichbaren Problemen, stellen sich dieselben Fragen und haben gemeinsame Sorgen. Ältere Kinder, die in ihre zukünftige Adoptivfamilie integriert werden, sind, trotz ihrer jeweiligen persönlichen Geschichte, mit adoptionsspezifischen Anpassungsschwierigkeiten konfrontiert und durchlaufen in ihrer zukünftigen Adoptivfamilie charakteristische Etappen [Gill, 1978]. Der Aufbau einer neuen Bindung und Beziehung zu Adoptiveltern ist für ältere Kinder erschwert, da sie entwicklungsbedingt oft nur über wenig Zeit verfügen, in einer Regressionsbewegung frühere Entwicklungsstadien zu durchlaufen und Trauerarbeit über ihre meist multiplen Verluste mit Hilfe ihrer Adoptiveltern zu leisten, bevor sie bereits mit dem pubertären Entwicklungsprozess und den damit verbundenen Aufgaben konfrontiert werden [Ozoux-Teffaine, 2004].

Anpassungsdynamik

Es werden drei Stadien unterschieden, in denen sich der Prozess der Adaptation, des Entstehens von neuen affektiven Bindungen und der Integration des Adoptivkindes in seine neue Familie abspielt. Das Initialstadium – eine Art Flitterwochen –, während dem das Kind große Lust hat, Freude zu bereiten, ist sehr kurz oder wird kaum bemerkt. Die zweite und längste Etappe, in der das Kind die Eltern infrage stellt und unerträgliche Gefühle ausagiert, bricht rasch auf und erfüllt die Familie mit Bestürzung. Während dieser Phase tauchen die schwierigsten Probleme auf. Wenn das Kind in die letzte Phase eintritt, nämlich jene der Integration, zeigen sich Fortschritte in seiner Bindungs- und Beziehungsfähigkeit, auf die jedoch immer wieder Rückschritte folgen. Die Regression auf frühere Entwicklungsstadien erlaubt dem Kind, elterlich-affektive Fürsorge und Zuwendung zu erhalten, gehegt und gepflegt zu werden, was ihm in seiner Vergangenheit fehlte. Für Adoptiveltern ist es oft nicht einfach, dem intensiven Regressionsbedürfnis ihres Kindes gerecht zu werden, so z. B. wenn ein elfjähriger Junge an der Brust seiner Adoptivmutter trinken möchte. Eine Adoptivmutter berichtete, dass sie jahrelang ihre beiden Adoptivkinder gestillt habe. Adoptivkinder wünschen sich, wie Säuglinge gewickelt, in den Armen getragen und geschaukelt zu werden. Dieses Verhalten ist Ausdruck von Phantasmen einer Rückkehr ins Innere des mütterlichen Bauches oder einer gemeinsam geteilten Haut mit der Mutter [Anzieu, 1985]. Adoptivkinder kommunizieren in einer Säuglingssprache, wollen als solche wahrgenommen und in ihren Bedürfnissen befriedigt werden. Diese mannigfachen Manifestationen entsprechen einer phantasmatischen Illusion, von den Adoptiveltern geboren werden zu können, eine notwendige Illusion für den Aufbau der primären Bindungen. Adoptivkinder erwarten von Adoptiveltern, ihre Ängste zu beruhigen, ihre Wünsche zu erfüllen, ihre Nöte zu verstehen und ihre Konflikte zu lösen. Die Regressionsbewegungen sind oft komplex und nicht immer leicht verständlich; sie können als ein Wieder-ins-Spiel-Bringen vergangener erlebter Zustände betrachtet werden. Adoptiveltern können dank ihrer intuitiven Feinfühligkeit und emotionalen Verfügbarkeit ihrem Kind helfen, seine psychischen Zustände (neu) repräsentieren und besser regulieren zu lernen. Da Adoptivkinder ihre Gefühle oft auch auf der Körperebene zum Ausdruck bringen (z. B. klagen sie über körperliche Schmerzen, wenn sie von intensiven Emotionen überflutet werden), bietet sich die Gelegenheit für Adoptiveltern, die Gefühle des Kindes zu halten, deren Qualität zu unterscheiden und deren phantasmatische Verbindungen zu verstehen helfen. Das Wiedererleben von Entwicklungsphasen hilft dem Kind, sich in die neue Familie zu integrieren.

Es ist wichtig, die Dynamik jeder dieser Etappen zu verstehen. Zu Beginn sind die Ängste des Kindes, von seiner neuen Familie wiederum abgelehnt zu werden, so überflutend, dass es sie verneint bzw. verleugnet. Treten sie mehr und mehr ins Bewusstsein, agiert das Kind seine nicht aushaltbaren Ängste durch provokatives Verhalten aus. Es erlebt gefühlsmäßig seine Erfahrungen von früheren Trennungserlebnissen, die es als ein Verstoßen seiner scheinbar wertlosen Person empfand. Um sich vor weiteren Verletzungen zu schützen, versucht das Kind, die Familie zu testen und herauszufinden, welche seiner Verhaltensweisen zu erneuter Zurückweisung führen wird. Das schlechte Selbstwertgefühl des Kindes ist mit der Furcht verbunden, dass auch die neue Familie seine Wertlosigkeit entdecken werde. Sein Vertrauen ist zu gering, als dass es den beruhigenden Worten der Eltern, wonach es ihnen für immer zugehören werde, Glauben schenken könnte; dies umso mehr, als solche Versprechen vielleicht schon früher gemacht und gebrochen wurden. Häufig verkennt das Kind alltägliche, unbefriedigende Situationen als Ablehnung; so können z. B. eine Frustration oder ein einfaches Verbot für das Kind bereits eine Zurückweisung bedeuten. Die immer wieder neue bedingungslose Bereitschaft der zukünftigen Adoptiveltern, sich für ihr Kind emotional zu engagieren, führt dazu, dass das Kind allmählich Vertrauen in die neuen Beziehungen zu fassen beginnt und sich mit der Zeit in die neue Familie integrieren kann. Um sich vor einer gefürchteten Ablehnung zu schützen, lehnt das Kind oft seinerseits die Eltern ab, indem es z. B. droht fortzugehen, seine Sachen packt, seinen Eltern sagt, dass es sie nicht liebe und sie negativ mit seiner früheren Familie vergleicht. Das Kind reinszeniert das in der Vergangenheit erlebte Verstoßen-worden-Sein, diesmal eine aktive Rolle einnehmend, um nicht erneut als passives Opfer eine neue Ablehnung erdulden zu müssen. Während der drei beschriebenen Stadien findet ein paralleler Prozess statt, nämlich eine Trauerarbeit infolge der Platzierung. Schock und Verleugnung sind die Reaktion auf jede Art traumatischen Verlustes und das Kind erlebt die Platzierung wie einen Verlust seiner früheren Familie oder bedeutsamer Personen in der Vergangenheit. Zorn und Wut, begleitet von Gefühlen der Hilflosigkeit und Einsamkeit, treten in der Folge auf. Viele Kinder bleiben in ihrem Zustand der Wut blockiert und sind unfähig, eine Trauerarbeit zu vollziehen. Oft hat das Kind wiederholte Verluste erlebt, die auf frühere, nicht verarbeitete Trennungen folgten. Das Kind vermag nur mit Hilfe eines Erwachsenen, der ihm kontinuierlich affektiv zur Verfügung steht, die erforderliche Trauerarbeit zu leisten.

Symptomatisches Verhalten

Zu Beginn scheint das Kind sehr aktiv zu sein, jedoch über geringe Aufmerksamkeits- und Konzentrationsfähigkeiten zu verfügen. Es gelingt ihm z. B. nicht, ein Spiel zu beenden, es respektiert dessen Regeln nicht und kann es nicht ertragen, zu verlieren. Verhaltensstörungen und Schulleistungsprobleme sind häufig zu beobachten. Das Kind zeigt sich aggressiv, prügelt sich z. B. mit anderen Kindern, und verhält sich destruktiv, indem es z. B. Dinge beschädigt. Oft verletzt sich das Kind dabei selbst und erleidet Unfälle. Psychosomatische Symptome wie Bauch- und Kopfschmerzen sind häufig. Eine banale Infektion kann sehr lange andauern. Eltern entdecken, dass ihr Kind lügt und stiehlt und auf diese Art und Weise seinem ausgeprägten Bedürfnis nach Zuwendung und Fürsorge Ausdruck gibt. Es fällt dem Kind schwer, durch positives Verhalten Aufmerksamkeit auf sich zu ziehen. Albträume, agitierter Schlaf, nächtliches Einnässen sind zu erwarten. Das Kind hat die

Tendenz, zu onanieren und sich ganz besonders für sexuelle Themen zu interessieren. Gewisse Kinder leiden unter Phobien, andere verhalten sich z. B. einem Tier gegenüber grausam. Im Allgemeinen ziehen Kinder es vor, mit jüngeren Kameraden, die sie dominieren können, zu spielen. Sie ertragen es oft nicht, dass die Eltern sich umarmen, da sie sich ausgeschlossen fühlen, oder sie kleben an einem Elternteil und schließen den anderen aus. Das Kind kann elterliche Bedürfnisse nicht wahrnehmen und erweckt elterliche Schuldgefühle. Außerhalb der Familie tendiert das Kind dazu, andere Personen mit charmantem Verhalten für sich zu gewinnen, gleichzeitig lehnt es Liebe und Zärtlichkeit von Seiten seiner Eltern ab. Gewisse Kinder betrachten nur den Kauf eines Objektes als Liebesbeweis ihrer Eltern. Das provokative Verhalten des Kindes vermittelt den Eindruck, das Kind «wolle» seine Bosheit beweisen und dafür bestraft werden. Die Familie stellt schmerzhaft fest, dass das Kind ihnen kein Vertrauen schenkt. Seine Fassade schützt es vor Verletzungen, und bis das Kind wirklich glaubt, dass seine Eltern anders sind als diejenigen, die es vorher gekannt hat, müssen sie es ihm immer wieder «beweisen».

Loyalitätskonflikt

Als Erstes stellt sich dem Kind die Aufgabe, seinen inneren Konflikt von Loyalitäts- und Illoyalitätsgefühlen für die neue und die alte Familie zu lösen. Bevor sich das Kind in seine neue Familie integrieren kann, muss es seine früheren affektiven Bindungen auf eine Art und Weise verarbeiten, dass die Schaffung neuer affektiver Bindungen nicht Illoyalität gegenüber seiner Vergangenheit bedeutet. Dieser Konflikt zeigt sich oft in der Schwierigkeit des Kindes, seine neuen Eltern und seine früheren bedeutsamen Personen zu benennen. So spricht das Kind z. B. nur von seiner früheren Familie und gibt seinen neuen Eltern keine Namen. Später wird es versuchen, die Reaktion und somit die Haltung seiner Eltern zu erkennen, indem es die früheren Eltern als Mama und Papa bezeichnet. Stellt das Kind fest, dass seine neuen Eltern annehmen können, dass es seine früheren Eltern Mama und Papa nennt, d. h. dass es nicht auf seine Vergangenheit verzichten muss, wird es mit der Zeit seine gegenwärtigen Eltern Mama und Papa nennen, was jedoch noch nicht bedeutet, dass das Kind einen inneren Verarbeitungsprozess vollzogen hat. Das Kind kann die Anwesenheit der gegenwärtigen Eltern wie eine Bestätigung des so schmerzhaften Verlustes früherer wichtiger Bezugspersonen erleben. Es ist mit der äußerst komplexen Aufgabe konfrontiert, die inneren Beziehungsrepräsentanzen bedeutsamer Personen seiner Vergangenheit zu vereinbaren mit äußeren, sich aufbauenden Beziehungen zu seinen gegenwärtigen Eltern. Diesen intrapsychischen Verständnis- und Versöhnungsprozess zu vollziehen, benötigt viel Zeit, und dieser Prozess wird neu aktualisiert in der Adoleszenz. So rief eine jugendliche Adoptierte vor ihrer Adoptivmutter verzweifelt weinend aus: «Ich habe keine Mama!» Sie hatte das Gefühl, dass ein Teil ihres Wesens, derjenige, der mit ihren leiblichen Eltern verbunden war, durch die Adoption verneint worden sei. Sie beklagte den Verlust dieses abwesenden – in ihrem Innern jedoch anwesenden – Selbstanteils, den sie nicht wieder werde finden können.

Zu Beginn spricht das Kind in seiner neuen Familie meist nicht von seinen Erinnerungen, da die mit diesen Erfahrungen verbundenen Gefühle viel zu überwältigend wären. Später, wenn es sich in seiner neuen Familie wohl fühlt, beginnt es, gute Erinnerungen zu erzählen, die es meist idealisiert. Im Vergleich zu seinen früheren Bezugspersonen erscheinen die gegenwärtigen Eltern in einem ungünstigen Licht. Nimmt das Vertrauen des Kindes zu, kann es dank seiner Erfahrungen in der neuen Familie ein Gefühl von Zugehörigkeit entwickeln und beginnt, adäquater zu erzählen. Gewisse Kinder testen ihre Familie, indem sie vorschlagen, dass ihr Vorname geändert werde, dafür gibt das Kind «berechtigte» Gründe an. Der Wunsch des Kindes ist jedoch ein ganz anderer, nämlich dass seine Eltern seinen Vornamen beibehalten, Symbol seiner einzigartigen Persönlichkeit mit seiner individuellen Geschichte und seiner Vergangenheit. Oft klammern sich Kinder während einer gewissen Periode an ihren Familien- oder Vornamen, plötzlich verweigern sie ihren Familiennamen auszusprechen und zerstören Objekte, auf denen er geschrieben steht. Es handelt sich um die konflikthafte Auseinandersetzung des Kindes mit seiner Identität. Wunsch und Erwartung des Kindes gehen dahin, dass seine Eltern die mit seiner Vergangenheit verbundene Identität anerkennen und ihm helfen, sie bewahren zu können.

Infragestellung der neuen affektiven Bindungen

Wenn Kinder in ihren Beziehungen zu ihren Adoptiveltern affektive Gefühle zu zeigen vermögen, beginnen sie, ihre Familie zu integrieren. Die Kreation von affektiven Bindungen, die potenziell so bedrohlich ist, wird immer wieder infrage gestellt, da sich das Kind vor zukünftigen Verletzungen schützen muss. Allmählich nimmt das Kind die Bedürfnisse und Gefühle seiner Eltern wahr, die es zu Beginn ignorierte. Zukunftsprojekte können nun diskutiert werden und gemeinsam erlebte Ereignisse in der neuen Familie erinnert werden. Nach einem Jahr wird der Geburtstag zusammen gefeiert und die Bindungen vertiefen sich. Schließlich wagt das Kind, von seinen leiblichen Eltern oder seinen früher erlittenen Ablehnungen zu sprechen. In diesem Moment nehmen die Verhaltenssymptome ab und das Kind beginnt, authentisches Mitglied seiner Adoptivfamilie zu werden.

Das Familiensystem

Die Eltern fühlen die Veränderungen ihres familiären Gleichgewichts infolge der Aufnahme eines älteren Kindes sofort. Die Familie kann mit einem Mobile verglichen werden, dem ein neues Element angehängt wird. Jedes Familienmitglied ist betroffen, bis sich ein neues Gleichgewicht einstellt. Selbst wenn die Eltern vorbereitet und über die möglichen Schwierigkeiten informiert sind, finden sie die Anpassung meist schwieriger, als sie sich vorgestellt haben. Sie geben zu, dass die Liebe zwischen Kind und Eltern nicht spontan gegeben, dass das Kind ein Fremder in ihrer Familie ist. Oft findet eine Reevaluation ihrer Motivation, ein Kind zu adoptieren, statt. Sehr häufig sind andere Kinder der Familie verärgert über die Aufnahme eines weiteren Kindes, was die Situation zusätzlich erschwert. Es kommen Phantasmen auf, das aufgenommene Kind könne die Familie in Gefahr bringen oder sogar ein Mitglied der Familie verletzen.

Die elterliche Anpassung

Zu einem gewissen Zeitpunkt beginnen die Eltern an ihrer Fähigkeit zu zweifeln, ein weiteres Kind aufzuziehen zu vermögen. Negative Gefühle können überhandnehmen und zu elterlichen Schuldgefühlen führen. Die letzteren werden noch verstärkt, wenn Personen außerhalb der Familie sich anerkennend darüber äußern, dass die Eltern ein älteres Kind zur Adoption aufgenommen haben. Die wiederholte Reinszenierung der früheren konflikthaften Beziehungen des Kindes wird den Adoptiveltern unerträglich. Sie haben das Gefühl, das Kind räche sich an ihnen für seine in der Vergangenheit erlittenen Beziehungsverletzungen. Unbewusst versucht das Kind, die in der Vergangenheit erlittenen Ablehnungen zu reinszenieren, in der Hoffnung, dass seine Eltern ihm bei der Bearbeitung seiner Wunden behilflich sein werden. Gleichzeitig fühlen sich die Eltern auch bedroht, wenn ihr Kind seine leiblichen Eltern zurückverlangt. Das gemeinsame Empfinden von Kummer, Schmerz und Traurigkeit, die das Kind über seine Verluste empfindet, wird später zu einer größeren Intimität und Nähe in der Beziehung zwischen Eltern und Kind führen.

Ehebeziehung

Ehepartner empfinden ein großes Bedürfnis, sich gegenseitig mitzuteilen und zu unterstützen. Konflikte zwischen den Ehepartnern können auftauchen, wenn das Kind die Elternteile gegeneinander auszuspielen vermag. Jeder Elternteil erlebt eine unterschiedliche Beziehung zu dem Kind. Gefühle von Eifersucht oder Inkompetenz können vor allem dann entstehen, wenn das Kind einem Elternteil die «schlechte» Rolle zuteilt. Die Reevaluation von persönlichen Regeln, von Disziplinmaßnahmen in der Familie, die Art und Weise, wie Eltern ihre eigenen Verluste und damit verbundene Schmerz- und Traurigkeitsgefühle verarbeitet haben, die Reevaluation ihrer Beziehung und ihrer Intimität werden als die wichtigsten Faktoren betrachtet, die der Familie helfen, ihr älteres Kind, das bereits eine ausgebildete Persönlichkeit ist, als neues Mitglied in ihre Familie zu integrieren.

Anregungen und Vorschläge für Eltern, die ein älteres Kind aufnehmen

Diese wurden von Familien ausformuliert, die selbst ein älteres Kind adoptiert haben und an einer prospektiven Studie über 900 Platzierungen von älteren Kindern in den USA teilnahmen, die sich über zehn Jahre hinweg erstreckte. Zu hohe Erwartungen hinsichtlich der Integration innerhalb eines bestimmten Zeitraums führen zur Enttäuschung der Eltern und des Kindes. Für die erste Phase der Anpassung scheint es wichtig, eine tägliche Routine aufrechtzuerhalten, damit das Kind ein Gefühl von Regelmäßigkeit, Vertrautheit und Sicherheit entwickeln kann. Neue Regeln und Werte sollen langsam und vorsichtig eingeführt, disziplinarische Maßnahmen behutsam und mit Erklärung eingesetzt werden. Beim Angehen eventuell vorhandener Verhaltensstörungen müssen Prioritäten gesetzt werden. Einige Probleme müssen zuerst ignoriert werden, damit die als am kritischsten angesehenen erfolgreich in Angriff genommen werden können. Veränderungen stellen sich schrittweise ein, zuweilen kann aber das Gefühl entstehen, als kämen zeitweise gar keine Fortschritte zustande. Im Vergleich zu den leiblichen oder früher adoptierten Kindern hat das neu aufgenommene Kind noch sehr wenig Zeit in der Familie verbracht. Die mit den symptomatischen Verhaltensweisen verbundenen Gefühle sollten erkannt und empathisch aufgenommen werden. Es gilt sich zu vergegenwärtigen, dass das Verhalten trotz Störcharakter eine Bedeutung hat, die von großer Wichtigkeit ist. Die Eltern sollten sich immer wieder ins Bewusstsein rufen, dass das ablehnende Verhalten ihres Kindes nur scheinbar gegen ihre Person gerichtet ist, dass sie vielmehr stellvertretend für frühere frustrierende Personen stehen und vom Kind auf ihre Verlässlichkeit hin getestet werden. Auch in schwierigen Zeiten ist es besonders wichtig, dem Kind körperliche Zuneigung und Zärtlichkeit zu zeigen. Die Eltern sollten Wege finden, wie sie ihr Kind berühren und halten können; oft ergibt sich dazu die Möglichkeit, wenn das Kind krank ist oder eine Verletzung erlitten hat. Beim Aufbau einer möglichst tragfähigen Beziehung gilt es, keine Gelegenheit zur Stärkung des Selbstwertgefühls des Kindes zu verpassen. Eltern sollten versuchen, sich nicht durch die Vergangenheit des Kindes bedroht zu fühlen. Wenn es gelingt, dass das Kind mit seinen Eltern über sein Verstoßen-worden-Sein, seine Erlebnisse und die damit verbundenen Ängste und Gefühle sprechen kann, erlangt das Kind ein besseres emotionales Gleichgewicht und schafft neue bedeutsame Bindungen mit seinen Eltern. Offene Kommunikation über bedeutsame Personen in der Vergangenheit hilft intensiven unerträglichen Gefühlen vorzubeugen. Humor ist eine vitale Ressource und hilft, in gewissen, blockiert erscheinenden Momenten Raum und emotionale Distanz zu schaffen.

> Eure Kinder sind nicht eure Kinder.
> Sie sind die Söhne und die Töchter der Sehnsucht des Lebens nach sich selbst.
> Sie kommen durch euch, doch nicht aus euch,
> Und sind sie auch bei euch, gehören sie euch doch nicht.
> Ihr dürft eure Liebe geben, doch nicht eure Gedanken.
> Ihren Körpern dürft ihr eine Wohnstatt bereiten, doch nicht ihren Seelen.
> Denn ihre Seelen wohnen im Haus der Zukunft, und das bleibt euch verschlossen, selbst in euren Träumen.
> Ihr dürft danach streben, Ihnen ähnlich zu werden, doch versucht nicht, sie euch ähnlich zu machen.
> Denn das Leben schreitet nicht zurück, noch verweilt es beim Gestern.
>
> *Khalil Gibran*

Familiendynamik

Der Adoptionsprozess prägt die sich kontinuierlich verändernden Bedürfnisse und Wünsche der sich entwickelnden Individuen in den verschiedenen Lebensphasen der Familienmitglieder und der Familie [Hajal und Rosenberg, 1991]. «Es genügt nicht, dass Eltern ihre Kinder lieben. Oft lieben sie sie, haben aber auch alle Arten von anderen Gefühlen. Kinder brauchen mehr, als von ihren Eltern geliebt zu werden; sie brauchen etwas, das trägt, auch wenn sie gehasst werden und hassenswert sind» [Winnicott, 1965, S. 43; Übersetzung B.S.].

Das Ereignis der Adoption modifiziert die Familiendynamik. Die spezifische Problematik der Adoption besteht darin, dieses Ereignis in die individuelle Biografie und in die Familiengeschichte zu integrieren. Auch wenn die Adoptiveltern wahre Eltern für das Kind sind, kann man die abwesenden leiblichen Eltern nicht nur als Fremde betrachten, wie dies Goldstein, A. Freud und Solnit [1973] in ihrem Buch *Beyond the Best Interest of the Child* beschreiben. Die Bedeutung der leiblichen Eltern muss von der Adoptivfamilie ernst genommen werden. Nur so lässt sich vermeiden, dass Wunschdenken und Phantasmen über die leiblichen Eltern im gemeinsamen Familienleben unbenannt aufkeimen und umso mächtiger werden können, je mehr man sie zu ignorieren versucht. Die besonderen Bedingungen der Adoption schaffen weder neue Interaktionsmodelle noch spezifische Kommunikationsstrukturen in der Eltern-Kind-Beziehung. Welche Bedeutung der Adoption zugeschrieben wird, welche Wichtigkeit die leiblichen Eltern des Kindes in der Adoptivfamilie einnehmen, all dies hängt von den einzelnen Familienmitgliedern, ihrer Biografie und auch von der familiären Konstellation ab [Huth, 1982]. Die Integration dessen, was das Kind von seiner Herkunft und aus seiner Vergangenheit mit sich bringt, ist nur dann möglich, wenn Eltern und Kind versuchen, diese Gegebenheiten während der gesamten Entwicklung des Kindes gemeinsam zu verstehen, aber auch das Nichtwissen auszuhalten. Es handelt sich dabei um einen Prozess, der eine aufrichtige Kommunikation benötigt und der den Unterschieden zwischen Adoptiveltern und leiblichen Eltern sowie zwischen Adoptivkindern und leiblichen Kindern gerecht wird [Steck, 1987]. Die Restitution dessen, was das Kind erlebt hat und was von ihm bekannt ist, kann zu seinem Gefühl von Kontinuität und Identität beitragen. Dank einer tragenden und emotional bedeutungsvollen Beziehung zu seinen beiden Adoptiveltern wird das Kind in der Lage sein, den Verlust in seiner persönlichen Geschichte zu verarbeiten. Die Eltern-Kind-Beziehung in Adoptivfamilien gewinnt durch diese Aspekte eine ganz besondere Qualität. Letztlich *weiß* und *kennt* nur das Kind allein – wenn auch unbewusst – seine eigene Geschichte, die es gleichzeitig auch zusammen mit seinen Adoptiveltern im Verlaufe seiner Entwicklung fantasierend zu erzählen beginnt.

Beispiel

Lyo, asiatischen Ursprungs, kam im Alter von viereinhalb Jahren zur Adoption nach Europa. Sechs Jahre später, zum Zeitpunkt der kinderpsychiatrischen Konsultation, war sie noch immer nicht adoptiert. Nach Angaben der Pflegeeltern weise Lyo innerhalb der Familie Beziehungsschwierigkeiten und Verhaltensstörungen (Weglaufen, Lügen und Stehlen) auf.

Bei der ersten Begegnung erzählt Lyo von ihrer Angst, in ihr Ursprungsland zurückkehren zu müssen, womit ihre Pflegeeltern immer wieder drohen würden. Im Rahmen eines Squiggle-Spiels [Winnicott, 1973b] zeichnet Lyo ein Telefon – Symbol der Kommunikation –, bricht in Tränen aus und weint auch viel in den folgenden Stunden, in denen sie über ihre persönliche Geschichte und ihre Erinnerungen an ihr Ursprungsland spricht.

Am allertraurigsten sei sie darüber, dass ihr Vater, ein Soldat, krank gewesen und an einer Krankheit gestorben sei, die sie nicht kenne, aber von der er vielleicht hätte geheilt werden können. Sie wisse nicht, ob ihre Mutter, von der sie als Zweijährige verlassen worden sei, noch lebe. Ihr Vater habe sie einer Pflegemutter anvertraut, an die sich Lyo sehr klar erinnern kann. Sie habe mit acht andern Kindern zusammengelebt, als Jüngste habe sie einen privilegierten Platz neben der Pflegemutter sowohl am Tisch beim Essen als auch beim Schlafen gehabt. Das Leben habe sich in einem Zimmer abgespielt, das tagsüber als Aufenthaltsraum und Esszimmer diente, nachts als Schlafzimmer (Matratzenlager). Später sei sie in ein Waisenhaus gekommen, ohne zu wissen weshalb. Bei ihrer Ankunft in der Schweiz sei sie von niemandem erwartet worden. Schließlich kamen ihre zukünftigen Adoptiveltern, deren von ihnen erwartetes Kind nicht angekommen sei, und wollten sie zu sich nehmen. Sie wäre jedoch lieber bei ihrer Pflegemutter geblieben.

Später erzählt Lyo, sie sei nicht sicher, ob ihr Vater noch leben würde. In Zeiten von Traurigkeit und Einsamkeit, aber vor allem bei Konflikten mit ihren Pflegeeltern stelle sie sich vor, dass ihr Vater sie suchen komme oder sie in ihr Ursprungsland zurückkehren würde, um ihn wiederzufinden. Das schönste Bild ihrer Phantasmen sei, dass sie sich beide gleichzeitig auf die Suche begeben und sich auf dem Weg treffen würden. Lyo äußert die Absicht, in ihr Land zurückzukehren, um nach Spuren ihrer Familie zu suchen. Sie zeichnet das Emblem ihres Ursprungslandes, für sie ein Symbol des Friedens, den sie sich so sehr für ihr Land gewünscht und der ihr ihre Entwurzelung erspart hätte. Der von Lyo fantasierte Familienroman drückt ihren Wunsch nach Wiedervereinigung mit dem Vater aus und verleugnet dessen Tod. Er ist Ausdruck der ersehnten Versöhnung mit den leiblichen Eltern und entlastet das Kind von den Schuldgefühlen, für die erlittene Ablehnung verantwortlich zu sein, und stützt somit sein Selbstwertgefühl.

Lyo wollte Krankenschwester werden, um kleine Kinder und ihren Vater zu pflegen. In ihren Narrativen sorgte sie sich als Mutter um ihre Kinder, deren Zeugung immer ohne einen Vater stattfand. Ihr Wunsch, als Mutter Säuglinge zu pflegen, kann als intensives Bedürfnis verstanden werden, ihr eigenes inneres Kind, das verlassen worden war, im Sinne einer Wiedergutmachung zu pflegen und zu heilen. Ihre Loyalitätsbindung zu ihrem Vater erlaubte ihr nicht, eine Zeugung durch eine heterosexuelle Beziehung zu fantasieren; es fragt sich, ob Lyo sich unbewusst ein Kind ihres Vaters wünschte oder fantasierte.

Die Pflegefamilie bestand aus dem Vater, der um zwölf Jahre älteren Mutter und einem Sohn. Die Schwangerschaft habe zur Heirat geführt, mit der beide Herkunftsfamilien nicht einverstanden gewesen seien. Nach mehreren Fehlgeburten sei es der Wunsch des Vaters gewesen, ein Mädchen als Spielgefährtin für seinen Sohn zu adoptieren. Ein erster Vorschlag eines Kindes durch die Vermittlungsstelle schlug fehl, da – nach Angaben der Pflegeeltern – die Freigabe zur Adoption rückgängig gemacht worden sei. Im ersten Elterngespräch erklärt die Pflegemutter, Lyo bis heute nicht adoptiert zu haben, da sie seit ihrer Ankunft in der Familie Probleme gezeigt habe. Die Adoption müsse sich in Freude vollziehen. Später spricht sich der Pflegevater positiv für die Adoption aus, die Pflegemutter bleibt ambivalent. Sie findet es für Lyo besser, ihren Namen zu behalten. Auch wenn Lyo nicht adoptiert werde, werde sie immer ihr Kind bleiben. Hinter der Uneinigkeit der Eltern im Hinblick auf eine Adoption verbarg sich ein schwerer Ehekonflikt.

Lyo war dreimal verlassen worden: von ihrer Mutter im Alter von zwei Jahren, darauf von ihrem Vater und schließlich von ihrer Pflegemutter. Ihre mit diesen Erlebnissen verbundenen Ängste und ihr mangelndes Selbstvertrauen wurden kontinuierlich durch die ablehnende Haltung der Pflegeeltern verstärkt, die eine legale Adoption verweigerten und drohten, Lyo in ihr Ursprungsland zurückzuschicken.

Adoptivkinder wehren ihre Ängste, wiederum verstoßen zu werden, oft durch aggressives Verhalten ab. Es erscheint geradezu so, als ob sie eine erneute Ablehnung provozieren wollten.

Eine Trauerarbeit der Adoptiveltern über die Unmöglichkeit, ein zweites eigenes Kind zu bekommen, hatte nicht stattgefunden. Anlass für die Adoption eines Kindes war der Wunsch nach einer Spielgefährtin für den leiblichen Sohn. Daneben zeigten sich mehr oder weniger bewusste andere Motivationen bzw. Erwartungen an das Kind: Die Eltern hofften, dass sich nicht nur die Ehebeziehung, sondern auch intrafamiliäre Kommunikations- und Beziehungsschwierigkeiten verbessern würden. Vor allem aber die mit dem Verlust eines zweiten leiblichen Kindes einhergehende narzisstische Kränkung sollten geheilt und die elterlichen und familiären Kompetenzen, auch gegenüber den Ursprungsfamilien, bewiesen werden. Da Lyo den fantasierten Erwartungen nicht gerecht wurde, waren die Eltern nicht mehr an ihrer Adoption interessiert. Lyo wurde nie adoptiert, sondern in einem Heim untergebracht.

> Das Leben ist nicht das, was geschah, sondern das, was wir erinnern und wie wir es erinnern.
>
> *Gabriel Garcia Márquez*

Narrative

Narrative gehören zu den ältesten Traditionen in der Geschichte der Menschheit. Davon zeugen z. B. die epischen Gedichte aus Griechenland (Ilias und Odyssee) oder das Alte und Neue Testament der Bibel, die Träger und Übermittler von individuellem und kulturellem Erbe und Identität von früheren zu nachfolgenden Generationen darstellen. Wie Murray [1938] sagt, spiegelt sich die Seele der Menschen in ihren Legenden wider. Narrative enthüllen aber auch un- und vorbewusste Vorstellungen und Phantasmen des individuellen intrapsychischen Erlebens.

Damasio [1995], ein Hirnforscher, unterscheidet präverbale von verbalen Narrativen. Die präverbalen Narrative werden in den frühesten Beziehungen mit den primären Bezugspersonen durch nonverbale Kommunikation aufgebaut und enthalten Wahrnehmung und Bewusstwerden von Emotionen und Körperempfindungen; sie können als fundamentale Bausteine in der Entwicklung des Selbst, des Selbstkonzeptes und schließlich des Selbstwertgefühls betrachtet werden. Die präverbalen Narrative werden mit dem Erlernen der Sprache neu aktiviert und entwickeln sich zu verbalen Narrativen.

Narrative entsprechen bewussten Fantasiebildungen. Die Ausgestaltung unbewusster oder vorbewusster Phantasmen, die oft auch – mindestens in der verbalen «Übersetzung» – einen narrativen Charakter haben, dient häufig der Abwehr anderer seelischer Inhalte. Dieser defensive Teil von Phantasmen entsteht oft aufgrund von narzisstischen Kränkungen, Loyalitätskonflikten oder ödipalen Problemen; er wird insbesondere im therapeutischen Prozess deutlich und wird hier nicht näher ausgeführt.

Emotionale Erlebnisse können am besten durch das Beschreiben von spezifischen Bildern und Episoden in verbalen Systemen dargestellt werden. Das Geschichtenerzählen bietet die Möglichkeit, einen symbolischen Prozess auszulösen, d. h. Emotionen können über die mit ihnen verknüpften Erinnerungen und Bilder hervorgerufen und dank der Sprache mit verbalen Systemen verbunden werden [Bucci, 1994]. Nach Kohler Riessman [1990] dient das Erzählen von Narrativen hauptsächlich dazu, Lebensereignissen, die die Kontinuität des Erlebens unterbrochen haben, Sinn und Bedeutung zuzuschreiben. Das Geschichtenerzählen erlaubt Adoptivkindern, interne Repräsentanzen der leiblichen Eltern aufzubauen. Es handelt sich dabei um den Versuch, den Verlust der leiblichen Eltern wiedergutzumachen. Adoptiveltern können zwar leibliche Eltern in ihren Rollen und Funktionen ersetzen, doch bleibt es dem Adoptivkind überlassen, eine interne kohärente elterliche Repräsentanz aufzubauen. Dies scheint vor allem für Kinder, die zum Zeitpunkt der Adoption schon älter waren, schwierig zu sein. Das ältere Kind muss von neuem beginnen, da der natürliche Prozess der Auseinandersetzung mit den Eltern oder anderen Bezugspersonen unterbrochen wurde.

«Je suis né nulle part, de personne. J'ai été élevé par un homme et une femme qui ont décidé de devenir un papa et une maman. Ils m'ont donné leur nom et leur religion. Mais, surtout, ils m'ont donné leur mémoire. J'en ai perdu la mienne», sagt Dubois [1990, S. 15]. («Ich bin nirgendwo geboren, von niemanden. Ich wurde aufgezogen von einem Mann und einer Frau, die sich entschlossen hatten, Papa und Mama zu werden. Sie haben mir ihren Namen und ihre Religion gegeben, aber vor allem auch ihr Gedächtnis. Ich habe das meine verloren»; Übersetzung B.S.)

Früher oder später wird das Adoptivkind seine erlebte Vergangenheit in einer vertrauensvollen Beziehung fantasierend zu erzählen beginnen. Die Narrative repräsentieren den Wunsch des Kindes nach Ausgestaltung dessen, was mit ihm geschehen ist, und entsprechen ebenso einem Grundbedürfnis, Gefühle von Verzweiflung, Hilflosigkeit, Angst, Scham und Schuld abzuwehren. Sie beinhalten zudem auch den Wunsch, das, was das Kind auf der Fantasieebene zerstört zu haben glaubt, wiedergutzumachen. Diese Fantasien ermöglichen schließlich auch eine narzisstische Befriedigung, auf die das Kind aufgrund der unerträglichen Verletzung, die es erlitten hat, angewiesen ist. Die Narrative enthalten Elemente von Wirklichkeit, stellen jedoch meist zu großen Teilen phantasmatische Konstruktionen dar, die das Kind manchmal so erzählt, als ob es sich um ein reales Erleben seiner Vergangenheit handeln würde. Die Geschichten können auch Tatsachen der Realität, die zu schmerzhaft oder zu schambehaftet sind, ausschließen. Kinder, die z. B. physische oder sexuelle Gewalt erlitten haben, verneinen oft, missbraucht worden zu sein, selbst dann, wenn sie auf ihrem Körper sichtbare Spuren erlittener Misshandlungen tragen. So erzählte z. B. ein Junge, dessen Narben von Verbrennungen durch ein Bügeleisen herrührten, dass ein Bügeleisen auf ihn gefallen sei.

Kinder erzählen oft wirre, scheinbar zusammenhanglose Geschichten, bei denen der Eindruck entsteht, sie könnten nicht der Realität entsprechen. Erwachsene werfen ihnen manchmal vor, zu lügen. Umgekehrt kann das Kind seine Vergangenheit hochgradig idealisieren, so dass seine Erzählung in groteskem Widerspruch zur Realität stehen mag. Die oft viel zu schmerzliche Wirklichkeit muss abgewehrt werden, sofern das Kind sie nicht verdrängt. Oft haben Kinder aber auch viel zu große Angst, von ihrer Vergangenheit zu erzählen, da sie sich vorstellen, Geheimnisse preiszugeben, die katastrophale Folgen haben könnten. Der Rückzug in die innere Fantasiewelt stellt eine Möglichkeit dar, die traumatische Situation zu ertragen, d. h. das traumatische Geschehen durch Besetzung einer Gegenwelt aus dem Bewusstsein hinauszudrängen, die Erinnerung an das Ereignis fernzuhalten oder die ursprünglichen Gefühle von Angst, Hilflosigkeit und Verzweiflung abzuspalten.

Nach Wilkinson und Hough [1996] bemühen sich Kinder, aus affektiven Eindrücken Erinnerungen zu schaffen, die Auswirkungen solcher Erinnerungen zu kontrollieren und einen kontinuierlichen Selbstsinn in Beziehung zu anderen zu etablieren. Adoptiveltern halten solche Erzählungen von Erinnerungen manchmal für Lügen, da sie tatsächlich nicht verifiziert werden können; es handelt sich aber nicht um Lügen, sondern um eine Verbindung – wenn auch illusorischer Natur – mit der Vergangenheit und somit eine Möglichkeit, die erlebte traumatische Trennung zu neutralisieren.

Narrative gleichen Märchen oder Mythen. Die Phantasmen adoptierter Kinder enthalten das Thema der Aussetzung. Das ausgesetzte Kind wird nach Moro [1989] mit einer Erfahrung von außergewöhnlicher Gefahr konfrontiert; es bewahrt die Erinnerung an die Gefährdung in Form von interaktiven Phantasmen über sich und seine Umgebung. Diese phantasmatischen Produktionen oszillieren zwischen zwei Polen: einer extremen psychischen Verletzbarkeit und der Entwicklung eines außerordentlich kreativen Potenzials. Das Kind entwickelt sich in einer Umgebung, die die kindliche Überzeugung einer radikalen Fremdheit teilt. Die Aussetzung und das Verlassenwerden können die Bedeutung eines versteckten, potenziellen Infantizids bekommen. Das Adoptivkind stellt sich in seinen Phantasmen die existenzielle Frage, wem es sein Überleben verdankt. Hat das Kind dank eines Wunders, einer guten Fee, einem Engel, einem Schutz spendenden Tier oder aufgrund seiner persönlichen Allmacht überlebt? Die Geschichten versuchen Antworten auf solche Fragen zu geben.

Beispiel

Ein zehneinhalbjähriger Junge aus Südamerika zeichnet während eines Erstgespräches, in Anwesenheit seiner Adoptivmutter, folgende Geschichte: «Ein Walfisch im Meer findet einen kleinen Jungen, der ins Wasser gefallen ist, und bringt ihn ans Ufer; der Walfisch wird von Fischern gefangen, die ihn jedoch wieder loslassen, da er einen kleinen Jungen gerettet hat.» Nachfragen verdeutlichen, dass es sich um einen Jungen von drei Jahren handelt, ein verlorenes Kind, von dessen Eltern man nicht weiß, was mit ihnen geschehen ist. Diese Geschichte lässt an die biblische Heldenerzählung von Jonas' Wiedergeburt nach einem Aufenthalt im Bauch des Walfisches denken.

Die Narrative, die das Kind von seiner Vergangenheit erzählt, enthalten zahlreiche Fragen nach Schuld und Verantwortung. Unbewusste Phantasmen, die leiblichen Eltern getötet zu haben, werden deutlich, wie auch die, von den Adoptiveltern gestohlen worden zu sein. Die Phantasmen enthalten aber auch Wünsche nach der Wiedervereinigung mit den leiblichen Eltern und nach Wiedergutmachung.

Beispiel

Ein achtjähriges adoptiertes Mädchen bringt zur ersten Begegnung einen traurigen Papagei (ein Plüschtier) mit. Seine Traurigkeit sei ein Geheimnis, das nur es allein kenne. Es erzählt seinen «großen Traum»: «Ein Babyvogel ist fortgeflogen und hat sich verirrt. Der Vater des kleinen Vogels findet ihn wieder und bringt ihn der Mutter, die auf ihr Baby wartet, als Überraschung zurück.» Der Traum enthält ein Phantasma über das eigene Verschulden des Verlustes der leiblichen Eltern und gleichzeitig den Wiedervereinigungswunsch mit ihnen [Steck, 1997b].

Nach Winnicott [1990a] dient alle Aggression, die nicht geleugnet und für die eine persönliche Verantwortung übernommen wird, dem Werk der Wiedergutmachung und Wiederherstellung. Im Kern jeden Spiels, jeder Arbeit und jeder Kunst findet sich unbewusste Reue über das in der unbewussten Fantasie begangene Zerstörerische und ein unbewusstes Verlangen, die Dinge wiedergutzumachen.

Beispiele

Die achtjährige, schwer traumatisierte Alice (sie wurde mit eineinhalb Jahren in einem ausgeprägten Verwahrlosungszustand und mit schwerstem Entwicklungsrückstand hospitalisiert) zeichnet ein Mädchen, das fünf Jahre alt sei und seine eineinhalbjährige Puppe, die – wie sie selbst – Alice heiße, spazieren führe (Abb. 10). Alice möchte das fünfjährige Mädchen sein. Sie zeichnet zwei Herzen als Ausdruck der Liebe der beiden sowie eine Spritzkanne, da die beiden Blumen Wasser benötigen. Das Bedürfnis der achtjährigen Alice wird deutlich, sich – in einem Regressionszustand –

Abb. 10. Alice, 8 Jahre: Ein fünf Jahre altes Mädchen führt seine eineinhalb Jahre alte Puppe spazieren.

um sich selbst als eineinhalbjährige zu sorgen, d. h. ihren inneren Säugling zu «heilen».

Ein siebenjähriges Mädchen wird wegen Eifersucht, Traurigkeit und Wutausbrüchen seit der Ankunft ihrer Adoptivschwester vor neun Monaten zur kinderpsychiatrischen Konsultation gebracht. Lisa habe die Adoptivmutter, von der sie keine Trennung ertrage und in deren Bett sie schlafe, in ihren Wutausbrüchen gebissen. Sie sei sehr traurig, da sie nicht wie ihre beste Freundin mit ihrer «Geburtsmami» leben könne und träume von ihrer Geburt. Nach den Angaben der Adoptiveltern sei Lisa unmittelbar nach der Geburt von ihrer leiblichen Mutter getrennt und im Krankenhaus aufgrund einer schweren Infektion behandelt worden. Mit zwei bis drei Jahren habe Lisa Geburt spielen wollen und ihr liebstes Spiel habe darin bestanden, dass ihre

Adoptivmutter unter verlorenen Hunden den Hund Lisa haben auswählen müssen. Im ersten Gespräch mit ihren Adoptiveltern will Lisa ihre Geburt zeichnen (Abb. 11): Sie zeichnet, wie ihre Adoptivmutter Lisa mit Hilfe des Arztes zur Welt bringt in einem Entbindungssaal, der mit einer großen Lampe ausgestattet ist. Lisa versucht, durch ihre Wiedergeburt die Adoption und die damit verbundene große Verunsicherung in ihrer Bindung zur Adoptivmutter ungeschehen zu machen. Sie scheint das bei ihrer Geburt erlittene psychische Trauma (Trennung von der leiblichen Mutter, Hospitalisation wegen schwerer Erkrankung) bzw. die damit verbundenen Gefühle wiederzuempfinden: Wut, Trauer und vor allem Angst, wiederum abgelehnt zu werden. Lisa erlebt die Ankunft ihrer Schwester als Ablehnung, da diese die

Abb. 11. Lisa, 7 Jahre: Ihre Adoptivmutter bringt sie in einem Entbindungssaal mit Hilfe eines Arztes zur Welt.

Verfügbarkeit der Adoptiveltern beansprucht, die sich bis jetzt einzig und allein um Lisa kümmerten.

Beispiel

Folgendes Beispiel zeigt die bei Adoptivkindern häufigen Phantasmen, von den Adoptiveltern gestohlen worden zu sein: Der sechsjährige Jonathan befindet sich seit drei Jahren bei seiner Adoptivfamilie. Bei der Teilnahme an einer psychoanalytisch orientierten Gruppentherapie versucht Jonathan wiederholt, sich zu verletzen; er muss fortwährend körperlich gehalten werden. Er wirft den Therapeuten vor, Diebe von Schätzen und von Kindern zu sein. Schließlich ruft er aus: «Ich will mich töten» und stellt später die Frage: «Warum kann ich mich nicht töten?» Jonathan hat das Gefühl, seinen leiblichen Eltern entrissen und gestohlen sowie abgelehnt und ausgesetzt worden zu sein. Er behält seine affektiven Bindungen an seine leiblichen Eltern aufrecht und wirft seinen Adoptiveltern (in der Übertragung auf die Therapeuten) vor, ihn gestohlen und entrissen zu haben. In der Rolle des hilflosen und hoffnungslosen Opfers gegenüber der traumatischen Situation der Vergangenheit kommen sein Schmerz und seine Verzweiflung in autoaggressivem Verhalten zum Ausdruck, getragen von dem Phantasma, dass der Tod ihn «retten» werde.

Der infantile Schmerz tritt bei Nichtbeachtung von Grundbedürfnissen des Säuglings auf und ist mit einem Ausbleiben der emotionalen Kommunikation in der Phase der absoluten Abhängigkeit verbunden. Diese Erfahrung führt zur Verzerrung des Entwicklungsprozesses und ist von unvorstellbaren Ängsten des Fallens, der Desintegration und Depersonalisation begleitet. Infantiler Schmerz ist also vorhanden, bevor ein autonomes Ich da ist. Er wird oft durch Panik und manchmal auch durch Suizid statt durch Erinnerung abgewehrt [Winnicott, 1990b].

Die Narrative enthalten aber auch die Phantasmen narzisstischer Rage und mörderischer Wut. Die Mordphantasmen werden verleugnet, kommen aber verschlüsselt in symbolischer Form, z. B. im Spiel oder in Zeichnungen und den dazugehörenden Kommentaren, zum Ausdruck.

Beispiel

In der ersten Stunde nach einer zweimonatigen Therapieunterbrechung erzählt ein fünfjähriges adoptiertes Mädchen: «Ich habe die Mutter von meiner Freundin umgebracht.» Das Mädchen verlangt von seiner Therapeutin, sie solle ein Gefängnis bauen und es darin, an Händen, Füßen und dem ganzem Körper gefesselt, einsperren.

Für die Phantasmen von mörderischer Wut gegenüber den leiblichen Eltern, die das Kind verlassen und verstoßen haben, muss das Adoptivkind bestraft werden. Das Gehaltenwerden (durch die Fesseln im Gefängnis) führt zum Abbau der mit der Wut einhergehenden, unerträglichen Angstgefühle. Das Gefängnis stellt gleichzeitig einen Schutz davor dar, dass die Phantasmen mörderischer Wut nicht wiederum zum Beziehungsabbruch führen, wie er in der Vergangenheit mit den leiblichen Eltern stattgefunden hat.

Dieses und ebenso das folgende Beispiel illustrieren, wie die äußere Realität – der Verlust der leiblichen Eltern – dem Adoptivkind wie eine Bestätigung seiner Angst erscheint, seine mörderischen Phantasmen «ausgeführt», d. h. seine leiblichen Eltern getötet zu haben.

Beispiel

Die zukünftigen Adoptiveltern verlangen für den achtjährigen Carlos, der aus Südamerika stammt und seit neun Monaten in ihrer Familie lebt, eine kinderpsychiatrische Konsultation wegen aggressiven Verhaltens in der Schule und in der Familie. Carlos zeichnet ein Unterseeboot in einem Walfisch und sagt: «Das ist ein (männliches) U-Boot, das den (weiblichen) Walfisch explodieren lässt; dieser geht zugrunde und stirbt.» Das U-Boot, Repräsentanz des Jungen, scheint im Phantasma von Carlos verantwortlich für den Tod des mit ihm schwangeren Walfisches (Repräsentanz seiner leiblichen Mutter) zu sein.

An der Wurzel jeder asozialen Tendenz [Winnicott, 1974b, 1990a] begegnen wir immer dem Erlebnis eines Verlustes. Die Aggressivität ist fast immer die Dramatisierung einer inneren Realität, die zu negativ ist, als dass sie als solche toleriert werden könnte. Folgende Beispiele zeigen das Strafbedürfnis für Mordfantasien.

Beispiele

In einer psychotherapeutischen Gruppe (psychoanalytisch orientiertes Psychodrama) spielen die Jungen (im Alter zwischen 10 und 13 Jahren, drei von ihnen sind adoptiert) die Geschichte eines Waisenmädchens, das ins Gefängnis gesperrt wird. Es muss bestraft werden, da es keine Eltern hat. Eine Königin möchte das Mädchen adoptieren; das Mädchen verweigert jedoch die Adoption.

In der auf das Spiel folgenden Diskussion erklären die Jungen, dass das Mädchen seine leiblichen Eltern getötet habe und dafür bestraft werden müsse. Die Jungen sind sich einig in der Aussage, dass es nicht möglich sei, zwei Elternpaare zu besitzen. Die Phantasmen des Familienromans, nämlich von nobleren, d. h. königlichen Eltern abzustammen, zeichnen sich in der Geschichte ab, können im Spiel jedoch nicht «verwirklicht» werden. Es ist, als ob die reale Existenz von leiblichen Eltern die innere Ausgestaltung des Familienromans verunmöglichen würde. Eine Adoption wird im Spiel abgelehnt. Das Mädchen verhält sich seinen leiblichen Eltern gegenüber loyal.

Die zukünftigen Adoptiveltern wünschen eine kinderpsychiatrische Konsultation für ihren achtjährigen Jungen, der von der ersten Adoptivfamilie abgelehnt worden ist. Philipp inszeniert und wiederholt ein Spiel, in dem ein böser Säugling, der seine Eltern krank gemacht und getötet hat, bestraft werden muss. Das Haus, in dem der Säugling lebt, verbrennt. Die zu Hilfe gerufenen Autoritäten, die Polizei und die Feuerwehr, sind unfähig, den bösen Säugling zu beherrschen. Schließlich transportiert der böse Säugling die kranken oder toten Eltern bzw. Autoritäten ins Krankenhaus oder ins Gefängnis.

Die Phantasmen von Philipp zeigen, dass er das Gefühl hat, ein böser und destruktiver Säugling gewesen zu sein, der verantwortlich ist für den Beziehungsabbruch mit seinen primären Bezugspersonen. Er scheint jegliches Vertrauen in eine Autorität, die das Gesetz, die Ordnung und die Sicherheit wiederherstellen würde, verloren zu haben. Er, der auf eine mörderische Art und Weise seine Nächsten und sein Haus zerstört hat, muss versuchen, die Ordnung wiederherzustellen und die Verletzten oder Toten zu heilen.

Wo von Seiten der Eltern keine schützende und Halt vermittelnde Umwelt zur Verfügung gestellt wird, schafft sich das Kind eine andere Realität, die die Illusion aufrechterhält, es könne seine Bedürfnisse selbst befriedigen und sich selbst helfen dank seinem Glauben an die eigene Allmacht [Winnicott, 1974b].

Beispiel

Von ihrem achtjährigen, an Hämophilie leidenden Jungen berichten die Adoptiveltern, dass er dauernd am Kragen seiner Kleidung zerre, wie wenn er sich daran halten wolle, und so Hemd oder Pullover zerreiße; er zeige entweder sehr regressives Verhalten, nässe z. B. nachts ein, oder aber ausgesprochen gefährliches Ausagieren (suizidale Tendenz). Ricardo erzähle nie etwas von seiner Vergangenheit, antworte auf diesbezügliche Fragen nur mit «ich weiß nicht», spiele wiederholt Geburtsszenen und habe gesagt «meine Mutter hat Angst, dass ich tot bin».

«Die antisoziale Tendenz entsteht immer aus einer Deprivation und stellt den Anspruch des Kindes dar, in den Zustand vor der Vorenthaltung zurückzugelangen, zu dem Zustand, der herrschte, als alles in Ordnung war ...» [Winnicott, 1974b, S. 269], sie ist immer mit Hoffnung verbunden und äußert sich in Stehlen oder aggressiver Betätigung und Zerstörung. Sie ist ein Zwang, ein SOS-Ruf, ein Notsignal. Man kann sagen, das Ausagieren sei eine Alternative zur Verzweiflung. Ist das adoptierte Kind in Bezug auf eine Wiedergutmachung des ursprünglichen Traumas hoffnungslos, so lebt es in einem Zustand relativer Depression oder von Dissoziationen, die den chaotischen Zustand, der ständig droht, verdecken. Beginnt das Kind jedoch eine Person zu besetzen, d. h. tritt es in eine Objektbeziehung ein, dann beginnt sich die antisoziale Tendenz zu manifestieren, es entsteht so etwas wie ein Zwang, entweder Ansprüche zu stellen (z. B. die bedeutungsvoll gewordene Person zu bestehlen) oder durch destruktives Verhalten eine strenge oder gar vergeltende Lenkung zu aktivieren, wie folgendes Beispiel illustriert.

Beispiel

Eine erste kinderpsychiatrische Untersuchung von Friedrich findet wegen Verhaltensstörungen (Stehlen, Lügen, Davonlaufen) und autoaggressivem Agieren (körperliche Verletzungen) im Alter von zehn Jahren statt. Im Alter von fünf Jahren ist Friedrich zur Adoption in eine Pflegefamilie gekommen; eine legale Adoption hat jedoch wegen der Schwierigkeiten von Friedrich nicht stattgefunden. Bei der Integration von Friedrich in die zukünftige Adoptivfamilie habe er verlangt, seinen Namen zu ändern, sich seither mit dem Nachnamen der Pflegefamilie benannt und sich auch einen eigenen Vornamen gegeben.

Friedrich nimmt im Erstgespräch sehr vorsichtig Kontakt auf, zeigt sich zu Beginn misstrauisch, beobachtend und kontrolliert die Beziehung. In einem Squiggle-Spiel [Winnicott, 1973b] zeichnet er eine halbe Tanne und sagt, es werde bald Winter. Die Tanne werde ein Weihnachtsbaum, man fälle sie; sie werde verkauft; man schmücke sie, werfe sie dann aber weg (Abb. 12).

Friedrich scheint seine eigene Geschichte zu erzählen, nämlich die eines halben (der leiblichen Eltern deprivierten) Kindes, das die Hoffnung hegt, in der neuen Pflegefamilie zu einem schmucken Weihnachtsbaum heranzuwachsen, der nicht mehr weggegeben wird. Friedrich assoziiert, er habe ein Foto seines Vaters gesehen, auf der dieser nur zur Hälfte abgebildet sei. Auf Nachfrage antwortet Friedrich, er wisse nichts von seinen leiblichen Eltern, wolle nichts wissen, da dies mit unangenehmen Gedanken verbunden sei, die er lieber ausblende.

Abb. 12. Friedrich, 10 Jahre: Eine halbe Tanne, die ein Weihnachtsbaum wird: man fälle sie, verkaufe sie, schmücke sie und werfe sie dann wieder weg.

Im folgenden Squiggle erzählt Friedrich die Geschichte zweier Räuber, deren Hauptanliegen es sei, zu stehlen. Das nächste Squiggle handelt von einem Papagei, der bis nach Amerika geflogen sei. Friedrich fügt an, mit seiner leiblichen Mutter, die für immer nach Amerika verreist sei, seit dem Alter von vier Jahren keinen Kontakt mehr zu haben und fährt fort: «Hallo, wie geht es Ihnen, viele Grüße von Deinem Sohn.» Die Mutter grüße zurück, schließe die Türe aber gleich wieder. Friedrich fliege durch das Fenster hinein, doch die Mutter sei bereits fort. Er versuche, sie telefonisch zu erreichen, doch sie ziehe den Stecker des Telefons raus. Friedrich schlage ein Loch mit seinem Schnabel und picke seine Mutter mit dem Schnabel. Friedrichs Wut richtet sich gegen seine ihn ablehnende leibliche Mutter.

Eine Trauerarbeit über den Verlust der leiblichen Eltern und seine durch Beziehungsabbrüche und Milieuwechsel geprägte Vergangenheit kam bis jetzt nicht zustande. Friedrich wird von archaischen Impulsen überflutet, die er abzuwehren und zu kontrollieren versucht. Sie kommen jedoch in den körperlichen Verletzungen und in seinen asozialen und gefährlichen Verhaltensweisen zum Ausdruck.

Diskussion

Es handelt sich teilweise um eine maniforme Abwehr, die von Winnicott als eine Unfähigkeit betrachtet wird, inneren psychischen Realitäten ihre volle Bedeutung zu geben. Peinliche, schmerzvolle Erinnerungen, vor allem Verluste, werden verleugnet. Das Subjekt verhält sich wie abgeschnitten von seinen Erinnerungen der Vergangenheit und befindet sich in einer Art andauernder Gegenwart, in der es weder Verlust noch Tod gibt [Winnicott, 1976]. Adoptiveltern beobachten immer wieder, dass Adoptivkinder in den Tag hineinleben, sich nicht in die Zukunft projizieren können, oder wenn doch, so nur in Form allmächtiger, unrealisierbarer Projekte. Winnicott spricht von einer Flucht vor der inneren psychischen Realität.

Wenn das Kind seine erlebte Vergangenheit fantasierend zu erzählen beginnt, ist nicht von Bedeutung, ob diese Narrative tatsächlich Elemente der Wirklichkeit darstellen oder nicht. Wesentlich ist vor allem, dass das Kind auf eigene Art und Weise seine innere psychische Realität mitteilen kann. Wichtig ist dabei, dass ein Erwachsener, zu dem das Kind Vertrauen hat und der ihm emotional zur Verfügung steht, seine Geschichte anhört. Diese erwachsene Person muss imstande sein, sich mit dem Kind zu identifizieren, sein Leiden und seinen Schmerz mitzuempfinden, ohne selbst von ähnlichen Gefühlen überflutet zu werden. Sie sollte weder das Kind noch die Personen verurteilen, die sich um das Kind nicht kümmerten oder deren Opfer es geworden ist. Das Zuhören entspricht gleichzeitig einem Ertragen des Schreckens und der «unerträglichen» Gefühle, die das Kind erlitten hat.

Gelingt es dem Kind nicht, in Worten auszudrücken, was mit ihm geschehen ist, so zeigt manchmal sein symptomatisches Verhalten, was es psychisch nicht integrieren kann. Indem der Erwachsene die Narrative des Kindes während seiner Entwicklung aufnimmt, findet ein sehr wichtiger Prozess des Bewusstwerdens und der Symbolisierung von unbewussten und präverbalen Inhalten und Emotionen statt. Die Narrative ändern sich, da das Kind die mit den Phantasmen verbundenen unbewussten Emotionen nur allmählich empfinden und ausdrücken kann, parallel zu seiner Ich-Entwicklung und seiner Fähigkeit, sie innerpsychisch ertragen zu können. Das Kind braucht den Erwachsenen, damit dieser seine Verzweiflung mitfühlt und ihm hilft, die erlebte Vergangenheit zu verstehen, ihr eine Bedeutung und eine Kohärenz zuzuschreiben. Dieser Prozess erlaubt es dem Kind, langsam die Trauergefühle über seine schmerzlichen Verluste und die damit verbundenen Verletzungen zuzulassen. Das Trauern ermöglicht, eine eigene Identität gegenüber den doppelten Elternpaaren (und eventuell den doppelten Kulturen) zu finden und aufzubauen, was zur Wiederherstellung des narzisstischen Gleichgewichts des Kindes beiträgt.

Narrative, die das Kind einer bedeutsamen Bezugsperson erzählt, fördern einen Trauerprozess und die Verarbeitung von Verlusten und psychischen Traumata. Kommt es dank der Erzählungen zum Empfinden und Aussprechen von Phantasmen und erlebten Emotionen der traumatischen Erfahrung, so kann diese eine Veränderung erfahren. Bleibt jedoch das traumatische Ereignis unausgesprochen, d. h. dem verbalen Diskurs entzogen, so entstehen aus den nicht vorstellbaren oder nicht aussprechbaren Ereignissen Geheimnisse. Das Vorhandensein eines Geheimnisses stört jede bedeutungsvolle Beziehung, also auch die Eltern-Kind-Beziehung, da die affektive Geschichte des Kindes in der Hoffnung aktualisiert wird, die bedeutsame Bezugsperson werde ihm bei der Bearbeitung und Sinngebung der erlebten Ereignisse helfen können. Es sind die Worte, die Erfahrungen benennbar und mitteilbar machen [Tisseron, 1992].

Der unbehinderte emotionale Dialog zwischen Adoptiveltern und Adoptivkind ist deshalb so wichtig, weil sonst unbenannte Phantasmen, Wünsche, Ängste und Gefühle, die mit den leiblichen Eltern, der Herkunft und der persönlichen Geschichte des Kindes verbunden sind, zu zusätzlichen intrafamiliären Geheimnissen führen.

Die Enthüllung der fantasierten und/oder realen Vergangenheit ermöglicht ein gemeinsam geteiltes Erleben anhand der erzählten Geschichte und festigt die affektive Bindung von Adoptiveltern und Kind. Die Narrative, die Adoptivkinder bedeutsamen Bezugspersonen erzählen, ermöglichen eine Integration abgespaltener seelischer Inhalte, indem un- und vorbewusste Abläufe in eine metaphorische Sprache «übersetzt» werden.

Die schwierigste und ohne Zweifel wichtigste Aufgabe für Adoptivkinder besteht darin, in ihrer psychischen Innenwelt die Repräsentanzen ihrer leiblichen und anderer bedeutsamer Bezugspersonen – sofern solche vorhanden waren – mit denen ihrer Adoptiveltern zusammenzubringen [Ferrari, 1986]. Dank dieser phantasmatischen Annäherung kann sich ein Gefühl genetischer Abstammung und Zugehörigkeit und damit eine wahre Eltern-Kind-Bindung und -Beziehung entwickeln.

. . . ich habe gelitten
unter Deiner Aussetzung.
Warum? Wer bist Du?
Von Dir sagt man,
Du seiest mein Blutsvater
Unter welchem Gesicht,
in welchem Körper versteckt sich
das Bild Deines Kindes?
Wer bist Du, Du, der Du mich ausgesetzt
hast aus Feigheit? Aus Notwendigkeit?
Du, Gespenst meiner Kindheit
bevölkerst meine Kinderträume,
Du warst mein Tröster
in Momenten der Verzweiflung.
Zu Dir wandte ich mich,
Dich flehte ich an in meinem Weinen,
in meinem Leiden als Kind.
Du warst immer mein Gespenst,
das keinen Namen trug,
das kein Gesicht hatte,
wie oft bin ich eingeschlafen
Dich rufend,
Dir meine Arme entgegenstreckend,
hoffend jedes Mal, dass Du erscheinst.
Du bist nie gekommen,
Du hast mir niemals in meinem Schlaf
die Gründe der Flucht meiner Mutter
erklärt.

Meine Mutter
Kein Wort ist möglich,
um den Hass zu beschreiben,
den ich ihr als Kind trug,
ich verfluchte sie.
Im Grunde, bist Du es oder ist sie es,
die ich verdammen muss?
Wer von Euch beiden
ist der Schuldigere?
Ja, in meinen Augen
werdet ihr immer schuldig sein,
auch dann,
wenn die Umstände Euch Recht geben.
Ich habe zu sehr gelitten
und ich leide immer noch.
Eure Aussetzung hat sich auf mein
affektives Leben ausgewirkt.
Wie wenn ich Unglück brächte
und den Personen wehtue, die mich
lieben und die nichts dafür können.
Ich möchte so sehr,
eines Tages in der Zukunft,
Euch sehen mit meinen eigenen Augen,
Eure Gesichter streicheln
mit meinen Händen,
für einen Moment nur,
Euer Kind werden.
Aber das Kind sein einer Liebesverbindung und nicht nur einer sensuellen.

Adoptierte Jugendliche

IV KLINISCHE BEISPIELE

Vorschulalter

Beispiel

Anna, viereinhalb Jahre alt, wird von ihrem Adoptivvater zur kinderpsychiatrischen Konsultation gebracht, da sie vom Tode besessen sei, verwirrt spreche und einen allgemeinen Entwicklungsrückstand aufweise. Wie der

Adoptivvater berichtet, wurde Anna mit eineinhalb Monaten von den Adoptiveltern aus einem Waisenhaus in Südamerika in die Schweiz geholt. Anna habe ihre Adoptivmutter mit zweieinhalb Jahren durch einen plötzlichen Herztod verloren; ihre Entwicklung sei darauf stillgestanden. Anna habe erst sechs Monate nach dem Tod ihrer Adoptivmutter, also mit drei Jahren, zu sprechen begonnen. Sie habe dann in Weinkrisen verzweifelt geschrien, sie wolle mit ihrer Mutter im Himmel wieder vereinigt werden. Nach dem Tod der Adoptivmutter hätten sich eine Gouvernante sowie die Großmutter mütterlicherseits um Anna und ihren drei Jahre älteren, ebenfalls adoptierten Bruder gekümmert. Die Großmutter treibe einen wahren Kult um den Tod ihrer Tochter. Seit sechs Monaten sei der Adoptivvater wieder verheiratet. Ihre ambivalenten Gefühle gegenüber ihrer Stiefmutter drücke Anna folgendermaßen aus: «Das ist nicht dein Zuhause.» «Du wirst dich nicht töten.»

In den kinderpsychiatrischen Einzelgesprächen spielt Anna die Geschichte einer kranken Großmutter und eines kranken Mädchens, das seine Krankheit zwar nicht kenne, aber selbst verursacht habe. Es weine, da es seine Mutter verloren habe, und wolle zu ihr gehen. Die Ärztin verbrenne das Mädchen, um es zu heilen. Im folgenden Spiel (der Szeno-Test nach von Staabs wird als Spiel- und Kommunikationshilfe für die Zwecke eines diagnostisch-therapeutischen Interviews eingesetzt) zündet Anna mit Bäumen ein Feuer an und erklärt, man sterbe, wenn man verbrenne. Der viereinhalb Jahre alte Säugling habe keine Angst verbrannt zu werden, er wolle seine Mutter wiederfinden; die Mutter werde ihr Kind wiedererkennen. In einer weiteren Inszenierung kommentiert Anna, sie, ein Säugling, trage ein Kind von ihrem Vater und müsse wegen dieser «Dummheit» ihr Zuhause verlassen.

Diskussion

Das Spiel zeigt Annas intensives Bemühen um Konfliktlösung und Wiedergutmachung. Sie gibt ihrem Gefühl, krank zu sein und ihre Krankheit selbst verschuldet zu haben, Ausdruck. Sie wünscht, von der Ärztin geheilt zu werden, was – in ihrer Vorstellung – durch ihre Verbrennung und das Wiederfinden ihrer Mutter zustande kommt. In ihrem Phantasma muss sie sterben, um mit ihrer Mutter vereinigt zu werden. In einer Regressionsbewegung (als Säugling) setzt sich Anna mit der Frage nach ihrer Schuld auseinander. Sie wird für ihren ödipalen Wunsch, vom Vater ein Kind zu haben, bestraft. Fragt sich Anna in ihren unbewussten Phantasmen, ob sie ihre Mutter getötet habe (ödipale Rivalität mit der Mutter um den Vater), deswegen krank geworden sei und bestraft werden müsse? Ihre Wut und ihre Angst vor ihrer Aggressivität gegenüber der Stiefmutter, die ihren Platz und den der Mutter an der Seite des

Vaters einnimmt, äußern sich durch Annas Aussagen «Das ist nicht dein Zuhause» und «Du wirst dich nicht töten». In der zweiten Aussage verneint Anna ihren vorbewussten Wunsch, ihre Stiefmutter möge sterben, da dieser gleichzeitig mit großer Angst vor einem neuen Verlust verbunden ist, einer Wiederholung der früheren Verluste ihrer leiblichen und ihrer Adoptivmutter, der Beziehungspersonen im Waisenhaus sowie der Gouvernante.

Eine Psychotherapie wurde zu diesem Zeitpunkt nicht vorgeschlagen, da Anna offenbar ihren Entwicklungsprozess wieder aufgenommen hatte und im Vordergrund die Besetzung der neuen Mutter-Kind-Bindung stand.

Ein Jahr später kehren die Adoptiveltern zurück mit der Frage nach der bevorstehenden schulischen Integration von Anna. Im Kindergarten wirke Anna dumm, spreche verwirrt, habe zeitliche Orientierungsschwierigkeiten und einen Entwicklungsrückstand. Sie habe Mühe, sich im Kindergarten zu integrieren, benehme sich wie ein Junge, springe jedermann in die Arme und habe die Tendenz, sich zur Schau zu stellen. Anna erinnere sich an die Konsultation vor einem Jahr.

Zu Beginn des Einzelgesprächs mit Anna fällt sie durch ihr debiles Verhalten und ihre wirre Sprache auf. Nach diesem ersten Kontakt kann die Beziehung wieder aufgenommen werden und Anna erzählt ihre sich wiederholenden Albträume, aus denen sie mit Schrecken erwache und nicht mehr einschlafen könne. Inhaltlich wird sie in diesen Träumen von Männern geschlagen, die sie aus Notwehr tötet. Sie träume ebenfalls vom Tode ihres Vaters. In anderen Albträumen werde sie von Kindsfressern getötet. Sie spricht von ihren ständigen Schmerzen in Hals und Rücken; die nicht aushaltbaren Gefühle werden körperlich durch psychosomatische Symptome ausgedrückt. Sie teilt ihre große Traurigkeit mit, sie weine, wenn ein Tier sterbe. In der Identifikation mit einem sterbenden Tier kann Anna ihre Trauergefühle ausdrücken. Viele Ängste, vor allem auch die Angst, ihr Vater könnte sterben, verfolgen Anna. Sie wünscht sich, keine Angst mehr zu haben und von ihren Albträumen befreit zu sein. Von ihrem größten Kummer, dass ihre Mutter gestorben sei, spreche sie nie; doch deshalb habe sie Angst, dass sie getötet werde. Annas Angst vor Rache wird deutlich. Angst haben, meint Anna, sei dumm und böse, und sie sei dumm und böse, da sie Angst habe, und werde deshalb nicht geliebt. Die Unmöglichkeit, über den Tod der Adoptivmutter zu sprechen und dessen Ursache zu erfahren, erscheint im Empfinden von Anna gleichbedeutend zu sein mit Nicht-wissen-Dürfen, d. h. Dummsein.

Anna zeichnet eine Stute, die bald sechs Jahre alt sein werde; daneben einen Baum und einen von Männern vergifteten Apfel. Der den Apfel fressende Wurm werde getötet. Die Stute habe einen kleinen Säugling (ein Fohlen) adoptiert, da sie sich ein Kind wünsche, aber zu große Angst vor einem Gatten habe. Ein Unglück werde geschehen: Das Fohlen werde den vergifteten Apfel essen und krank werden, jedoch nicht sterben (Abb. 13). Der Apfel der Erkenntnis ist in Annas Vorstellung vergiftet. In einer Doppelidentifikation mit der Stute (Repräsentanz ihrer selbst als bald Sechsjährige) und deren Fohlen (Repräsentanz ihres kleinkindlichen Selbst) werden gleichzeitig Annas Wunsch, die Ursache des Todes ihrer Adoptivmutter zu kennen und über ihre Adoptionssituation informiert zu werden (das Fohlen ist adoptiert), und ihre damit verbundene Angst deutlich: Das Fohlen wird krank, stirbt jedoch nicht.

Nach diesem Gespräch (der dritten Sitzung), so berichtet der Adoptivvater, habe Anna einen Zusammenbruch erlitten und stundenlang in den Armen ihres Vaters geweint. Unter Schluchzen habe sie gesagt: «Als ich geboren wurde, habe ich Mama getötet»; «Meine Mama konnte nicht Groß-

Abb. 13. Anna, knapp 6 Jahre: Eine Stute, die bald sechs Jahre alt sein werde und ein Fohlen adoptiert habe, weil sie sich ein Kind wünsche, aber Angst vor einem Gatten habe.

mama werden»; «Ich will nie Mutter werden, nie Kinder haben, da ich sonst sterben werde wie meine Mama». Der Adoptivvater verglich das Geschehene mit einem «verknoteten Seil»; während dieses emotionalen Ausbruchs habe sich ein Knoten nach dem andern gelöst. Zum ersten Mal seien daraufhin gefühlsmäßige Bindungen zwischen Vater, Stiefmutter und Anna entstanden. In der Folge empfanden die Adoptiveltern Anna als stark verändert, als ein «anderes Kind».

Diskussion

Anna präsentierte sich zu Beginn dieser zweiten Begegnung tatsächlich als ein debiles und völlig verwirrtes Mädchen. Sie vermochte jedoch sehr bald, in Spielinszenierungen und Zeichnungen ihre Phantasmen, Gefühle und Ängste in kohärenten Geschichten auszudrücken. Deutlich wurden dabei ihre Befürchtungen, wie ihre Adoptivmutter zu sterben bzw. getötet zu werden, oder ihren Vater zu verlieren. Ebenso kamen Annas Schuldgefühle zum Vorschein, da sie glaubte, den Tod der Adoptivmutter verursacht zu haben: Sie fürchtete, dafür bestraft zu werden. Die Frage stellt sich, ob es Anna teilweise gelang, von der Vergangenheit und dem Schicksal ihrer Adoptivmutter Abschied zu nehmen bzw. einen Trauerprozess zu beginnen und sich zu ent-identifizieren. Das adoptierte Fohlen wird durch die vergiftete Erkenntnis, die lauten dürfte: «Nein ich habe meine Adoptivmutter nicht getötet», zwar krank, stirbt aber nicht.

Den Verlust von Vater oder Mutter ohne seelische Folgen zu bewältigen, wird mit zunehmendem Alter und fortgeschrittenerem, harmonischem Entwicklungsstand leichter möglich. Die Auseinandersetzung mit dem Tod eines Elternteils wird erschwert durch vorbestehende belastende Faktoren, wie dies in der Adoptionssituation der Fall ist – sei es durch kritische Lebensereignisse, sei es durch eine persönliche Problematik. Für ein Kind ist die Bearbeitung eines Verlustes besonders schwierig, wenn die konkreten Umstände des Todes den jeweiligen Entwicklungsproblemen des Kindes (z. B. ödipale Situation, Rivalität) scheinbare Realität verleihen [Bürgin, 1989b]. Kinder haben besondere Schwierigkeiten, einen Verlust zu akzeptieren, wenn der Schmerz als zu intensiv empfunden wird im Verhältnis zur Affekttoleranz des sich entwickelnden Ichs oder die Störung des narzisstischen Gleichgewichtes, d. h. der Verlust geliebt zu werden, als zu bedrohlich erlebt wird. Die Prozesse des Ungeschehenmachens, der Aggressivität und der Idealisierung des verlorenen Elternteils dienen dazu, die Ambivalenz gegenüber dem Verstorbenen nicht wahrnehmen zu müssen und diesbezügliche Schuldgefühle zu vermeiden. Das Kind muss die Identifikation mit den Phantasmen zur

Todesursache, aber auch mit den unbewussten Phantasmen von Todeswünschen aufgeben. Es sind diese unbewussten Fantasien, die aggressive Impulse enthalten und Schuldgefühle verursachen. Die Art des rationalen Verständnisses und der konzeptuellen Einordnung des Verlustes einer bedeutungsvollen geliebten Person in das Gesamt der bewussten und vorbewussten Phantasmen eines Kindes ist für die Trauerarbeit und den psychischen Neubeginn von zentraler Bedeutung.

Schulalter

Beispiel

Joël kam im Alter von sechs Jahren aus Indien zur Adoption in die Schweiz. Er wirft seinen Adoptiveltern vor, ihn gestohlen zu haben: Er habe sich verlaufen und seine (leiblichen) Eltern hätten ihn nicht wiederfinden können, da seine Adoptiveltern ihn mitgenommen hätten. Er denkt, dass seine Mutter sich nicht um ihn gekümmert habe, weil er ein hässlicher Säugling gewesen sei. Joël nimmt so die Verantwortung und die Schuld seines Verlassen-worden-Seins auf sich, gleichzeitig bewahrt er die Unschuld seiner leiblichen Eltern.

Joëls Zeichnung (Abb. 14, S. 164) ist von symbolischem Wert; er kommentiert sie folgendermaßen: «Ich schleppe mich ab, das ist ein neues, rotes Auto, das nicht fährt und das geflickt werden muss. Der Himmel und die Sonne wissen, was mit mir geschehen ist.» Joël stellt sich selbst als neues Auto dar, was wohl seiner Wahrnehmung entspricht, dass er materiell nichts mehr entbehrt. Das Auto ist rot, die Farbe der Liebe; Joël weiß, dass er von seinen Adoptiveltern geliebt wird. Aber das Auto fährt nicht, d. h. Joël funktioniert nicht, er weist schwere Lern- und Beziehungsstörungen auf. Das Auto soll geflickt werden: Joel ist sich seiner Probleme bewusst und weiß, dass er Hilfe benötigt. Von Joels persönlicher Geschichte ist nur bekannt, dass er in einem Männergefängnis in Indien untergebracht war, bevor er zur Adoption in die Schweiz kam. Der Himmel und die Sonne sind die gleichen, in Indien und in der Schweiz; sie allein kennen seine Vergangenheit, scheint Joël zu sagen.

Bei der Ankunft seiner zukünftigen zweijährigen Adoptivschwester aus Indien reagiert Joël, nun achtjährig, sehr eifersüchtig. Er schlägt seinen

Abb. 14. Joel, 8 Jahre: Ein neues rotes Auto, das nicht fährt und geflickt werden muss. «Der Himmel und die Sonne wissen, was mit mir geschehen ist.»

Adoptiveltern vor, in ein Internat zu gehen, damit sie ohne ihn mit seiner Schwester zusammen sein können. Joël erlebt die Ankunft seiner Schwester als eine Ablehnung und zieht es vor, von sich aus von seinem Zuhause fortzugehen, um nicht noch einmal unaushaltbare Gefühle des Verlassenwerdens ertragen zu müssen.

Diskussion

Adoptivkinder haben die Tendenz, potenzielle Trennungssituationen vorwegzunehmen und auszuagieren, z. B. durch Davonrennen, Flüchten. Sie vermeiden so die mit vorangegangenen Trennungen verbundenen schmerzhaften Gefühle, die in Trennungssituationen wieder aktualisiert würden. Die mit dem Verlassen-worden-Sein verbundenen aggressiven Gefühle können nicht gegen die abwesenden leiblichen Eltern gerichtet werden; sie kommen gegenüber den Adoptiveltern oft in Form von Verhaltensstörungen, Lügen, Stehlen und Aggressivität zum Ausdruck. Das Adoptivkind «nutzt» in einem gewissen Sinne seine Adoptiveltern bei seinem Versuch, die alten Wunden zu verarbeiten.

Adoleszenz

Besonderheiten der Adoleszenz bei adoptierten Jugendlichen

Die Adoleszenz stellt eine kritische Phase für adoptierte Jugendliche dar, da ihre Neugierde und ihr Interesse für ihre genealogische Geschichte intensiviert werden. Die Beschäftigung mit existenziellen Fragen und die damit verbundenen Einsamkeits- und Fremdheitsgefühle können bei adoptierten Jugendlichen, infolge des durch die Adoption entstandenen transgenerationellen Bruchs in ihrer persönlichen Geschichte, akzentuiert sein. Die Berichte adoptierter Jugendlicher zeigen, wie das in der Vergangenheit Erlebte – der Verlust ihrer Beziehung zu den leiblichen Eltern sowie der Verlust ihrer kulturellen Bindungen – ihre Identitätsentwicklung erschwert. Es handelt sich dabei um eine reale Erfahrung von Verlusten, im Gegensatz zum symbolischen Verlust, den alle Jugendlichen im Moment ihres Ablösungsprozesses von ihren Eltern erleben. Die körperlichen Veränderungen während der pubertären Entwicklung können bei jugendlichen Adoptierten zu einer intensiven Beschäftigung mit dem Ursprung ihrer körperlichen Charakteristika führen. Die von den leiblichen Eltern geprägte körperliche Übermittlung ist weder modifizierbar noch auslöschbar [Berger, 1997]. Ängste und Gefühle von Mangelhaftigkeit und Unzulänglichkeit, die den gesamten Körper, insbesondere aber die Geschlechtsorgane betreffen, kommen zum Ausdruck in Phantasmen wie z. B. nicht zeugungsfähig zu sein oder einen missgebildeten Säugling zu gebären – «ein Monster», sagte eine adoptierte Jugendliche. Ebenso besteht die Angst vor einer inzestuösen Beziehung mit einem unbekannten Familienmitglied.

Beispiel

Ein neunjähriges adoptiertes Mädchen, das sich seit einem Jahr in Psychotherapie befindet, inszeniert im Spiel wiederholt Situationen, in denen es eine junge Frau darstellt, die sich verliebt. Die junge Frau zweifelt, ob der sich um sie bewerbende Mann nicht ihr Bruder sein könnte, den sie schon so lange nicht mehr gesehen habe, dass sie ihn nicht mehr erkennen würde. Anamnestisch ist nicht bekannt, ob das Mädchen einen leiblichen Bruder hat.

Diskussion

Der Beziehungsabbruch zu den leiblichen Eltern kann – besonders während der Pubertät – zu einer unbewussten oder vorbewussten Ablehnung des sexuellen Körpers führen, zum Hass auf den eigenen Körper oder zu einem verzerrten Selbstbild als sexuell erwachsenes Subjekt.

Infertile Adoptiveltern mögen das Erwachen der Sexualität bei ihren jugendlichen Kindern wie eine persönliche Bedrohung empfinden [Bürgin, 1992a]. Die zeugungsfähigen Adoptierten können bei ihren Adoptiveltern Gefühle von Eifersucht, Rivalität und Minderwertigkeit auslösen. Das Inzestverbot basiert bei den Adoptierten nicht auf einer biologischen Realität, sondern ist gesetzlich festgelegt. In Adoptivfamilien kann die ödipale Situation durch die Abwesenheit des üblichen Inzesttabus intensiviert sein.

«Ich muss mich immer konstant anstrengen, um das Bild, das Andere sich von mir machen, aufrechtzuerhalten, das Bild – so denke ich – das die Anderen lieben. Ich fürchte, dass der Andere entdecken wird, dass es nur ein Bild ist, und er mich nicht mehr lieben wird, wenn ich meine Maske fallen lasse», sagt eine adoptierte Jugendliche. Diese Aussage entspricht ihrer Wahrnehmung einer fehlenden persönlichen Authentizität, die von Winnicott [1974b] als falsches Selbst bezeichnet wurde. Die Ausbildung eines falschen Selbst dient dem Schutz eines verletzbaren Selbstkerns. Die Funktion des falschen Selbst behindert die Eigenständigkeitsentwicklung (Individuation und Autonomie), ermöglicht es aber, sich den realen oder fantasierten Forderungen der Umwelt bedingungslos zu unterwerfen, um eine äußere Quelle möglicher Katastropheneinflüsse aus dem Erlebnisfeld auszuschalten. Der von der Abwehrorganisation eines falschen Selbst geschützte Selbstkern bleibt in frühkindlichen Strukturen gefangen und gefährdet.

Mit der Adoleszenz, die eine komplexe Entwicklungsphase darstellt, ist die Aufrechterhaltung eines falschen Selbst, die «manche Kinder befähigt, so zu erscheinen, als seien sie vielversprechend», nicht mehr möglich und «am Ende offenbart der Zusammenbruch den Umstand, dass das wahre Selbst nicht vorhanden ist» [Winnicott, 1974b, S. 76]. Bei adoptierten Jugendlichen, die Umweltversagungen oder Übergriffen ausgesetzt waren, ist das Risiko erhöht, auf ungünstige Umweltsituationen mit der Entwicklung eines falschen Selbst zu reagieren.

Im Adoleszenzalter sind Krisensituationen in Adoptivfamilien oft heftig, häufig und führen zu kinderpsychiatrischen Konsultationen. Die Adoptiveltern erzählen, sie hätten mit ihrem Adoptivkind während der Kleinkindzeit oder der Latenzperiode keine Probleme gehabt. Sie beschreiben Bilderbuchkinder, auf die sie stolz waren. Gleichzeitig haben sie jedoch oft festgestellt, dass ihr Kind Mühe hatte, eine Wahl zu treffen oder eine Entscheidung zu fällen, und es vorzog, die Eltern bestimmen zu lassen. Das Kind scheint sich dank seiner Anpassungsanstrengungen auf eine Art und Weise in seine

Adoptivfamilie integriert zu haben, dass seine Eltern seine Persönlichkeit des falschen Selbst als seine wahre Person wahrgenommen haben. Das falsche Selbst kann sich mühelos in die Familienstruktur einfügen. Leicht lässt es sich mit Gesundheit verwechseln. In der Adoleszenz werden die Adoptiveltern unerwartet mit einem ihnen fremden Verhalten ihres Sohnes oder ihrer Tochter konfrontiert, was sie oft hochgradig verunsichert und mit Entsetzen erfüllt.

Die Krise der Adoleszenz kann verschiedene Formen annehmen und sich unterschiedlich manifestieren: Sie kann mit der körperlichen Entwicklung des Jugendlichen verbunden sein und zu psychosomatischen Symptomen führen; sehr heftige Formen können in delinquentem Verhalten zum Ausdruck kommen oder sich als Fluchtergreifen oder Selbstaggressionen (Drogenmissbrauch, Suizidversuch, multiple Unfälle) zeigen. Eine andere pathologische Form der Persönlichkeit eines falschen Selbst zum Zeitpunkt der Adoleszenz manifestiert sich nicht in äußeren Erscheinungen, sondern scheint sich im Innern abzuspielen, so z. B. durch depressive Zustände. Damit einhergehen können die Verweigerung jeglicher beruflicher oder sozialer Verwirklichung oder Eingliederung sowie die Unfähigkeit, bedeutungsvolle Beziehungen außerhalb der Familie einzugehen. Einige Jugendliche konzentrieren ihre Anstrengungen und affektiven Besetzungen auf die Suche nach ihren Ursprüngen, getragen von der Hoffnung, auf diese Art und Weise «ihr wahres Selbst zu entdecken». Meist kam bei den adoptierten Jugendlichen, die eine Pathologie eines falschen Selbst aufweisen, kaum je eine Trauerarbeit über die in ihrer persönlichen Biografie erlittenen Verluste zustande. Die Struktur ihrer Persönlichkeit hat ihnen bis zum Alter der Adoleszenz erlaubt, sich kontinuierlich den Wünschen und Erwartungen der Adoptivfamilie anzupassen – dies auf Kosten einer eigenen individuellen Entwicklung. Zwischen Adoptiveltern und Adoptivkind bestand eine Art unbewusster, stillschweigender «Vertrag» von Ignoranz und Verkennung, der mit dem Beginn der Adoleszenz abrupt aufbrach. In dieser qualvollen Verzweiflung finden weder Eltern noch Kinder Orientierungspunkte.

Beispiel

Bernhard, ein 17-jähriger Jugendlicher, wurde mit drei Jahren adoptiert. Er wünscht, aus seiner Adoptivfamilie auszuziehen und möchte in einem Jugendheim leben. Im ersten Familiengespräch erweist sich die intrafamiliäre Kommunikation als ausgesprochen schwierig. Bernhard schließt sich aus seiner Familie aus und nimmt nicht am Gespräch teil. Nach Angaben der Adoptiveltern wurde Bernhard auf der Straße in einem asiatischen Land aufgefunden. Als kleiner Junge habe er oft gesagt, er wolle bei seiner wahren Mutter leben.

In den Einzelgesprächen spricht Bernhard offen über seine Adoption, die er für keine gute Sache hält. Er fühle sich nicht als Angehöriger seiner Adoptivfamilie, sondern seines Ursprungslandes. Er möchte seinem Geburtsland helfen und dorthin zurückkehren, um die Spuren seiner Herkunft aufzusuchen, jedoch ohne seine Adoptiveltern, da sein Ursprungsland ihm allein gehöre. Er habe oft monatelang an Depressionen gelitten, die letzte Episode sei infolge einer Liebesenttäuschung ausgebrochen und habe zu einem ersten Suizidversuch mit Medikamenten geführt. Er beschreibt sich als sehr empfindsam in affektiven Beziehungen und wünscht sich eine ernsthafte Liebesbeziehung. Schon lange rauche er übermäßig und trinke sehr viel Alkohol. Seine Erscheinung, lange Haare, immer in Schwarz gekleidet, werde von seinen Adoptiveltern sehr kritisiert, für die es wichtig sei, wie er sich außerhalb der Familie präsentiere. «Ich bin ihre (seiner Adoptiveltern) Verlängerung.» Nach Aussagen seiner Adoptiveltern sei er nicht er selber. Sie hätten ihn adoptiert, um außerhalb der Familie ein Bild ihrer Rechtschaffenheit zu zeigen. «Ich habe diesem Bild entsprochen, als ich klein war. Jedermann fand mich entzückend. Meine Eltern waren stolz, jetzt ist es das Gegenteil.»

Drei Wochen später erscheint Bernhard zur Therapiestunde mit einer Luxation seines rechten Arms, die ihm sehr heftige Schmerzen verursacht, über die er aber lacht. Er spricht von den Eheproblemen seiner Eltern und der Einsamkeit und Depression seiner Mutter. Die Adoptiveltern ihrerseits zeigen sich zutiefst verletzt und enttäuscht über das Verhalten ihres Sohnes, den sie ablehnen. «Wir haben ein Kind großgezogen, aber es ist nicht unser Sohn.» Der Vater entwertet die Gespräche seines Sohnes bei der Psychiaterin als Geschwätz und bricht die therapeutische Beziehung ab.

Drei Monate später nimmt Bernhard an einem Einbruchsdiebstahl teil und missachtet – in den Augen seiner Adoptiveltern – seinen Status als Adoptivsohn. Der Vater erkundigt sich über die Möglichkeiten, sein Sorgerecht abzugeben. Der depressive Zustand der Mutter verschlimmert sich, sie benötigt medikamentöse Behandlung. Bernhard darf die therapeutischen Gespräche wieder aufnehmen.

Diskussion

Die antisoziale Tendenz ist nach Winnicott [1974b, 1990a] ein klinisches Zeichen, das die Bedeutung eines Hilferufs und einer Hoffnungserwartung einschließt. Oft verbirgt sich hinter dem antisozialen Verhalten ein Verlustereignis oder die Erfahrung eines bedeutungsvollen Beziehungsbruchs, d. h. eines psychischen Traumas in der Vergangenheit, welches die affektive Entwicklung des Betroffenen beeinträchtigte. Sobald das Kind in einem Umfeld lebt, das ihm eine gewisse Hoffnung auf einen sicheren Rahmen geben kann, versucht es seine Entwicklung, die mit dem traumatischen Ereignis zum Stillstand kam, wieder aufzunehmen. Bis zur Adoleszenz hatte Bernhard den unbewussten Vertrag eines idealisierten Kindes, das den Erwartungen seiner Eltern entspricht und diese narzisstisch gegenüber der Außenwelt bestätigt, aufrechterhalten.

Die Eltern hatten sich nach der Geburt ihres toten, hydrozephalen Säuglings um eine Adoption beworben. Solange Bernhard das idealisierte tote Kind «ersetzte», hielt sich das Gleichgewicht der Adoptivfamilie aufrecht und eine Trauerarbeit über diesen Verlust erwies sich als nicht notwendig. Es ist zu vermuten, dass die Unmöglichkeit der Adoptiveltern, ausreichend über den Verlust ihres totgeborenen Kindes zu trauern, Bernhard nicht erlaubte, eine Trauerarbeit um die in seiner eigenen persönlichen Geschichte erlittenen Verluste zu leisten, da ein Kind dazu einen emotional verfügbaren Erwachsenen braucht. Die Rigidität der Familienstruktur, die erheblichen intrafamiliären Kommunikationsschwierigkeiten sowie die Erwartung, Bernhard möge die narzisstischen Verletzungen der Eltern wiedergutmachen, beeinträchtigten ihn, seine eigene emotionale Entwicklung voranzutreiben. Die Adoptiveltern sind nicht nur durch den traumatischen Verlust ihres leiblichen Kindes belastet, sondern gründen ihre unbewussten Motivationen, ein Kind zu adoptieren, auf die Hoffnung, dass ihnen das Kind helfen werde, ihre persönlichen Verletzungen zu bewältigen. Im Zusammentreffen gegenseitiger, emotional belastender Erwartungen ist das Risiko von Enttäuschungen und unglücklichen Entwicklungsverläufen groß.

Das Ersatzkind muss seine Identität und seinen Ursprungsmythos um einen Fremdkörper aufbauen, den seine Eltern in ihm deponiert haben. Dieser entspricht der ambivalenten Bindung der Eltern an ein anderes Kind, dessen Verlust sie verleugnen und dessen Lebendigkeit sie in ihrem Inneren aufrechterhalten (Kryptenbildung durch Inkorporationsfantasien; nach Abraham und Torok [1987]). Das Ersatzkind versucht sich mit dem verlorenen Liebesobjekt seiner Eltern, das es nicht gekannt hat, zu identifizieren, um die Eltern zu verstehen, und internalisiert das verlorene Liebesobjekt, um das die Eltern nicht trauern konnten.

Bernhard schließt ein Jahr nach der ersten Konsultation die psychotherapeutischen Gespräche ab, indem er lachend sagt: «Das nächste Mal werden meine Eltern ein Kind aus einem Katalog bestellen.» Er fährt fort, dass er sich vorstelle, Vater eines Kindes zu sein, das anders als er sein werde und dessen psychische und physische Unterschiede er akzeptieren werde. Bernhard gibt seinem Wunsch Ausdruck, an einem eigenen Kind wiedergutzumachen, was ihm gefehlt hat, nämlich in seiner psychischen und physischen Andersartigkeit anerkannt und angenommen zu werden.

Beispiel

Fanny, 18-jährig, asiatischer Abstammung, kam im Alter von sechseinhalb Jahren in die Schweiz. Während des ersten Gespräches erzählt Fanny von ihrer panischen Angst, verrückt zu werden. Sie habe den Eindruck einer Zerstückelung ihrer selbst, einer Abspaltung ihres Körpers – ein unheimliches Fremdgefühl. Sie könne in ihrem Körper nichts mehr empfinden, obwohl dieser Körper vorhanden sei, sich aber in ihrem Ursprungsland befinden sollte. Sie spricht von ihren Albträumen, in denen sie von allen ausgestoßen, abgelehnt, verachtet, ignoriert werde. Sie erwache in Tränen und wünsche zu sterben. Wenn sie das Gefühl habe, jemand lehne sie ab, müsse sie davonlaufen. Seit Jahren sei sie besessen von Verfolgungsgedanken und -gefühlen. Existenzielle Fragen, auf die sie keine Antwort finde, würden sie verfolgen. Sie erinnere sich an die Worte ihrer (leiblichen) Mutter, vor ihr kniend: «Du kommst wieder, wenn du groß bist.» Warum musste ausgerechnet sie ihre Herkunftsfamilie verlassen?

Fannys Aussagen zeigen ihre Angst vor einer Desintegration ihrer Persönlichkeit [Winnicott, 1974a]. Fanny hatte drei Monate vor Therapiebeginn einen medikamentösen Suizidversuch nach einer Liebesenttäuschung begangen. Sie bezeichnet diese Liebesbeziehung als eine symbiotische, von der sie höchst abhängig gewesen sei. Sie habe die Beziehung wiederholt abgebrochen, aber immer wieder aufgenommen. Sie habe einen väterlichen Schutz gesucht, Schutz, den sie selbst nie gekannt habe. Sie zerstöre sich selber. Sie empfinde die sexuelle Beziehung mit ihrem Freund als lächerlich, sie habe sie nie genießen können. Sie assoziiert Erinnerungen im Alter von fünf Jahren: Sie sei damals durch einen älteren Jungen sexuell initiiert worden.

Sechs Monate später besteht Fanny erfolgreich ihr Zwischenexamen an der Kunsthochschule. Sie entschließt sich jedoch, diese Ausbildung aufzugeben, ebenso alles andere, was sie je auf Verlangen anderer unternommen habe. «Ich habe einen Auslöser in mir gehabt; der Auslöser heißt: Ich Fanny.» Sie verlässt ihre Wohnung und bricht die Beziehung zu ihrer Adoptivmutter mit der Begründung ab: «Wenn ich dir so sehr weh tue, ist es deshalb, weil ich nie wirklich deine Tochter war und es niemals sein werde.» Sie fühle sich wie eine Larve, die der Zuwendung, Nahrung und Reifung bedürfe.

Im Empfinden von Fanny haben ihre Adoptiveltern ihre Adoption verfehlt. Sie hätten ihr gesagt, dass sie ein Kind adoptieren wollten, um ihrem bettlägerigen Sohn, der unter einer hereditären Erkrankung leide, eine Schwester und Spielgefährtin zu geben. Es sei auch ihr Bruder gewesen, der ihren Namen gewählt habe. «Es ist, wie wenn ein Kind sich einen Hund wünscht, er wird gekauft, das Kind gibt ihm einen Namen und spielt mit ihm.» Ihr Adoptivvater habe die Familie verlassen, ihre Mutter Vollzeit gearbeitet und – immer müde – nie Zeit für sie gehabt. «Ich habe mich selber erzogen.» Fanny denkt, dass ihre Adoptiveltern sich nicht wirklich ein zusätzliches Kind gewünscht haben. Ihr Adoptivvater, den sie am liebsten vergessen möchte, habe ihr vieles versprochen, aber nie eingehalten, unter anderem eine Reise in ihr Ursprungsland im Alter von 20 Jahren.

Sie sei müde, leer, ohne Leidenschaft, ohne Energie, ohne Lust, aber sie getraue sich nicht, sich zu töten, da die Seelen derjenigen, die Selbstmord begingen, für immer umherirren müssten. Sie könne nicht mehr lesen, sich an nichts freuen, sie hätte alles, Alkohol, Rauchen und Drogen versucht, um sich zu helfen. Seit Jahren gelinge es ihr weder, sich für andere zu interessieren, noch etwas Eigenes zu verwirklichen. In ihr Ursprungsland zurückzukehren, sei für sie ein großes Bedürfnis, eine Notwendigkeit, aber sie habe größere Angst davor, ihre Familie zu finden, als zu wissen, dass sie tot sei. Fanny ist sich sicher, dass ihre Mutter schon gestorben ist. Sie habe die einzigen beiden Fotos, die sie von ihrer Familie besessen habe, verloren, eines von ihren Eltern und eines von ihrer kleineren Schwester. Sie frage sich, ob sie endlich etwas verwirklichen könnte, wenn sie den Auftrag ihrer Mutter «Du kommst wieder, wenn du groß bist» erfüllen würde.

Diskussion

Die Abwehrfunktion des falschen Selbst [Winnicott, 1974b] ist es, das wahre Selbst zu verbergen und zu schützen. Fanny wird sich ihres wahren Selbst bewusst, wenn sie sagt: «Ich hatte einen Auslöser in mir: Ich Fanny.» Sie spürt, dass die Entwicklung ihres wahren Selbst in einem Larvenstadium zum Stillstand gekommen ist. Ihr Suizidversuch kann als eine Zerstörung des ganzen Selbst verstanden werden, um die Vernichtung des wahren Selbst zu verhindern. Wenn der Suizid die einzige Abwehr ist, um das wahre Selbst zu bewahren, wird dem falschen Selbst die Rolle zugeteilt, den Suizid zu organisieren. Das impliziert die eigene Zerstörung; gleichzeitig ist es nicht mehr nötig, eine Existenz aufrechtzuerhalten, deren Funktion einzig darin liegt, das wahre Selbst gegen jegliche Offensive zu verteidigen [Winnicott, 1974b].

Die Verkümmerung des wahren Selbst geht einher mit Gefühlen von Vergeblichkeit und Verzweiflung. Fanny empfindet eine zunehmende Gefühlsverarmung in ihren Beziehungen und sozialen Kontakten. Sie zeigt ein Bedürfnis, sich kontinuierlich Verletzungen auszusetzen, die von der äußeren Realität stammen, so dass die individuelle Existenz durch die Reaktion gegenüber diesen Verletzungen ausgefüllt wird [Winnicott, 1974b].

Die Adoptiveltern hatten durch die hereditäre schwere Krankheit ihres Sohnes und den damit verbundenen Verzicht auf ein weiteres leibliches Kind eine schwere narzisstische Kränkung erlitten. Ihrer Motivation, ein Kind zu adoptieren, liegt das Phantasma einer Wiedergutmachung zugrunde, nämlich ihrem Sohn fehlende Geschwister zu ersetzen. Fanny versinnbildlicht einerseits die narzisstische Verletzung ihrer Adoptiveltern, weswegen es diesen schwer fällt, sie emotional zu besetzen; andererseits steht sie für deren Bedürfnis nach einer Wiedergutmachung, das aus den Schuldgefühlen gegenüber ihrem behinderten Sohn zu resultieren scheint. Fanny scheint keinen Trauerprozess über ihre eigenen Verluste vollzogen zu haben. In ihrer Beziehung zu ihrem Partner reinszeniert sie den traumatisch erlebten Abbruch ihrer Bindungen zur Herkunftsfamilie und ihrem Ursprungsland.

Beispiel

Pascal – aus Südamerika stammend – wurde im Alter von achteinhalb Jahren in eine Schweizer Familie zur Adoption integriert. Die Adoptiveltern besitzen folgende Informationen von der persönlichen Geschichte ihres Adoptivsohnes: Die leibliche Mutter sei gestorben, als Pascal drei Jahre alt war; der Vater habe seinen Sohn für kurze Zeit beim Großvater mütterlicherseits zur Pflege gegeben. Mit drei Jahren sei Pascal in ein Kinderheim in seinem Ursprungsland untergebracht worden, welches niederbrannte, worauf ein Wechsel in ein zweites Waisenhaus stattfand.

Nach sechsmonatigem Aufenthalt ihres nun neunjährigen Adoptivsohnes in ihrer Familie, ist es den Adoptiveltern nicht mehr möglich, Pascal weiterhin bei sich zu behalten. Er habe angeblich verlangt, dass ihr eigener leiblicher Sohn das Haus verlasse. Der Adoptivvater erleidet einen psychischen Zusammenbruch. Die Adoptiveltern kommen mit den schweren Verhaltensstörungen (Davonlaufen, Stehlen, Lügen, Aggressivität und Destruktivität) nicht zurecht und verlangen, dass Pascal in einem psychiatrischen Krankenhaus behandelt werde, da er krank sei.

Im kinderpsychiatrischen Einzelgespräch skizziert Pascal seinen sich wiederholenden Albtraum: Ein Mann seines Ursprungslandes komme ihn abholen, um ihn dorthin zurückzuführen. Pascal habe Angst vor diesem

Mann, Angst vor der Dunkelheit, er könne nicht schlafen. Der Mann trage eine Pistole, habe böse Augen und wolle ihn töten. Pascal radiert – in seiner Zeichnung – die Person, die ihn darstellt, aus. Die Polizei müsse kommen, um den Mann ins Gefängnis zu stecken, dieser töte aber auch die Polizisten. Pascal fährt mit seiner Zeichnung fort: «Ich bin gewachsen.» Er zeichnet sich selbst: «Ich habe ein Schwert, ich verteidige mich, ich töte nun diesen Mann; er ist tot, kann sich nicht mehr bewegen und ich schlafe ruhig.»

Diskussion

Die Integration von Pascal in die zukünftige Adoptivfamilie führt zu einem psychischen Zusammenbruch des Adoptivvaters, zur Ablehnung des Kindes und seiner Ausstoßung aus der Familie. Der Albtraum von Pascal enthält die Phantasmen von Kindes- und Vatermord, des Gesetzes des «Entweder ich oder der andere», d. h. einer fundamentalen Gewalt [Bergeret, 1984]. Hat die Ablehnung der zukünftigen Adoptiveltern Pascal an seine früheren Verlusterlebnisse und die damit verbundenen Emotionen erinnert? Trägt er in sich unbewusste, mörderische Gefühle im Zusammenhang mit den erlebten Beziehungsabbrüchen und muss für diese unbewussten Phantasmen, die er in seiner Geschichte zu seiner Zeichnung erzählt, bestraft und getötet werden? Oder handelt es sich um eine Reaktivierung seines Ödipuskomplexes, indem Pascal sich eine intime Beziehung mit der Adoptivmutter wünscht, er die Ausstoßung des Bruders verlangt und die Rache des Adoptivvaters fürchtet? Schon jetzt kündet Pascal an, dass er sich, bewaffnet mit einer phallischen Potenz, rächen werde für das ihm seinem Empfinden nach zugefügte «Verbrechen», nämlich abgelehnt, verlassen worden zu sein.

Beispiel

In der Folge wird Pascal in eine erste Institution integriert, dann in eine zweite, wo er Feuer setzt (handelt es sich dabei um eine Reinszenierung des erlebten Brandes im Waisenhaus, ein Ereignis, das für Pascal mit Beziehungsabbrüchen verbunden war?). Pascal wird schließlich in eine zweite Adoptivfamilie integriert, die – obwohl konfrontiert mit massivsten Schwierigkeiten – seine Adoption legalisiert. Die Adoptiveltern wünschen eine Psychotherapie für den nun elfjährigen Pascal. Nach ihren Angaben suche Pascal Zuflucht in seiner Vergangenheit, die er glorifiziere; er möchte in sein Ursprungsland zurückkehren, obwohl er dort so viele schmerzhafte Erlebnisse erlitten habe. Pascal habe die Tendenz, sich als Opfer darzustellen. Er würde seine Adoption außerhalb der Familie verleugnen und sich darüber beklagen, dass seine Adoptiveltern nichts unternommen hätten, um ihn zu adoptieren.

Im kinderpsychiatrischen Einzelgespräch erzählt Pascal folgenden Traum: «Ich besuchte C. (der Ort, wo er mit seiner ersten Adoptivfamilie gelebt hat). Ich habe an die Türe meiner Eltern geklopft, aber niemand antwortete; die Einwohner hatten das Dorf verlassen. Ich bin mit großer Angst aufgewacht.» Er zeichnet daraufhin «ein schiefes Haus, das bald fallen wird» (Abb. 15) und kommentiert: «Das Haus wird ins Wasser fallen: Ein Schiff, ein Flugzeug und ein Kran versuchen, das Haus zu retten. Aber das Haus kann nicht gerettet werden, das Haus ist gefährlich, es wird im Fallen alles zerstören.» Pascal scheint seine Autoaggressivität (das Haus wird fallen) und seine Heteroaggressivität (das Haus wird alles zerstören) auszudrücken. Daraufhin zeichnet er das Waisenhaus, in dem er in seinem Ursprungsland gelebt habe und spricht von allen Kindern, die er gekannt habe und nach denen er sich sehne. Er berichtet von Ängsten, die ihn abends im Bett überfielen: Angst, zu ersticken; Angst, ein Monster würde die Türe öffnen und ihm sein Gesicht zerreißen; Angst, dass man ihn operieren werde.

Pascal weiß seine Unzufriedenheit nicht zu erklären, da er seine Adoptivmutter und die ganze Familie liebe und er von allen Familienmitgliedern geliebt werde. Er erzählt – während er zeichnet – die Geschichte eines

Abb. 15. Pascal, 11 Jahre: «Das Haus wird ins Wasser fallen. Es kann nicht gerettet werden und wird im Fallen alles zerstören.»

Diebes, der auf der Straße wohne und nichts besäße, der Lust habe zu stehlen, um nicht arbeiten zu müssen: «Der Dieb wird ins Gefängnis kommen; er wird ausbrechen, aber wieder zurückgebracht, was ihm lieb ist. Seine Familie ist tot; er ist ganz allein, weiß nicht, was tun. Man kann ihm nicht helfen, da er keine Lust hat, dass man ihm hilft; er will wie gewohnt allein bleiben, aber er ist nicht gerne allein.» Pascal lehnt psychotherapeutische Hilfe ab.

Diskussion

Pascal sagt, dass eine mörderische Wut in ihm wohnt, die so gefährlich ist, dass es besser sei, sich selber zu zerstören (es kann nicht verhindert werden, dass das Haus fällt). Die Angst vor seiner eigenen Wut und vor einer weiteren Ablehnung führt zu seiner Unfähigkeit, bedeutungsvolle Beziehungen aufzubauen. Er ist der ewige Dieb, der nichts besitzt, der allein ist, aber nicht gerne. Die Verluste von signifikanten Beziehungen haben sich addiert. Offenbar bot sich Pascal nie wirklich eine Möglichkeit, im Rahmen einer signifikanten Beziehung zu einem Erwachsenen die vielen Verluste in seiner persönlichen Geschichte zu betrauern. Legal adoptiert im Alter von elf Jahren verleugnet Pascal seine Adoption. Obwohl er bezeugt, seine Adoptivfamilie zu lieben und von ihr geliebt zu werden, scheint ihn die unverarbeitete persönliche Geschichte mit den damit verbundenen, aber abgespaltenen Emotionen zu ersticken. Die Ängste vor einer Strafe in Form einer Kastration (Operation) oder einer Depersonalisation (sich das Gesicht zerreißen) scheinen ihn zu verfolgen. Pascals Abwehrmechanismen gehen dahin, sich eine persönliche Nichtexistenz zu suchen. Diese Abwehr zielt darauf ab, Verantwortung zu vermeiden (im Moment einer depressiven Position) oder der Verfolgung auszuweichen [Winnicott, 1974a]. Pascals Baumzeichnung (Abb. 16) und sein Kommentar dazu illustrieren sein Erleben auf eindrücklichste Art: «Das ist mein Lebensbaum.» Zum linken Baum sagt Pascal: «Das ist der Baum zu Beginn meines Lebens.» Er ist reich ausgefüllt und in allen seinen detaillierten Dimensionen gezeichnet. Zum rechten Baum: «Das ist der Baum jetzt» – ein leerer Baum, der nur seine äußere Form bewahrt hat.

Im Alter von achteinhalb Jahren, als Pascal in die erste Adoptivfamilie integriert wurde, scheint er mit seinen Verhaltensstörungen einen Hilferuf formuliert zu haben, in der Hoffnung, mit Hilfe seiner zukünftigen Adoptiveltern seine Entwicklung wieder aufnehmen und seine persönliche Geschichte bewältigen und verarbeiten zu können.

Nach Winnicott [1974b, 1990a] ist die antisoziale Tendenz meist Zeichen einer, in der Säuglings- oder Kleinkindzeit erlittenen, emotionalen

Abb. 16. Pascal, 11 Jahre: «Das ist mein Lebensbaum», reich ausgefüllt zu Beginn des Lebens, und heute, ein leerer Baum, der nur seine äußere Form bewahrt.

Deprivation und mit der Hoffnung auf eine haltgebende Umgebung durch vertrauensvolle Bezugspersonen verbunden. Im Moment der Hoffnung nimmt das Kind eine Situation wahr, in der es glaubt, sich verlassen zu können, und beginnt Beziehungen zu Betreuungspersonen aufzubauen. Die Umgebung, wie z. B. die Adoptivfamilie, wird dabei beständig auf die Probe gestellt. Das Kind will sich vergewissern, dass seine Adoptiveltern fähig sind, sein aggressives Verhalten zu ertragen, seine Destruktivität zu verhindern oder wiedergutzumachen. Für Winnicott [1990a] ist es unerlässlich, dass die Umgebung, die Adoptivfamilie, die positiven Elemente in der antisozialen Tendenz erkennt und sich dem Kind emotional kontinuierlich zur Verfügung stellt.

Pascals Albtraum im Alter von neun Jahren spiegelt zunächst seine Opferposition (er wird getötet) wider, danach seine Identifikation mit dem Aggressor: «Ich werde derjenige sein, der töten wird.» Im Alter von elf Jahren scheint Pascal jegliche Hoffnung aufgegeben zu haben. Der Dieb kann nur auf wiederholende Art und Weise seine Bedürfnisse ausdrücken, wird aber jedes Mal bestraft und wieder gefangen genommen. Das noch schiefe Haus wird, trotz der Rettungsbemühungen, fallen. Pascal leugnet seinen Adoptionsstatus und möchte in sein Ursprungsland zurückkehren, als würde er sich von dort Hilfe erhoffen. Die psychische Abwehrorganisation (Spaltung, Verleugnung, projektive Identifikation und Identifikation mit dem Aggressor) von Pascal ermöglicht es ihm, die viel zu schmerzhaften Affekte nicht empfinden zu müssen. Er schafft sich eine innere psychische Leere und kann so unerträglichen Emotionen ausweichen.

Beispiel

Martina, eine 17-jährige, aus Asien stammende Jugendliche, wurde mit fünf Jahren adoptiert. Ihre Adoptiveltern beklagen sich über ihre Instabilität sowohl auf beruflicher wie auch auf Beziehungsebene und vor allem über ihre Liebesabenteuer. Sie haben Angst, dass Martina drogenabhängig oder schwanger werden könnte. Die Adoptivmutter habe die Information, dass Martina von einer Prostituierten geboren worden sei, geheim gehalten. Sie habe ihre eigenen Schamgefühle und Ängste wegen der möglichen erblichen Belastung ihrer Adoptivtochter nicht überwinden können.

Im psychiatrischen Einzelgespräch zeigt Martina einen depressiven Zustand; sie weint während des ganzen Gespräches und erzählt, dass ihre Adoptivmutter ihr gesagt habe: «Du kannst dein Geld nachts auf der Straße verdienen.»

Diskussion

Adoptivmutter und Adoptivtochter scheinen ein gemeinsames Phantasma – die leibliche Mutter betreffend – zu teilen. Durch ihr Verhalten erinnert Martina immer wieder an die für die Adoptivmutter schamvolle und von ihr geheim gehaltene Information. Die Adoptivmutter weist mit ihrer Aussage gegenüber Martina auf das Geheimnis von Martinas Ursprung hin. Ihre Ambivalenz zeigt sich deutlich, nämlich einerseits das Geheimnis bewahren, anderseits es enthüllen zu wollen. Martina ihrerseits scheint die Phantasmen des ignorierten Inhalts des Geheimnisses zu inszenieren. Offenbar gelang es der Adoptivmutter nicht, eine positive Haltung gegenüber der leiblichen Mutter einzunehmen. Sie hielt den Prostitutionsmythos (in ihren Augen eine sündhafte Sexualität) aufrecht, was ihr zu erlauben schien, die leibliche Mutter zu entwerten und sich in ihrem Selbstwertgefühl zu bestätigen.

Alle Kinder mit Filiationsproblemen werden aufgrund ihrer Neugierde früher oder später ihre Umgebung ausfragen. Bleiben sie ohne Antwort, werden sie mit ihrem Verhalten, d. h. mit ihren Symptomen, ihr Wissensbedürfnis ausdrücken. «Das für die Eltern nicht aussprechbare Ereignis produziert oft Verhaltens- und affektive Manifestationen beim Kind.» [Tisseron, 1992, S. 144] Das Kind flieht mit diesem Verhalten vor der Angst, eine innere psychische Leere und Sinnlosigkeit zu empfinden. Ein Geheimnis funktioniert wie ein Garant der Lücke, die sich infolge des Unaussprechbaren, in unserem Beispiel des schambehafteten Ursprungs, in der symbolischen Welt des

Kindes ausgebildet hat. Wissenstriebe und sexuelle Triebe sind miteinander verbunden. Ein Kind wird versuchen, das Verbot, seine wahre Filiation zu kennen, zu überschreiten, im Wunsch seinen Ursprung zu denken und kennenzulernen. Die sexuelle Neugierde betrifft nicht nur die Differenz der Geschlechter, sondern auch die genealogische Dimension von Ursprung und Filiation. Ein zu mächtiges Verbot oder ein diesbezüglich widersprüchlicher Diskurs belasten das Kind, hemmen seinen Wissenstrieb und schließlich – durch das Verbot, seinen Ursprung zu denken – jegliches schulisches Lernens [Ferrari, 1986]. Martina hatte große Lernschwierigkeiten und Gedächtnisstörungen.

Beispiel

Natascha, ein Inzestkind aus einer Beziehung zwischen ihrer Mutter und ihrem Großvater, wurde im Alter von einigen Monaten von ihrer zukünftigen Adoptivfamilie aufgenommen. Die über den Inzest informierten Adoptiveltern erklären 15 Jahre später, diese Tatsache vergessen zu haben. Natascha, 15-jährig, glaubt, sie sei schwanger. Sie wünsche sich, jemandem anzugehören und zwar ihrem zukünftigen Kind. Dieser Wunsch – oder vielleicht ist es der Wunsch, ihre Herkunft zu kennen – ist so absolut, dass Natascha überzeugt ist von ihrer parthenogenetischen Schwangerschaft. Es scheint für Natascha mental unmöglich, einen Vater in den Zeugungsprozess zu integrieren. Es stellt sich die Frage, ob das real nicht schwangere Mädchen versucht, die für die Adoptiveltern schamvollen und geheimen Elemente des Lebens ihrer leiblichen Mutter zu inszenieren oder gar einen geheimen Wunsch ihrer sterilen Adoptivmutter zu «verwirklichen»?

Die folgenden Lebensjahre erweisen sich für Natascha als verheerend: Sie geht heftige, durch Gewalttätigkeit geprägte Beziehungen mit fremden Männern ein, die immer wieder zum Abbruch führen, und ist unfähig, eine Lehre zu machen oder einer Arbeit nachzugehen. Sie begeht mehrere Suizidversuche und wird Opfer verschiedener Unfälle.

Adoptierte jugendliche oder junge Frauen hegen (vor)bewusste Phantasmen einer Schwangerschaft und eines Kindes, um eine schmerzhafte innere Leere zu «füllen», ihre Sehnsucht nach biologischer Verbundenheit zu stillen, Gefühle von Zugehörigkeit und eine Erfahrung von Vollständigkeit zu gewinnen und dem physischen Bild der leiblichen Eltern zu begegnen. Das sexuelle Ausagieren von adoptierten jugendlichen Mädchen kann die Bedeutung einer unbewussten Identifikation mit der leiblichen Mutter haben. Für junge adoptierte Frauen besteht ein höheres Risiko einer (unerwünschten) Schwangerschaft als für nicht adoptierte. Welche Fantasien werden von jungen adoptierten Mädchen oder Frauen agiert oder realisiert, die von ledigen Müttern abstammen und von infertilen Müttern adoptiert wurden? Wie ihre leiblichen Mütter werden sie manchmal ledig schwanger oder wie ihre Adoptivmütter leiden sie nicht selten an einer Sterilität.

Beispiel

Eine 18-jährige, mit zehn Monaten adoptierte, aus Europa stammende Jugendliche – sie ist Einzelkind – kommt wegen wiederholten Unfällen, Schulleistungsstörungen und Beziehungsschwierigkeiten mit ihrer Adoptivmutter zur psychiatrischen Konsultation. Der Dialog zwischen Adoptivmutter und -tochter ist von aggressiven Angriffen geprägt, die zu Hause sogar ausagiert werden. Die Jugendliche droht mit Davonrennen und Suizid. In der Folge wird beiläufig die primäre Amenorrhoe der Tochter erwähnt, weswegen sie sich in gynäkologischer Behandlung befinde. Später wird bekannt, dass der Adoptivvater steril sei, sich jedoch die Adoptivmutter gegenüber den Ursprungsfamilien als infertil deklariert habe. Weist die Symptomatologie der Amenorrhoe auf die geheim gehaltene väterliche Sterilität hin oder stellt sie die Identifikation der Tochter mit ihrer Adoptivmutter dar?

Diskussion

Diese Beispiele von adoptierten Jugendlichen verschiedenen Alters zeigen zwar unterschiedliche Symptome, haben aber eine kleinkindliche Anamnese, die zum größten Teil unbekannt ist, gemeinsam. Das psychopathologische Verhalten der Jugendlichen weist auf einen Bruch in ihrer Entwicklung hin. Die Bewältigung der eigentlichen psychischen Entwicklungsaufgaben im Adoleszenzalter ist behindert. Individuations-, Ablösungs- und Trennungsprozesse von den Adoptiveltern werden erschwert durch die Unfähigkeit, Trauerarbeit über den Verlust der leiblichen Eltern sowie über ethnische, sprachliche und kulturelle Verluste leisten zu können. Diese Auseinandersetzung erweist sich als unerträglich, da sie existenzielle Vernichtungs- und Todesängste auslösen kann. Winnicott [1974a] nennt dies die «Vernichtungsbedrohung», eine primitive Angst, die jeglicher Angst vorangeht und die Furcht vor dem Tod mit einschließt.

Die Schwere und die Chronifizierung der Symptomatik spiegeln das Leiden dieser Jugendlichen wider. Das Ausagieren dient dazu, Ängste, die nicht tolerierbar sind, nicht empfinden zu müssen. Aktivitäten werden unter Wiederholungszwang ausgeführt und äußern sich in delinquenten Handlungen, in Drogenabhängigkeit, in Liebesabenteuern, in Promiskuität. Sie sind Ausdruck empfundener innerer Leere, Sinn- und Bedeutungslosigkeit und werden von einer umfassenden Hemmung der Denkfähigkeit begleitet. Die Jugendlichen bleiben abhängig von der äußeren Realität und der Anwesenheit eines Beziehungsobjektes, um ihre eigene Existenz fühlen zu können. Die Frage stellt sich, ob es sich um Reinszenierungen der traumatischen Ereignisse aus unbewusstem Strafbedürfnis heraus handelt, d. h. um sich wiederholende Selbstheilungsversuche, die jedoch scheitern. Der Wiederholungszwang hat den Charakter einer Inszenierung, in der das traumatische Potenzial der äußeren Realität wiederbelebt wird, um einem unbewussten Strafbedürfnis Genüge zu tun. Die Zwangswiederholungen können aber auch als eine Art Schutzmechanismus vor dem Erleben von Desintegrationszuständen betrachtet werden. Es handelt sich um Überlebensstrategien.

Die klinischen Beispiele zeigen die Unfähigkeit, widersprüchliche Aspekte von Beziehungsbesetzungen zu integrieren sowie ausreichend zwischen den «inneren Personen» (Selbst- und Objektrepräsentanzen) zu differenzieren. Das Persistieren der psychischen Abwehrorganisation (Spaltung, Dissoziation, Verleugnung, projektive Identifikation) macht den Differenzierungsprozess unmöglich und beeinträchtigt die Integration eines autonomen Selbstbildes in die Individuationsentwicklung. Die psychopathologischen Erscheinungsbilder entstehen nach Laufer [1986] infolge des Zusammenbruchs der Entwicklungsfunktionen in der Adoleszenz. Die Integration des sexualisierten, erwachsenen Körpers in das Körperselbstbild findet nicht statt. Der Entwicklungsstopp kann an sich als Pathologie betrachtet werden, da die Differenzierung des männlichen und des weiblichen Identifizierungsprozesses (eine spezifische Aufgabe der Adoleszenz) unterbrochen wurde. Dieser Einbruch in der Entwicklungslinie beeinträchtigt schwerwiegend die Beziehung zu sich selbst als sexuellem Individuum, die Beziehung zum Gegenüber und die Beziehung zur äußeren Realität. Bei adoptierten Jugendlichen kann er auch als Wiederholung früherer Brüche in der Geschichte der Jugendlichen verstanden werden.

Die therapeutischen Interventionen in diesen Situationen sind schwierig und komplex. Oft bestehen sie darin, mit den adoptierten Jugendlichen und ihren Adoptiveltern die Notwendigkeit einer Psychotherapie für ihre Tochter oder ihren Sohn zu erarbeiten. Häufig weigern sich adoptierte Jugendliche, psychotherapeutische Hilfe in Anspruch zu nehmen oder die Adoptiveltern entwerten den Vorschlag einer Therapie; sie wünschen sich, dass ihr Kind sich wie früher, vor der Pubertät, verhält. Eine neue Als-ob-Anpassung kann die Folge sein und lässt die Psychopathologie unverändert.

Das zentrale Thema der Therapie bezieht sich auf die Bedeutung des Entwicklungseinbruchs für die Jugendlichen und damit auf den erlebten brutalen Verlust von emotional bedeutsamen Personen in ihrer persönlichen Geschichte. Es geht darum, dass der Jugendliche in einer therapeutischen Übertragungsbeziehung lernt, die Bedeutung des Zusammenbruchs zu verstehen. Das Verständnis und die emotionale Bereitschaft, diese zentralen Veränderungen (denen das Kind hilflos ausgeliefert wurde) nachträglich zu bewältigen, bereiten einen Trauerprozess vor, in dem eine neue Integration der Persönlichkeit und der Verluste in der persönlichen Geschichte stattfinden kann – und damit die «Wiedergeburt» des wahren Selbst.

Junges Erwachsenenalter

Beispiel

Im Erstgespräch klagt Leander, ein 21-jähriger, adoptierter, junger Mann, sich in einem andauernden Depressionszustand zu befinden. Er habe keinen Beruf und wisse nicht, was er mit seinem Leben anfangen solle. Er sei immer ein schlechter Schüler gewesen, habe nie ein Examen bestanden, obwohl er gute intellektuelle Fähigkeiten habe. Er sei mit fünf Monaten adoptiert worden und stamme aus Südamerika. Mit 20 Jahren sei er in sein Ursprungsland zurückgekehrt, auf der Suche nach seiner Mutter, die er nicht gefunden habe. Er beschreibt seine leibliche Mutter als einen Schatten ohne Gesicht, einen Gott, einen Rettungsring für alle Gefühle in sämtlichen Konfliktlagen. Ihr gegenüber befinde er sich in einem Erwartungszustand: Entweder wolle er sie wiederfinden oder wissen, dass sie tot sei. Er denke, dass sich die Katastrophe während seiner Zeugung vor 21 Jahren abgespielt habe. Seit jeher lebe er in einer Blase, die ihm erlaube, Distanz zu wahren. Wenn ihm eine Person nahestehe, habe er sofort Angst, sie wieder zu verlieren. Er selbst und seine Adoption müssten verborgen bleiben. Er habe immer alles vergessen, so auch was sich in seiner Adoptivfamilie ereignet habe. Vergessen sei ein automatisches Geschehen. Er habe kürzlich wieder gelesen, was er vor einem Jahr über seinen Aufenthalt in seinem Ursprungsland geschrieben habe; er habe diesen Text gelesen, als hätte ein anderer ihn geschrieben.

«Ich habe immer alles bekommen. Es hat mir nie an etwas gefehlt. Ich habe mir immer alles sofort gewährt; war dies nicht möglich, wollte ich das Betreffende nicht mehr, um keinen Mangel zu empfinden und nicht traurig zu sein. Ich werde niemals wütend, ich weine niemals und ich empfinde nichts. Ich bin im Innern leer, weswegen ich alles sammle und behalte, sodass (zumindest) das Draußen von Objekten aufgefüllt ist. Wie die Objekte müssen auch die Personen anwesend und verfügbar sein, wenn ich sie benötige, wenn nicht, dürfen sie mich nicht stören. Ich liebe mich, es schmeichelt mir, wenn ein anderer mich liebt, aber ich liebe ihn nicht, ich bediene mich seiner. Es ist mir immer gelungen, ein Bild von mir zu geben, zu erscheinen, anstatt zu sein. In all meinen Beziehungen habe ich mich immer so eingerichtet, dass der andere mich verließ. Wenn eine Person mich zu lieben beginnt, ziehe ich mich zurück, ich werde immer unerträglicher, bis der andere mich verlässt. Ich könnte nie eine Beziehung abbrechen; ich kann mir keinen Fehler eingestehen. Ich bin unfähig, Verantwortung zu übernehmen. Ich könnte stundenlang in den Armen meiner Freundin liegen wie ein Säugling, aber ich kann sie ja nicht die ganze Zeit darum bitten, meine Mutter zu sein.»

Leander wollte seinen Nachnamen ändern, d. h. den Namen seiner leiblichen Mutter annehmen. Weihnachten stelle für ihn die schwierigste Zeit des Jahres dar. Er fühle sich fremd, seiner Adoptivfamilie nicht zugehörig, als Waise. Während dieser Zeit erwarte er die Rückkehr seiner leiblichen Mutter, in der Hoffnung auf eine Wiedergeburt. Leander denkt, genug gelitten und Anrecht auf alles zu haben.

Diskussion

Leander scheint seine innere Leere zu fürchten, die infolge der Abspaltung all seiner schmerzhaften Affekte entstanden ist. Er versucht diese so gut wie möglich zu kontrollieren und durch Anhäufung von Objekten zu kompensieren. Die psychische Leere – infolge ausgeprägter defensiver Strategien – blockiert Leanders Fähigkeit, Lernprozesse zu vollziehen, und lässt ihn alles vergessen. Leander scheint die durch den Bruch in seiner Vergangenheit erlittene psychische Traumatisierung nie verarbeitet zu haben. Er möchte seine leibliche Mutter finden oder wissen, dass sie tot ist.

In der pathologischen Trauer hat sich die affektive Besetzung der psychischen Repräsentation des verlorenen Geliebten für immer kristallisiert, wie wenn der Betroffene vergeblich versuchen wollte, die verlorene Person zu neuem Leben zu erwecken. Bei der pathologischen Trauer ist die Liebe um ein Bild herum erfroren: «Die Sehnsucht ist ein Gemisch von Liebe, Schmerz und Genuss» [Nasio, 1996, S. 145]. Für Leander ist der Verlust seiner leiblichen Mutter so gegenwärtig, dass er sie jeweils an Weihnachten wieder auferstehen lassen möchte.

Trauerarbeit über die traumatischen Momente des Verlustes seiner leiblichen Mutter hat Leander offenbar nie leisten können. Er sagt, die Katastrophe sei vor 21 Jahren geschehen, und verbindet sie mit seiner Zeugung, die vor 22 Jahren stattfand. Es ist anzunehmen, dass sich die Katastrophe für Leander im Alter von fünf Monaten, im Moment des Verlustes der leiblichen Mutter abgespielt hat; in diesem Sinne ist die Aussage von Leander, sie habe vor 21 Jahren stattgefunden «korrekt». Diese ursprüngliche Erfahrung einer primitiven Agonie konnte Leander nicht in seine Persönlichkeit integrieren. Nach Winnicott [1974a] kann diese nicht Vergangenheit werden, wenn sie vom Ich nicht zuerst in die eigene gegenwärtige Erfahrung und aktuelle Bewältigung aufgenommen werden kann, d. h. eine solche Erinnerung kann nur durch ein Wiedererleben zustande kommen. Der ursprüngliche Zusammenbruch fand in einem Entwicklungsstadium statt, in dem das Individuum auf elterliche oder mütterliche Ich-Unterstützung angewiesen war.

Leander scheint es in einer Art Wiederholungszwang zu vermeiden, bedeutsame Beziehungen einzugehen, um nicht wieder die schmerzhaften Gefühle des Verlustes seines Primärobjektes zu erleben. Mittels intensiver Phantasmen hält er die Bindung an seine leibliche Mutter aufrecht. Eine solche Fantasietätigkeit kann die Organisation des falschen Selbst unterstützen. Schmerzliche Erfahrungen werden zum Selbstschutz abgespalten oder verdrängt. Das Individuum verhält sich wie abgeschnitten von den Erinnerungen seiner Vergangenheit, es vermittelt den Eindruck, sich in einer Art ewiger Gegenwart zu befinden, wo es weder Verluste noch Tod gibt. Diese (hypo)manische Abwehr erlaubt, die Konfrontation und Auseinandersetzung mit der psychischen Wirklichkeit sowie die Erarbeitung einer Sinn- und Bedeutungszuschreibung zu vermeiden. Mühsame Erinnerungen, schmerzhafte Verluste können so verleugnet werden.

Leander glaubt, verborgen bleiben zu müssen; die Tatsache seiner Adoption dürfe niemals offenbart werden. Die Adoption bleibt etwas Unausgesprochenes und ist verbunden mit Leanders Gefühl, nicht in Erscheinung treten zu können. Das Geheimnis der Adoption verbirgt ein viel größeres Mysterium, jenes über seine Herkunft und über die Motivation seiner leiblichen Mutter, ihn zur Adoption freigegeben zu haben.

Leander bezeichnet seine leibliche Mutter als einen Gott (Göttin), der (die) an Weihnachten für seine Wiedergeburt zurückkommen werde und hält somit das Phantasma, Sohn Gottes zu sein, aufrecht. Dieser Status des Gottessohns scheint einerseits in Analogie zur christlichen Religion einer geistigen Zeugung zu stehen, andererseits mit allmächtigen Phantasmen einer primären Mutter-Kind-Einheit [Winnicott, 1990a] verbunden zu sein, aus welcher der leibliche Vater ausgeschlossen ist. Leander lebt in einer Welt von «Fülle», vermeintlich ohne Frustrationen, ohne Anstrengungen, ein passives

Leben ohne Kreativität und Bedeutung, in dem alles vergeblich und unnütz ist. Die Frage stellt sich, ob das Phantasma des Gottessohns durch die Fantasien der Adoptiveltern genährt wurde? Leander hat – «wie ein Gott» – Leben bei seinen Adoptiveltern erzeugt: Eine leibliche Schwester wurde ein Jahr nach seiner Integration in seine Adoptivfamilie geboren. Dank Leander konnten seine Adoptiveltern ihre Sterilität überwinden; sie wurden Mutter und Vater eines leiblichen Kindes, der Schwester von Leander. Sind es ihre Dankbarkeit und/oder ihre Schuldgefühle, die sie daran hinderten, Leander mit der Realität zu konfrontieren, d. h. ihm Grenzen zu setzen und ihn zu altersgemäßen Entwicklungsschritten anzuhalten? Leander seinerseits lebt im Glauben, über die Welt nach seinem Belieben zu verfügen. Wird er als ein geweihtes, heiliges Kind betrachtet, da er Leben erzeugte?

Auch eine schwere Tür hat nur einen kleinen Schlüssel nötig.

Charles Dickens

Vielleicht
ist alles Schreckliche
im Grunde das Hilflose,
das von uns Hilfe
will.

Rainer Maria Rilke

V PROFESSIONELLE HILFE

Therapeutische Maßnahmen

Die Integration eines Adoptivkindes in seine neue Familie ist ein schwieriger und oft turbulenter Prozess, der von den Adoptiveltern viel Zeit, Kraft und emotionalen Einsatz verlangt. Die Adoptionssituation stellt eine besondere Herausforderung dar, der die Adoptiveltern glauben gewachsen sein zu müssen, nachdem sie sich ja das Kind gewünscht und sich zur Adoption entschieden haben. Schwierigkeiten und Probleme werden deshalb oft lange verleugnet oder verdrängt, da sie mit Inkompetenz- und Insuffizienzgefühlen der Adoptiveltern verbunden sind. Hilfe zu suchen wird deshalb von vielen Adoptiveltern als eine Art Bestätigung eines fantasierten Versagens oder als Schuldeingeständnis erlebt. Es ist deshalb nicht erstaunlich, dass Adoptiveltern oft zuerst das Kind «vorschieben» und seine Probleme z. B. mit seinen Erbanlagen in Beziehung setzen.

Als therapeutische Interventionen [Heinemann, 1994; Nickman et al., 2005; Prew, 1990; Prew et al., 1990; Wieder, 1990] kommen sowohl Familiengespräche als auch eine individuelle Psychotherapie [Kernberg, 1985; Sanzana und Schmid-Kitsikis, 1995; Wilkinson und Hough, 1996] oder eine Psychodrama-Gruppentherapie für das Kind mit begleitenden Elterngesprächen [Steck, 1998c, 1999a] oder Elterngespräche allein infrage. Selbsthilfegruppen für Adoptivfamilien, Adoptiveltern oder Adoptivkinder können ebenfalls eine große Unterstützung sein. Es ist oft nicht einfach, die «richtige» therapeutische Wahl zu treffen. Meist spüren Adoptivfamilien selbst am besten, welche Hilfe sie annehmen können. Manchmal besteht die Intervention zuerst nur darin, eine Bereitschaft für einen therapeutischen Prozess zu erarbeiten. Die Behandlung von Adoptivkindern ist nicht zu trennen von der ihrer Adoptiveltern. Die Erfahrung zeigt, dass es günstig ist, wenn derselbe Therapeut oder die gleiche Therapeutin für das Kind und die Familie zur Verfügung steht, um der komplexen Dreieckssituation (leibliche Eltern, Adoptiveltern und Adoptivkind) gerecht zu werden.

Familientherapie

In den psychotherapeutischen Prozessen mit Adoptivfamilien ist darauf hinzuarbeiten, bewusste und unbewusste Fantasien des Adoptivkindes und der Adoptiveltern über die leiblichen Eltern zur Sprache zu bringen [Steck, 1998a]. Dies wird das Kind dazu führen, Fragen nach seiner Herkunft und nach den Gründen seiner Freigabe zur Adoption zu stellen. Adoptiveltern werden ihre Ängste über die genetischen Anlagen und die Vergangenheit des Adoptivkindes thematisieren wie auch Fragen nach Rechten und Pflichten ihrer Elternschaft stellen. Die Verknüpfung der Familienromanfantasie der Adoptiveltern mit jener des Adoptivkindes, unter Berücksichtigung der Bedeutung der leiblichen Eltern, muss bearbeitet werden. Welche Rolle schreibt das Kind seinen Adoptiveltern in seinen Phantasmen zu und welche Stellung wünschen die Adoptiveltern in den Augen ihres Adoptivkindes einzunehmen? Handelt es sich um idealisierte Fantasieromaneltern oder um aufziehende Pflegeeltern? Soll das Adoptivkind dem idealisierten imaginären Kind der Adoptiveltern entsprechen? Oder dem realen Kind mit seiner Herkunft, seiner Vergangenheit und seinen Schwierigkeiten? Unweigerlich führt das Aussprechen und Reflektieren dieser Phantasmen in die biografische Vergangenheit der Adoptiveltern und des Kindes. Was sowohl Adoptiveltern als auch Adoptivkind als auch leibliche Eltern erlebt haben, sind Verluste. Für das Kind geht es um den Verlust seiner leiblichen Eltern, Großeltern und eventuell Geschwister, seiner kulturellen, ethnischen und sprachlichen Wurzeln; für die leiblichen Eltern ist es der Verlust ihres Kindes; für die Adoptiveltern ist es zumeist der Verlust der Reproduktionsfähigkeit, manchmal auch der Verlust eines eigenen Kindes, eigener Eltern oder Geschwister. Die Bearbeitung von den mit Verlusten verbundenen Gefühlen führt zu einer affektiv geteilten Gemeinsamkeit und zur Festigung der affektiven Bindung von Adoptiveltern und Adoptivkindern. Die Enthüllung von fantasierter und/oder realer Vergangenheit von Adoptiveltern und Adoptivkind führt zur Kreation einer gemeinsam geteilten Geschichte. Vergangenes muss nicht mehr verleugnet und die gemeinsame Zukunft kann unbelasteter ins Auge gefasst werden. Die Einbeziehung von leiblichen oder ebenfalls adoptierten Geschwistern, zumindest auf gedanklicher oder aber auf realer Ebene, hat sich bei therapeutischen Prozessen mit Adoptiveltern und Adoptivkindern als wichtig erwiesen. Informationen über reale Gegebenheiten haben einesteils eine wichtige Bedeutung für Adoptivkinder, andernteils besteht die Gefahr, dass sie überbewertet werden und Schwierigkeiten oder Probleme, die mit der Adoption verbunden sind, an der Unkenntnis von Tatsachen fixiert bleiben. Es ist wohl nicht das Wissen um die realen Tatsachen, das die Eltern-Kind-Beziehung auf magische Art und Weise verbessern würde. Es geht vielmehr darum, die mit dem Nichtwissen verbundenen bewussten und unbewussten Phantasmen, Gefühle und Ängste zu erkennen und diese soweit als möglich und in nicht kränkender Form mitzuteilen. Die Integrationsarbeit besteht darin, un- und vorbewusste Abläufe, die durch Primär-Prozesse charakterisiert sind, in eine metaphorische Sprache (Sekundär-Prozess) zu «übersetzen»: Dieser therapeutische Prozess kann nicht stattfinden, ohne dass Adoptiveltern und Adoptivkind schmerzliche Trauerarbeit um die erlebten Verluste leisten.

Adoptiveltern werden oft schon bei der Ankunft oder später bei Entwicklungsschritten oder -übergängen ihres Adoptivkindes zu einer inneren Auseinandersetzung und psychischen Verarbeitung genötigt. Sie fühlen sich durch die Beziehungskonstellation mit ihrem Adoptivkind in ihren elterlichen Fähigkeiten infrage gestellt oder sogar als Mutter oder Vater abgelehnt. Sie hinterfragen ihre Entscheidung, ein Kind zu adoptieren, und zweifeln an ihrer Motivation. Die therapeutische Arbeit mit Adoptiveltern führt meist zu ihrer persönlichen Geschichte. Eigene kritische Lebensereignisse stehen oft im Zusammenhang mit der (unbewussten) Motivation, ein Kind zu adoptieren. Konfliktvolle, psychisch belastende Erfahrungen in der persönlichen Biografie der Adoptiveltern kommen in psychotherapeutischen Prozessen mit dem Adoptivelternpaar, oder auch mit Adoptivmutter oder -vater allein, zur Bearbeitung.

Individuelle Psychotherapie des Kindes

«Das *Zuviel* des Traumas ist von seinem Schatten begleitet, dem Schweigen des Unaussprechbaren», sagt Barrois [1988, S. 195]. Je früher

Kinder, die psychische Traumata erlitten haben, Hilfeleistungen erfahren, desto größer ist ihre Chance, nicht zu «Schattenkindern» zu werden.

Die sieben Jahre alte Cindy erzählt folgende Geschichte von einer Raupe: «Die Raupe wurde durch böse Leute zerschnitten, deshalb ist sie blind. Vögel haben die Raupe nach C. (wo Cindy mit ihren Adoptiveltern lebt) gebracht; da hat die Raupe versprochen, nie mehr sehen zu wollen, sie wollte blind bleiben. Sie liebte es über alles, nie mehr etwas zu sehen.» Sie sollte nicht mehr fühlen und wahrnehmen, was Cindy Schreckliches in ihrem Ursprungsland erlebt hat. Cindy war es möglich, psychotherapeutische Hilfe zu nutzen und «sich in einen sehenden Schmetterling zu verwandeln».

Chronisch traumatisierte Kinder erwecken tatsächlich den Eindruck von Schattenfiguren. Sie werden auch als Automaten oder Roboter beschrieben. Wie abgeschnitten von Erinnerungen an die Vergangenheit leben sie freudlos in den Tag hinein, scheinbar in einer Art andauernder Gegenwart, die jegliche Abwesenheit, sei es durch Trennung, Verlust oder Tod auszuschließen trachtet, ohne Wünsche für die Zukunft.

Tragfähige Beziehung. Dem Kind in seinem Leiden und mit seinem Schmerz kann durch das Angebot eines bedeutungsvollen Dialoges und einer tragfähigen Beziehung geholfen werden. Im sicheren und verlässlichen Rahmen eines psychotherapeutischen Prozesses kann sich die kreative Fantasie des Kindes entfalten. Im Rahmen der analytischen Psychotherapie [Bürgin et al., 2001] geht es darum, dem Kind genügend affektive Sicherheit zu garantieren, damit es die mit dem Trauma assoziierten, zum Teil verdrängten Ängste und Gefühle im bewussten Erleben zulassen kann. In der Übertragungsbeziehung können diese Affekte in symbolischer Sprache benannt und verbalisiert werden. Das Wiedererleben einstiger Gefühle ist sehr schmerzhaft. Doch die Trauerarbeit ist dringend notwendig, um sekundäre Traumatisierungen durch das Wiederagieren von traumatischen Situationen zu vermeiden. Der Verarbeitungsprozess erlaubt, die mit der traumatischen Erfahrung verbundenen Erinnerungen verstehend zu integrieren.

Psychotherapeutische Interventionen dienen also der Sinn- und Bedeutungszuschreibung von Lebensereignissen, die die Kontinuität im menschlichen Erleben unterbrochen haben. Die therapeutische Beziehung erlaubt dem Kind, Verständnis für sein individuelles Erleben des Geschehens zu erarbeiten. Das Kind lernt in der therapeutischen Beziehung, mit überwältigenden Gefühlen, Gedanken, Vorstellungen und Phantasmen umzugehen, und erfährt, dass alle psychischen Zustände in der therapeutischen Beziehung ausgedrückt und gehalten werden können. Durch Verarbeitung auf einer semantischen und symbolischen Ebene können emotionale und sensorische implizite Erinnerungen von erlebten Ereignissen in explizite Erinnerungen übersetzt werden und müssen nicht mehr durch Handlungen zum Ausdruck kommen.

Indikation. Bei der Indikation einer individuellen Psychotherapie muss der Motivation und dem Interesse des Kindes für therapeutische Arbeit Rechnung getragen werden. Kinder und Jugendliche suchen meist nicht von sich aus Hilfe, sondern werden von Eltern, Lehrern und Ärzten für eine Abklärung zugewiesen. Unabhängig von den vorliegenden Störungen ist es notwendig, das Alter und die kognitive, affektive und psychosoziale Entwicklung des Kindes zu berücksichtigen sowie sein interpersonales Beziehungsfeld, d. h. seine familiäre und soziale Situation. Ebenso sind alters-, geschlechts- und entwicklungsspezifische Besonderheiten in der Kontakt- und Beziehungsgestaltung, in der Ausdrucks- und Mitteilungsfähigkeit, d. h. im Dialog, sowie in der Art des Erlebens und der kognitiven Verarbeitung bei der Indikation einer psychotherapeutischen Maßnahme in Betracht zu ziehen. Kann das Kind oder der Jugendliche das Beziehungsangebot nutzen, kommen eine emotionale Bewegung und eine Vertiefung im diagnostisch-therapeutischen Gespräch zustande.

Differenzialdiagnostisch und im Hinblick auf eine Therapieindikation ist es notwendig, sich an der Art der Beziehung, die ein Kind mit dem Kinderpsychiater eingeht, und an den Übergangsräumen zwischen Kind/Jugendlichem und Therapeuten (Subjekt und Gegenüber) zu orientieren. Ferner müssen Ich-Funktionsniveau und Abwehrqualitäten des Kindes im zeitlichen Verlauf des Gesprächs evaluiert werden [Bürgin, 1992b].

Bei jeder Indikationsstellung einer Psychotherapie wird der Therapeut durch seine eigenen Referenzen, seine Ausbildung und Wertsysteme beeinflusst. Bei allen Überlegungen betreffend wünschbarer therapeutischer Ansatzpunkte muss sich der Psychotherapeut oft auch daran orientieren, welche therapeutischen Maßnahmen zu einem bestimmten Zeitpunkt möglich sind.

Therapeutischer Prozess

Vertrauen, Sympathie und der Wunsch nach gemeinsamer Arbeit bilden die Hauptbestandteile des aufzubauenden therapeutischen Bündnisses. Diese kommen einer Brücke gleich, die während des therapeutischen Prozesses stets aufrechterhalten werden muss, damit über sie die Bewegungen der Übertragungsbeziehungen ablaufen können. Therapeutische Arbeit lässt sich nur mit wenig oder nicht gestörten Teilen des Ichs leisten. Manche Kinder benötigen wiederholte Anerkennung solcher funktioneller Ich-Leistungen, bevor sie bereit sind, sich mit pathologischen, d. h. dysfunktionalen oder gestörten Beziehungsaspekten zu beschäftigen. Je mehr destruktive Spannungen in der Umwelt eines Kindes oder Jugendlichen bestehen, desto schwieriger wird die ungestörte Bearbeitung von Beziehungskonflikten im therapeutischen Prozess, da die Unterscheidung zwischen inneren und äußeren Beeinträchtigungen sowohl für das Kind als auch für den Therapeuten erschwert ist. Bei den Bewegungen des therapeutischen Prozesses werden intrapsychische Konfliktkonfigurationen (z. B. zwischen Selbst- und Objektrepräsentanzen) als Übertragungsphänomene in interpersonale Störungen zwischen Kind/Jugendlichem und Therapeut umgeschrieben. Diese Inszenierungen und Wiederholungen sind keine genauen Kopien von früher Erlebtem, sondern wiederkehrende Versuche, günstigere Bewältigungsmöglichkeiten und Auswege, geeignetere Aussagen und Lösungen zu finden [Bürgin et al., 2001].

Der therapeutische Prozess kann bei traumatisierten Kindern besonders kompliziert und schwierig sein. Die Spuren, die ein Trauma hinterlässt, üben einen kontinuierlichen Einfluss auf das psychische Funktionieren aus. Der Versuch des Loswerdens dieser belastenden Dimension mag durch eine repetitive Ausstoßung ins bewusste Erleben erfolgen oder durch eine anhaltende Anstrengung zur Beherrschung mittels Abkapselung, d. h. durch Umwandlung in eine Art psychische Krypte. Der Wiederholungszwang hat den Charakter einer Inszenierung, in der das traumatische Potenzial der äußeren Realität wiederbelebt wird, um einem unbewussten Strafbedürfnis Genüge zu tun. Das Nicht-Mentalisierte und Nicht-Metabolisierte als Kern des Traumas bleibt jedoch bestehen. Bei diesen Reinszenierungen der traumatischen Ereignisse aus unbewusstem Schuldgefühl handelt es sich um sich wiederholende Selbstheilungsversuche, die jedoch scheitern.

Trauerarbeit. Im psychotherapeutischen Prozess gilt es, dem Kind zu helfen, die Trauerarbeit so in Gang zu bringen, dass keine pathologische Trauer entsteht. Für den Therapeuten bedeutet dies, sich mit dem Kind zu identifizieren, in die Verlustwelt des Kindes einzusteigen. Dabei ist es notwendig, eigene Verluste mitschwingen zu lassen, d. h. auch eigene Verlusterlebnisse und Trauerprozesse zuzulassen. Das Kind verfügt über kein Modell des Trauerns, da ein wahrhaftiger Trauerprozess erst in der Adoleszenz durch die Ablösung von den primären Bezugspersonen stattfindet.

Kontinuität. Das Kind, das Kontinuitätsbrüche in seiner Entwicklung erfahren hat, muss Kontinuität in der Therapie schaffen. Trennung bedeutet für Adoptivkinder Verlust und wird sehr oft dem Tod gleichgesetzt. Die heftige Wut über einen Verlust kann eine pathologische Trauer bewirken. Gelingt es Kindern, ihre Wut in kleinen Dosen in die therapeutische Beziehung einzubringen und dafür zu sorgen, dass die Beziehung lebendig bleibt, kann das Entstehen einer pathologischen Trauer vermieden werden. Aggressive, destruktive Affekte in die therapeutische Beziehung einzubringen ist schwierig, da das Kind fürchtet, mit deren Intensität den Therapeuten, auf dessen Verfügbarkeit es angewiesen ist, umbringen zu können. Die mörderische Wut muss dosiert in die Beziehung kommen. Intrapsychische Abläufe finden auf diese Weise auf der interpersonalen Ebene teilweise ihren Ausdruck. Das Kind soll seinen Therapeuten als symbolische Substitutionsfigur gebrauchen, mit dem die Wut über den Verlust bearbeitet werden kann.

Containment. Das Ende einer Therapiesitzung kann vom Kind als Verstoßung bzw. Ablehnung erlebt werden, die den Trennungsschmerz reaktiviert. Das Therapieende wird so zu einem aggressiven Akt. Gleichzeitig erlaubt dieser reale aggressive Akt, die Limitierung der Beziehung zu benennen. Überflutet durch die Wiederinszenierung des traumatischen Verlusts, wird der Therapeut zum «Behälter» der unerwünschten Gefühle von Verlust und Trennung. Durch das Vermögen des Therapeuten, externalisierte Angst oder Wut in sich zu bewahren und diese in Worte umzuwandeln, übernimmt er für das Kind eine gewisse Hilfs-Ich-Funktion. Das Containment des Therapeuten entspricht einem komplexen empathischen Übernehmen eines unerträglichen Teils der Innenwelt des Kindes mittels des Mechanismus der projektiven Identifikation. Es stellt für das Kind eine psychische Haltung dar, mit der es sich zunehmend identifizieren kann, nämlich wie sich im Therapeuten das Vitale gegenüber dem Todbringenden zu behaupten vermag.

Psychisches Verarbeiten bedeutet, einen höchst vulnerablen Bereich mental zu repräsentieren, die damit verbundenen Affekte unter Kontrolle zu halten und intrapsychisches Geschehen von äußeren Ereignissen zu unterscheiden, Letzteres vor allem auch auf der emotionalen Ebene. Dieser Prozess kann nur schrittweise und in einer geschützten therapeutischen Beziehung erfolgen.

Beispiel

Helen, ein Mädchen asiatischen Ursprungs, kam im Alter von viereinhalb Jahren zur Adoption in die Schweiz. Ihre leibliche Mutter hatte sie im Alter von fünf Monaten verlassen; ihr Vater heiratete, als sie drei Jahre alt war; Helen hatte eineinhalb Jahre mit ihrem Vater und ihrer Stiefmutter zusammengelebt. Seit dem Alter von viereinhalb Jahren befand sie sich in ihrer Adoptivfamilie (Adoptiveltern und zwei leibliche Söhne). Nach einem Suizidversuch im Alter von 16 Jahren verließ Helen ihre Adoptivfamilie und lebte bei ihrem Paten.

18 $^{1}/_{2}$-jährig begann Helen, einen Monat vor ihrer Maturitätsprüfung, eine Psychotherapie, die dreieinhalb Jahre dauerte. Kurz nach der bestandenen Maturität und dem Beginn der Psychotherapie verließ Helen für einige Wochen die Schweiz – wie sie es schon lange geplant hatte – auf der Suche nach ihrem leiblichen Vater, der auf einen anderen Kontinent ausgewandert war. Nach der Wiedervereinigung mit ihrem Vater und dessen Familie (Stiefmutter und zwei Halbgeschwister) und ihrer Rückkehr in die Schweiz litt Helen an einem schweren Depressionszustand; wegen multiplen somatischen Symptomen konsultierte sie verschiedene Spezialisten. Während der folgenden drei Jahre (im Alter von 19–22 Jahren) bereitete sich Helen auf die Aufnahmeprüfung für die Ausbildung zur Psychomotorik-Therapeutin vor, die sie trotz großer Anstrengungen dreimal nicht bestand. Gleichzeitig setzte sie die Suche nach ihrer leiblichen Mutter in ihrem Ursprungsland fort.

Helen beschrieb ihre vielen, jeweils sehr kurzen heterosexuellen Beziehungen, die sie immer wieder abbrach, als enttäuschend und wünschte sich sehnlichst eine stabile, kontinuierliche Beziehung. Sie erkannte einen Zusammenhang zwischen ihren emotionalen Beziehungsschwierigkeiten und ihrer Unfähigkeit, eine berufliche Ausbildung zu beginnen. Sie glaubte, wenn ihr eine berufliche Laufbahn gelingen würde, werde sie auch fähig sein, sich in einer emotionalen Beziehung zu binden.

Die erste sexuelle Beziehung hatte Helen mit ihrem Bruder (einem leiblichen Sohn ihrer Adoptiveltern), was sie als Hauptgrund ihres Suizidversuches im Alter von 16 Jahren und ihres Wunsches, ihre Adoptivfamilie zu verlassen, bezeichnete. Diese in ihren Augen und nach dem Gesetz inzestuöse Beziehung hatte sie vor ihren Adoptiveltern geheim gehalten. Um das Geheimnis zu öffnen, fanden Familiengespräche statt, die zu einer wichtigen Verarbeitung der gemeinsamen Vergangenheit und zu einer Annäherung von Helen mit allen Familienmitgliedern führten.

Einige Monate nach diesen Gesprächen und kurze Zeit vor der letzten Möglichkeit, die Prüfung für ihre Ausbildung zu absolvieren, sagte Helen, wenn sie die Prüfung bestehen würde, wäre dieser Erfolg mit dem Tod einer ihr nahestehenden Person verbunden. Sie fuhr fort, sie habe die Gewissheit, ihre leibliche Mutter sei tot, da sie diese nicht hatte wiederfinden können, und sie selbst sei die Ursache ihres Todes. Sie dachte also, nicht ihre Mutter habe sie verlassen, als sie fünf Monate alt war, sondern sie selbst hätte ihre Mutter getötet.

Man kann annehmen, dass die Angst, eine ihr nahestehende Person könnte sterben, wenn sie sich erlauben würde, die Prüfung erfolgreich zu bestehen, die Angst vor ihrem eigenen Zusammenbruch darstellte. Es handelt sich um den Zusammenbruch, den Helen im Moment des Verlustes ihrer Mutter erlitten hatte, den sie aber bis jetzt noch nicht in ihre erwachsene Persönlichkeit integrieren konnte.

Der in der Zukunft liegende, gefürchtete Zusammenbruch [Winnicott, 1974a] hat sich bereits vor langer Zeit ereignet. Die Angst vor dem Zusammenbruch wurzelt in dem Bedürfnis, sich an den ursprünglichen Zusammenbruch zu «erinnern». Eine solche Erinnerung kann aber nur durch ein Wiedererleben zustande kommen. Der ursprüngliche Zusammenbruch fand in einem Stadium statt, in dem Helen auf elterliche oder mütterliche Ich-Unterstützung angewiesen war. Es handelt sich, gemäß Winnicott, um ein Versagen von Schutzformen, die zum Säuglingsalter oder zur sehr frühen Kindheit des Individuums gehört haben. Die ursprüngliche Erfahrung primitiver Agonie kann nicht Vergangenheit werden, wenn sie vom Ich nicht zuerst in die gegenwärtige Erfahrung und aktuelle Bewältigung aufgenommen wird. «Im Bereich der seelischen Erkrankung ist jede Abnormität die Folge einer Störung der emotionalen Entwicklung. In der Behandlung wird die Heilung dadurch erreicht, dass der Patient die Fähigkeit erlangt, seine emotionale Entwicklung an der Stelle fortzusetzen, wo sie aufgehalten worden ist. Um an diesen Punkt zu kommen, muss der Patient immer in seine frühe Kindheit oder Säuglingszeit zurückkehren» [Winnicott 1990b, S. 149].

Helen bestand ihre Prüfung und beendete die Psychotherapie. In diesem Moment war sie fast 22 Jahre alt, hatte das gleiche Alter, in dem ihre leibliche Mutter mit ihr schwanger gewesen war. Die Filiation, d. h. die Übertragung von einer Generation zur anderen, stellt eine absolute Notwendigkeit dar [Guyotat, 1980]. Ist sie nicht möglich, wird das Bedürfnis der Erbschaftsübermittlung durch die Chronologie ersetzt. Wenige Zeit später berichtete Helen von einer heterosexuellen Beziehung, in der sie sehr glücklich sei, und in der Folge von ihrer Heirat mit demselben Partner.

Diskussion

Man kann sich fragen, ob die Patientin mit der geäußerten Befürchtung, eine ihr sehr nahestehende Person werde sterben, wenn sie die Prüfung bestehe, ausdrückte, es sei ihr jetzt möglich, eine Trauerarbeit zu leisten. Es gelang ihr, progressiv die Überbesetzung der Repräsentanz ihrer leiblichen Mutter rückgängig zu machen und mit der frei gewordenen libidinalen Energie neu gewählte Objekte zu besetzen.

Nach Nasio [1996] darf ein Trauerprozess als engagiert betrachtet werden, wenn der Trauernde annehmen kann, dass die Liebe für ein neu erwähltes Objekt nicht die Liebe für das verlorene Objekt zu ersetzen droht. Das

Bild der verlorenen Person darf nicht ausgewischt werden. Es muss im Gegenteil erhalten bleiben bis zum Moment, in welchem es der Person – dank der Trauerarbeit – gelingt, die Liebe für die verlorene Person gleichzeitig mit der Liebe für eine neu erwählte koexistieren zu lassen. Der Schmerz lässt in dem Moment nach, in welchem der trauernde Mensch endlich zulassen kann, dass seine Liebe für ein neues Gegenüber niemals die Liebe für die verschwundene und verlorene Person aufheben wird.

Psychoanalytisch orientierte Psychodrama-Gruppentherapie

Das analytische Vorgehen des Psychodramas eröffnet einen besonderen Zugang zu latenten Bereichen der Persönlichkeit. Die szenisch-expressive Darstellung der von der Gruppe gemeinsam erarbeiteten Phantasmen (von den Kindern erzählten Geschichten), in welcher jedes Kind eine Rolle spielt und in die auch der oder die Gruppenleiterin miteinbezogen sind, lässt aktuelles Erleben auch in seinen unbewussten Dimensionen hervortreten und führt es für das einzelne Kind auf seine persönliche Geschichte zurück. Diese Geschichte tritt ans Licht in der Art und Weise der Beziehungsgestaltung und der interpersonellen Interaktionen. So wird auch ein Raum für die Artikulation unterdrückter, verdrängter oder abgespaltener Gefühle und für Ansätze zu einer Überwindung ständig wiederkehrender Konflikte geschaffen. Das Kind kann im Psychodrama neue Beziehungsmuster erproben, andere Beziehungsmöglichkeiten erfinden und sich dank der zunehmenden Bewusstwerdung aus unbewussten, beeinträchtigenden Bemächtigungen lösen. Die Wiederholungen in der Inszenierung ursprünglicher emotionaler Störungen führen zu symbolischen (Re-)Konstruktionen, die konflikthafte Situationen entknoten und auf kathartische Weise emotionale Energie freisetzen.

Regressive Bedürfnisse. In Gruppentherapien oder Psychodramagruppen werden die regressiven Bedürfnisse von Adoptivkindern deutlich, so z. B. ihr Wunsch, getragen zu werden, an der Mutterbrust zu trinken, in einer Säuglingsposition umsorgt zu werden, im Sinne eines Holding, wie es von Winnicott [1990b] beschrieben wurde. Es kommen ebenfalls die zu einem früheren Zeitpunkt erlebten Zustände von Verwirrung, Desorientierung und Überflutetwerden von Emotionen zum Ausdruck, begleitet von einer verbalen Kommunikationsunfähigkeit. Archaische Ängste von Verstümmelung, Vernichtung und Tod werden durch Körpermanifestationen ausgedrückt. Die Kinder lassen sich fallen oder werfen sich zu Boden; sie sind oft hypoton oder zeigen eine schlecht koordinierte motorische Hyperaktivität. Sie scheinen ihre eigenen Körpergrenzen nicht zu kennen, nicht zu wissen, was sich außerhalb und was sich innerhalb ihres Körpers befindet, wie wenn sie den Kontakt mit ihrem eigenen Körper verloren hätten. In ihrer motorischen Ungeschicktheit stoßen sich die Kinder oft an, tun sich weh und es ist, wie wenn der Körperschmerz ihnen ein Existenzgefühl vermitteln würde.

Unter günstigen Umständen, sagt Winnicott [1990a, 1990b], wird die Haut die Grenze zwischen dem Ich und dem Nicht-Ich. Die feste Beziehung zwischen Psyche und Körper, die bei einer gelungenen Integration zustande kommt, nennt Winnicott Personalisierung. Die Depersonalisierung kann in gleicher Weise als Notfallmechanismus verstanden werden wie die Desintegration. Sie dient dem Ich zur Abwehr unerträglicher, aus dem Körper stammender Empfindungen, die durch die Fürsorge einer haltenden Mutter nicht eliminiert werden können. Die Desintegration ist schmerzhaft und wird als Bedrohung empfunden.

In der Therapie lernen emotional deprivierte Adoptivkinder, zuerst ihre Gefühle zu empfinden und sich ihrer Gefühle bewusst zu werden; sie lernen ihren Körper kennen, vor allem ihre Körpergrenzen, und zwischen dem Innen und Außen ihres Körpers zu unterscheiden. Solange Kinder mit ihrem Körper agieren, scheint ein mentaler Prozess nicht stattfinden zu können. Parallel zur Entwicklung der Körperbesetzung erfolgt eine Entwicklung auf sprachlicher und auf symbolischer Ebene. Die Kinder lernen, archaische aggressive und destruktive Impulse zu integrieren und ihre Gefühle und Phantasmen von magischer Allmacht einem Realitätsprinzip unterzuordnen. Erst wenn Adoptivkinder ihre erlittenen psychischen Traumata nicht mehr in repetitiver Form auf hypomanische Art agieren, wird es möglich, sie im Spiel darzustellen. In der Folge kann ein mentaler Prozess psychischer Verarbeitung stattfinden, der es erlaubt, die emotionale und kognitive Entwicklung wieder aufzunehmen. Es handelt sich um die Verarbeitung von phantasmatischen Konfliktkonfigurationen traumatischer Erlebnisse durch wiederholte Inszenierung im Spiel. Die Wirksamkeit des Psychodramas besteht in einem Symbolisierungsprozess, nämlich der Assimilation und Akkommodation traumatischer Erfahrung mit den assoziierten empfundenen Gefühlen in einen Denkprozess.

Spezifische Themen im therapeutischen Prozess mit Adoptierten

Verlust und Wiedergutmachung

Verlust ist ein zentrales Thema in allen Therapien. Für Adoptierte ist der Verlust potenziell reversibel. Das Bestreben, das verlorene Objekt, die leiblichen Eltern wiederzufinden, kann eine aktive Form annehmen, nämlich dann, wenn der Adoptierte versucht, den Bruch wiedergutzumachen, um – in seinem Erleben – eine Erfahrung von Vollständigkeit zu gewinnen. Adoptierte berichten verzweifelt darüber, eine schmerzhafte Leere in ihrem Innern zu verspüren, während ihr subjektives Erleben der Umwelt oft mit Gefühlen einhergeht, Zeit und Ort seien wie aufgehoben. Die Trauer der Adoptierten kann nicht als pathologisch bezeichnet werden, da in ihrem Bewusstsein die leiblichen Eltern leben, d. h. real vorhanden sind. Adoptierte erleben unterschiedliche Intensitäten von emotionaler Verletzbarkeit, wenn sie mit zusätzlichen Verlusten oder Ablehnung konfrontiert sind [Bertocci und Schechter, 1991].

Der Therapeut wird manchmal als lang verlorener Verwandter fantasiert, weswegen Adoptierte oft große Neugierde gegenüber dem Therapeuten zeigen. Der Therapeut kann aber auch als leiblicher Elternersatz idealisiert werden und das Adoptivkind wünscht sich, ihm zu gleichen. Es handelt sich um Versuche, den ursprünglichen Verlust wieder gutzumachen und sich von den damit verbundenen geheimnisvollen Vorstellungen und Phantasmen zu befreien.

Beispiel

Der neun Jahre alte Johannes will *alles* über seine Therapeutin wissen, bedrängt sie unaufhörlich mit persönlichen Fragen nach ihren Beziehungen, ihrer Lebensgeschichte, ihrer Berufsmotivation, ihrem Glauben und möchte die Familie der Therapeutin kennenlernen. Johannes wehrt jegliche Intervention der Therapeutin, wie z. B. seine Neugierde gelte möglicherweise den leiblichen Eltern, deren und seiner eigenen Lebensgeschichte vor der Adoption, ab und droht, seine eben begonnene Psychotherapie abzubrechen, wenn die Therapeutin ihm nicht antworte. Er sei berechtigt, ebenso viel von der Therapeutin zu erfahren, wie sie über ihn wisse. Er sei es, der hier Fragen stelle und die Therapeutin solle ihm ja nicht Warum-Fragen stellen. Johannes wirft der Therapeutin, die ein Gespräch mit seinen Adoptiveltern führte – das mit ihm vorbereitet und worüber er danach informiert wurde – vor, ihn nicht einmal um seine Erlaubnis gefragt zu haben. Er beschimpft die Therapeutin, nichts zu wissen und sich nicht zu interessieren. Johannes Wut darüber, seine leibliche Familie, seine Herkunft und Teile seiner persönlichen

Geschichte nicht zu kennen, wird deutlich. Warum er zur Adoption freigegeben wurde, warum seine leiblichen Eltern sich nicht für ihn interessierten, sind für ihn unbeantwortete Fragen.

Neid und Eifersucht

In ihren Vorstellungen und damit verbundenen Emotionen fehlen Adoptierten – im Vergleich zu leiblichen Kindern – viele persönliche, essenziell wichtige Tatsachen: ihre biografische und medizinische Geschichte, verwandtschaftliche, kulturelle, sprachliche, ethnische Bindungen sowie Ähnlichkeiten mit den Adoptiveltern. Der Neid bezieht sich also auf die Vorteile der leiblichen Kinder, die von Adoptierten als Mangel oder Verlust erlebt und als eine notwendige Voraussetzung für ihr physisches oder psychisches Wohlbefinden erachtet werden [Anderson 1987]. Die Erfahrung der Adoptierten gleich, d. h. so wie die anderen (sei es wie die Mitglieder der Adoptivfamilie oder wie die anderen der Peer-Gruppe) zu sein, stellt oft eine kontinuierliche Frustration dar, das heißt Ähnlichkeiten haben etwas Nichtauthentisches, eine Als-ob-Qualität. Adoptierte versuchen, sich diese beneideten Erfahrungen anzueignen, in der Hoffnung, ein besseres psychisches Gleichgewicht zu erlangen.

Körperbild und Sexualität

Der Körper ist die einzige Verbindung mit den leiblichen Eltern. Stern [1985] weist darauf hin, dass der (un)bewusste Versuch des Kindes, gleich oder ähnlich zu sein, einem Prozess entspricht, der aus dem infantilen Erleben des eigenen undifferenzierten Selbst entsteht. Dieser undifferenzierte Selbstanteil wird als primäre Eltern-Kind-Beziehungsrepräsentanz internalisiert. Imitations- und Identifikationsprozesse dienen dazu, Gefühle von Zugehörigkeit zu entwickeln und zu stärken und begünstigen alle folgenden Entwicklungsschritte. Die dem Körperbild entsprechenden Emotionen der Adoptierten sind verbunden mit unbewusstem oder bewusstem intensivem Verlangen, dem physischen Bild der leiblichen Eltern zu begegnen.

Die sexuelle Identitätsentwicklung kann durch Identifikation mit einer fertilen oder nicht fertilen sexuellen Identität verbunden sein. Weibliche Adoptierte fantasieren sich manchmal als steril wie ihre Adoptivmutter oder als impulsiv, d. h. promiskuitiv wie die leibliche Mutter. Die sexuelle Identitätsvorstellung ist oft assoziiert mit Verlust, Bestrafung, Rivalität und Ablehnung. Für weibliche Adoptierte ist die Fähigkeit zur Reproduktion mit Geheimnis, Angst, Furcht verbunden und dem Bedürfnis, sich von der Adoptivmutter zu differenzieren. Die Reproduktionsfähigkeit und ihre Beziehung zur Sexualität sind Themen, die Neidgefühle und Ressentiments (unbewusst oder bewusst) der Adoptivmutter und der weiblichen Adoptierten schüren können. Adoptierte hegen Phantasmen, ihre Freigabe zur Adoption liege an ihrem Geschlecht. Die Bearbeitung von mit dem Körperbild und der Sexualität verbundenen Phantasmen und Ängsten, die auch beide Elternpaare mit einzubeziehen hat, ist höchst komplex.

Kontrollüberzeugung

In Therapien stellt sich oft die Frage, ob Adoptierte der Meinung sind, die Kontrolle über ein Ereignis liege in ihrem Wirkungskreis, d. h. in ihrer Macht (interne Kontrolle), oder ob sie der Überzeugung sind, über keine Einwirkungsmöglichkeit zu verfügen, und glauben, die Kontrolle liege außerhalb ihrer Person (externe Kontrolle). Adoptierte beklagen oft, dass die Adoptionssituation sie in ihren Versuchen gehindert habe, sich aktiv um ihre Bedürfnisse zu kümmern und ihnen gerecht zu werden. Sie nehmen eine hilflose Position ein und betrachten die Adoption als hauptsächliche Ursache ihrer persönlichen Entwicklungsbeeinträchtigung. Sie verhalten sich teilweise besonders passiv und haben die Tendenz, anderen zu erlauben, Verantwortung an ihrer Stelle zu übernehmen. Da ihre Freigabe zur Adoption von anderen bestimmt wurde, nehmen sie an, dass die Quelle ihrer Entscheidungsmöglichkeit und ihrer Ausrichtung im Leben außerhalb von ihnen liegt. Das Überwinden dieser charakteristischen Passivität, die teilweise mit einer Lähmung von Ich-Funktionen einhergeht (z. B. einer Unfähigkeit, Ursache und Wirkung zu unterscheiden), ist eines der schwierigsten Ziele der Behandlung.

Zugehörigkeitsgefühl

Adoptierten fehlt die subjektive Erfahrung ihres Selbst als ganzheitlich, wahrhaftig und dadurch die Befähigung, die eigene persönliche Entwicklung, von der Vergangenheit ausgehend in der Gegenwart und antizipierend in die Zukunft zu planen [Schechter und Bertocci, 1990]. Der Diskurs der Adoptierten weist immer wieder auf Themen von Abbruch, Trennung, Ablehnung, Aussetzung und Ausschluss hin. Die soziale Umwelt identifiziert diese psychische Amputation aus mangelnder Empathie oft nicht. Das Gefühl von Misstrauen äußert sich durch Agieren oder Distanzieren und Rückzug der Besetzung der therapeutischen Beziehung und stellt die Kontinuität der Therapie infrage. Die Abwehrorganisation richtet sich häufig gegen die Angst vor Ablehnung und Zurückweisung. Überflutende Abhängigkeitsgefühle und dependentes Verhalten mögen dem Wunsch entsprechen, Gefühle von Zugehörigkeit zu empfinden.

Der Konflikt um Bindung und Trennung intensiviert die Sehnsucht nach einer biologischen Verbundenheit, d. h. in einer konkreten Form Teil einer biologischen Familie zu sein, mit der dazugehörenden Vergangenheit, Gegenwart und Zukunft. Es handelt sich um ein Verlangen, zu den genetischen Vorfahren zu gehören und durch die Nachkommen erinnert zu werden. Internalisierte Elternfiguren sind bei Adoptierten gespalten in verlassende (leibliche) und adoptive Anteile. Im psychotherapeutischen Prozess ist es von zentraler Wichtigkeit, dass der Therapeut für Adoptierte ein ungeteiltes, einheitliches Objekt repräsentiert. Es ist notwendig, die Spaltung der Elternfiguren zu bearbeiten, damit die verlassenden, ablehnenden und die adoptierenden, annehmenden Repräsentanzen der Elternfiguren in ein einziges identifikatorisches Elternbild integriert werden können [Quinodoz, 1987]. Der therapeutische Prozess hilft dem Kind, seine Adoptiveltern zu adoptieren, d. h. sich aus einer passiven Position – «Ich wurde adoptiert» – heraus in Richtung einer aktiven, an der Adoption beteiligten Haltung zu entwickeln: «Meine *Adoptiv*eltern sind *meine* Eltern».

Die therapeutische Arbeit muss vor allem in Bezug auf die Aggressivität geleistet werden. Die destruktiven Bewegungen des Kindes anzunehmen und zu verstehen, genügt nicht. Das Kind muss die Erfahrung der Zerstörung des Objekts machen, so wie es Winnicott [1973a] beschreibt, um festzustellen, dass dieses Objekt überlebt und wirklich außerhalb des Kindes existiert. Eine solche Erfahrung ist schwer in der Übertragung im therapeutischen Rahmen zu erleben, sie ist jedoch unerträglich im Familienrahmen. Findet sie nicht statt, hat der zukünftige Erwachsene kaum eine Chance, ganzheitliche Objektbeziehungen zu etablieren und sich gemäß seinen Wünschen «frei» zu entwickeln [Waber-Thevoz und Waber, 2000].

Jede Krise hat nicht nur ihre Gefahren, sondern auch ihre Möglichkeiten.

Martin Luther King

Aufgaben der Vermittlungsstelle

Die Vermittlungsstellen sind mit einer Vielzahl von Aufgaben und Schwierigkeiten konfrontiert, auf die hier nicht ausführlich eingegangen wird. Generell werden eine bessere Vorbereitung der sich um eine Adoption Bewerbenden und der zu adoptierenden Kinder auf die Adoption gefordert sowie eine intensivere Nachbetreuung der Adoptivfamilien [Ozoux-Teffaine, 2004]. Dafür sollte ein interdisziplinäres Team zur Verfügung stehen, das eine Betreuungskontinuität des Adoptivkindes, der Adoptiveltern und der Adoptivfamilie durch dieselben Ansprechpartner garantiert; dies kann die Entwicklung des Adoptionsverhältnisses maßgeblich positiv beeinflussen. Diese Drittintervention bietet die Möglichkeit, kinderlose Paare in ihrer Auseinandersetzung mit einer zukünftigen Elternschaft zu begleiten, die sich aufbauende Eltern-Kind-Bindung nach der Aufnahme des Kindes zu unterstützen und dessen rechtliche Abstammung anzuerkennen. Ein Zeitraum soll zur Verfügung gestellt werden, in dem durch die vermittelnde Begleitung ein Dialog aller Beteiligten in der Adoptionssituation zustande kommen kann mit dem Ziel, die Entwicklung einer fortschreitenden und wechselseitigen psychischen Bearbeitung aller Familienmitglieder zu fördern und zur Integration des Kindes mit seiner persönlichen Geschichte in die Familie und in die Familiengeschichte beizutragen.

Zusammenfassend können die Aufgaben unterteilt werden in jene vor, während (vor der legalen Adoption) und nach der erfolgten Adoption [Barth und Miller, 2000].

Vor der Adoption

Die Vermittlungsstelle ist der Ort, an dem Informationen ausgetauscht werden. Sie vermittelt nicht nur Informationen über das zu adoptierende Kind, seine soziale, medizinische und genetische Geschichte, sondern klärt die zukünftigen Adoptiveltern über spezifische, mit der Adoption verbundene Themen und möglicherweise auftretende Probleme und Schwierigkeiten auf. Literaturangaben zum Thema Adoption und Kontakte mit andern Adoptiveltern und Selbsthilfegruppen erweisen sich als hilfreich [Barth und Berry, 1991; Nickman et al., 2005]. In Frankreich dauern die Abklärungen bis zur Erlaubnis, ein Kind aufzunehmen, in der Regel neun Monate, was einer «psychischen Schwangerschaft» entspricht. Die in dieser Zeit stattfindenden Gespräche mit Sozialarbeitern, Psychologen, Psychiatern und Kinderpsychiatern spiele eine äußerst wichtige Rolle in der Vorbereitung der zukünftigen Adoptiveltern auf die Aufnahme ihres Kindes [Ozoux-Teffaine, 2004].

Zukünftige Adoptiveltern sollten möglichst detaillierte Informationen über das zu adoptierende Kind erhalten. Dazu gehören Auskünfte über die persönliche Geschichte des Kindes, seine leiblichen Eltern, sein soziales und kulturelles Umfeld, seinen Entwicklungsstand, seine medizinischen und psychologischen Probleme, deren Schweregrad und damit verbundene potenzielle Risiken. Diese Informationen sollten möglichst vor dem Abschluss des Adoptionsverfahrens vorliegen. Die spezifischen, mit der Adoptionssituation verbundenen Schwierigkeiten bei der Ankunft des Kindes, im weiteren Verlauf seiner Entwicklung sowie in kritischen Entwicklungsübergängen sind anzusprechen, diesbezügliche Literatur den zukünftigen Adoptiveltern zur Verfügung zu stellen und ihnen die Möglichkeit anzubieten, sich in Gesprächen mit Fachpersonen darüber auseinanderzusetzen. Ein Austausch mit erfahrenen Adoptivfamilien sollte ermöglicht werden.

Während des Pflegesituationsverhältnisses

Die Dauer des Pflegesituationsverhältnisses ist je nach Land unterschiedlich geregelt; in der Schweiz beträgt sie seit dem 1. Januar 2003 ein Jahr, in Deutschland bei Säuglingen in der Regel ebenfalls ein Jahr, bei älteren Kindern entsprechend länger. Es handelt sich um eine sehr kritische Periode, in der schwerwiegende Krisensituationen stattfinden können. Gleichzeitig spielen sich die ersten Begegnungen und Kontaktaufnahmen zwischen Eltern und Kind ab, die von umso größerer Bedeutung sind, als sich das Kind durch die Umstände der Entwurzelung in einer Periode hochgradiger Verletzbarkeit befindet und die zukünftigen Adoptiveltern ebenfalls mit einer Zeitspanne von Unvorhersehbarkeit, Ungewissheit und damit verbundenen Ängsten und Enttäuschungen konfrontiert sind. Während dieser kritischen Periode der Integration eines Kindes sollten – je nach Bedarf – die Familie, die Adoptiveltern oder einzelne Familienmitglieder durch Fachpersonen betreut werden.

Nach der Adoption

Spezifische Sprechstunden und Therapien, die von mit der Adoption vertrauten Fachpersonen geleitet werden, sollten geschaffen und Adoptivfamilien zur Verfügung gestellt werden [Cohen et al., 1993]. Barth und Miller [2002] empfehlen Familientherapie, die unter verschiedenen Rahmenbedingungen stattfinden sollte: z. B. zu Hause, in der Schule und in der Gemeinde, wobei den spezifischen Unterschieden von Adoptivfamilien Rechnung getragen werden muss. Unterstützungsgruppen für Adoptivfamilien erwiesen sich nach Angaben von Adoptiveltern als am hilfreichsten.

Für die therapeutische Arbeit mit Adoptivfamilien wird empfohlen, die Adoption aus dem Blickwinkel des familiären Kontextes zu verstehen. Weiter dürfen Adoptiveltern für die Schwierigkeiten ihrer Kinder nicht beschuldigt werden. Ferner ist es wichtig, die Auswirkung der Adoption auf jedes einzelne Entwicklungsstadium des Kindes zu kennen und die Vergangenheit des Kindes zu respektieren und anzuerkennen [Howard und Smith, 1997]. Der Fokus von therapeutischen Interventionen soll darauf gerichtet sein, Adoptiveltern zu helfen, bessere Beziehungswege zur inneren emotionalen, phantasmatischen, oft verwirrten Vorstellungswelt ihres adoptierten Kindes zu finden [Prew, 1990]. Letztere stellt oft die Ursache des inadäquaten Verhaltens des Kindes dar. Das Verständnis der kindlichen emotionalen Fantasiewelt hilft den Adoptiveltern, besser mit seinem Verhalten umgehen zu können. Den Eltern muss versichert werden, dass die Schwierigkeiten ihrer Adoptivkinder durch die Erfahrungen des Kindes vor der Adoption entstehen und nicht durch mangelnde Erziehungsfähigkeiten der Eltern [Groze et al., 1991].

Interventionen der Vermittlungsstelle müssen auf die Lebenssituation der Adoptivfamilie abgestimmt werden. Die Zusammenarbeit aller von der Adoptionssituation Betroffenen und aller beim Zustandekommen des Adoptionsverhältnisses involvierten Fachpersonen ist notwendig und muss sachlich und von wechselseitigem persönlichem Respekt getragen sein. Adoptiveltern, Adoptivkind und Geschwister sind über Hilfsangebote zu informieren und sie sollen ihre Wünsche hinsichtlich der Gestaltung der eventuellen therapeutischen Maßnahmen äußern und selbst Entscheidungen treffen. Die professionelle Hilfe soll Adoptiveltern und ihre Familien in ihren Kompetenzen stärken, nicht aber entwerten, beschuldigen oder bevormunden. In besonders schwierigen Adoptionssituationen ist die gemeinsame Planung mit den Adoptiveltern und ihren Familien hinsichtlich der zu treffenden Maßnahmen in einer Krisensituation wünschenswert.

VI Zusammenfassung

> «Chaque adopté a son histoire, sa différence avec laquelle il faudra apprendre à vivre, sans la nier, ni la cultiver abusivement. La construction de la personnalité passe par la reconnaissance de cette différence, son acceptation, son dépassement», sagt Brunet [1989, Vorwort]. («Jeder Adoptierte hat seine eigene Geschichte, seine Verschiedenartigkeit, mit der er zu leben lernen muss, ohne sie zu leugnen und ohne sie übertrieben zu pflegen. Der Aufbau der Persönlichkeit besteht darin, diese Verschiedenartigkeit zu erkennen, sie anzunehmen und sie zu überschreiten.» Übersetzung B.S.)

Psychisches Trauma

Die Adoption bedeutet für das Kind immer einen Beziehungsabbruch zu den leiblichen Eltern sowie einen Beziehungsaufbau zu den Adoptiveltern. Diese Beziehungsdynamik kann als lebenslanger Prozess der in diesem Dreieck beteiligten Personen betrachtet werden. Bei transkulturellen Adoptionen kommen zum Verlust der leiblichen Eltern noch die Verluste von ethnischen, kulturellen und sprachlichen Bindungen hinzu. Ein Teil der Kinder erlebt diese Beziehungskonstellation als ein psychisches Trauma, nämlich dann, wenn die mit dem Gefühl des Verstoßen-, Verlassen- oder Abgelehnt-worden-Seins verbundene Kränkung nicht bewältigt werden kann und zur Beeinträchtigung des Selbstwertgefühls führt. Auch ethnokulturelle Unterschiede sind verbunden mit Gefühlen von Fremd- und Ausgeschlossensein und erschweren manchmal die Integration.

Um ein mit der Adoption verbundenes Trauma aufzuarbeiten und um emotional tragende Bindungen zu den Adoptiveltern aufzubauen, bedarf es eines Trauerprozesses. Die Trauerarbeit wird erschwert durch die Tatsache, dass zumeist über Leben und Tod der leiblichen Eltern Ungewissheit besteht, das Adoptivkind sich sein Verlassen-worden-Sein nicht erklären kann und keine Bezugspersonen der leiblichen Eltern vorhanden sind. Ein Kind braucht zum Trauern eine kontinuierliche Beziehung zu einem bedeutungsvollen Erwachsenen. Sind die Adoptiveltern durch eigene, nicht verarbeitete Probleme wie z. B. ihre Zeugungsunfähigkeit belastet, so ist es für sie schwierig, ihrem Kind in seinem Trauerprozess zu helfen. Ein Adoptivkind versucht dann, das Adoptionsereignis zu bewältigen, indem es eine Fantasiewelt aufbaut, die ihm das Geschehene erklärt. In seiner Innenwelt vermischen sich dabei reale Ereignisse, erhaltene Informationen und eigene Fantasien zu oft verwirrenden und konflikthaften Familienromanvorstellungen, die auch in einer Vielzahl von psychischen oder psychosomatischen Symptomen Ausdruck finden können.

Enthüllung des Adoptionsstatus

Bei der Aufklärung des Kindes über seine Adoption handelt es sich um einen langjährigen Prozess, der die Entwicklungsgeschichte des Kindes prägt. Jedes Kleinkind beschäftigt sich mit den Fragen von Zeugung und Geburt. Das Adoptivkind will wissen, warum seine Adoptivmutter es nicht in ihrem Bauch getragen und geboren hat. Die Information muss kontinuierlich, dem Alter und der Verständnisfähigkeit des Kindes angepasst erfolgen und darauf ausgerichtet sein, seinem Selbstwertgefühl nicht zu schaden. Die Aufklärung über Herkunft und Adoption zieht sehr häufig Fragen des Kindes über die Gründe seiner Freigabe zur Adoption nach sich. Die Informationsvermittlung verlangt von den Adoptiveltern viel Einfühlungsvermögen und emotionale Unterstützung für ihr Adoptivkind.

Dieser Kommunikationsprozess wird durch die Adoptivkinder und manchmal auch durch die Adoptiveltern erschwert. Die Adoptivkinder verleugnen z. B. die Adoption und möchten die Vergangenheit vergessen. Sie spüren auch die Angst der Adoptiveltern, dass sie zugunsten idealisierter leiblicher Eltern entwertet oder infrage gestellt werden könnten. Zudem fällt es den Adoptiveltern oft schwer, den Unterschied von sexueller Aktivität und Zeugungsunfähigkeit zu erklären, dies in verstärktem Ausmaß, wenn sie sich wegen ihrer Infertilität in ihrer sexuellen Kompetenz verunsichert fühlen.

Identitätsentwicklung

Die Bildung einer persönlichen Identität umschließt auch genealogische Gesichtspunkte, über welche sich jedes Individuum an frühere und kommende Generationen gebunden fühlt, eine Kontinuität, die Adoptierten bei ihrer Identitätsentwicklung fehlt. Bei allen Schritten von Individuation und Trennung im Kindesalter und in der Adoleszenz wird das Kind an die Tatsache seiner Adoptionssituation und die damit verbundenen Beziehungsabbrüche erinnert. Mit zunehmendem Alter und besserem Verständnis der Adoption findet bei den meisten Adoptierten eine Auseinandersetzung mit ihrer Herkunft statt. Dieses Interesse kann zur Suche nach den leiblichen Eltern führen. Dabei entstehen Loyalitätskonflikte wegen der doppelten Elternpaare (und gegebenenfalls einer auch doppelten ethnischen Kulturzugehörigkeit). Adoptivkinder spalten dann die inneren Vorstellungsbilder der leiblichen und der Adoptiveltern in gute und schlechte Repräsentanzen. Sie identifizieren sich z. B. nur mit den fantasierten schlechten oder den idealisierten Eigenschaften der leiblichen Eltern und verhalten sich entsprechend. Auf diese Weise versuchen sie die Beziehungsaufgabe bei doppelter Elternschaft (leibliche und Adoptiveltern) zu bewältigen und dabei eine meist unbewusste Loyalitätsbindung zu den leiblichen Eltern aufrechtzuerhalten.

Forschung und klinische Erfahrung zeigen, dass Auswahl, Vorbereitung und Betreuung von Adoptivfamilien von großer Bedeutung sind. Bei auftretenden Problemen in der Adoptivfamilie und bei psychischen Störungen des Adoptivkindes ist es notwendig, die diagnostischen und therapeutischen Maßnahmen spezifisch auf den Einzelfall auszurichten.

Ausblick

Die Herausforderungen für Adoptiveltern werden mit geprägt durch die sich rasch entwickelnde Gesellschaft, durch eine kulturelle Diversität und durch sich wandelnde Familienstrukturen und diskontinuierliche Elternschaften (Trennung oder Scheidung, alleinerziehende Eltern). Bei den zur Adoption zur Verfügung stehenden Kindern handelt es sich mehr und mehr um Kinder aus dem Ausland, die älter und manchmal behindert sind oder um Kinder mit persönlichen Erfahrungen von Vernachlässigung, Misshandlung oder multipler Platzierung.

Adoptiveltern werden während der ganzen Entwicklung ihres Adoptivkindes zu einer inneren Auseinandersetzung und psychischen Verarbeitung genötigt. Sie haben die Aufgabe, Elternrollen und -funktionen auszuüben, gleichzeitig spüren sie deutlich die Notwendigkeit und das Bedürfnis, die Beziehungsinteraktionen und -konstellationen mit ihrem Adoptivkind zu überdenken, erklären und verstehen zu wollen. Dieser Prozess des Sich-infrage-Stellens, der Introspektion, des Zweifelns an der elterlichen Fähigkeit und der persönlichen Kompetenz kann mit großem Leid und manchmal Verzweiflung einhergehen. Adoptiveltern fühlen sich dann ihrer Aufgabe nicht gewachsen und glauben, die an sie gestellten Anforderungen nicht bewältigen zu können. Ihre Überzeugungen vor der Aufnahme des zukünftigen Adoptivkindes haben sich geändert, so z. B. ihr Glaube, dass ihre bedingungslose Liebe die ungünstigen präadoptiven Erfahrungen ihres Kindes wiedergutmachen könne. Sie stellen fest, dass die Adoptionserfahrung mit viel komplexeren Schwierigkeiten verbunden ist, als sie je geahnt hätten. Gleichzeitig wissen Adoptiveltern, wie wichtig es ist, ihr Anrecht auf und ihr Engagement in ihre Elternschaft sowie ihren Glauben und ihr Vertrauen in ihr Kind immer wieder neu kundzutun. Dank ihrer sensiblen Einfühlung in die kindliche

Wahrnehmungs- und Vorstellungswelt und ihrer Anerkennung der Motivationen, Wertschätzungen und Glaubensinhalte ihres Kindes, fördern sie seine Autonomiebestrebungen und befähigen es, seine eigene Geschichte und seine individuellen Beziehungen zu entwickeln und seine Persönlichkeit zu entfalten. Sie verhelfen ihrem Adoptivkind dazu, seine frühkindliche tragische Situation zu überwinden.

Für das Adoptivkind bleiben seine historische und biografische Realität meist unbekannt und können nicht mit den zu dieser äußeren Realität gehörenden Personen geteilt werden. In diesem Sinne spielt sich die Konfrontation der Adoptivkinder mit ihrem Schicksal auf der intrapsychischen Ebene ab; ihre Auseinandersetzung mit der Adoptionssituation und ihre Sinnzuschreibung findet keine Bestätigung durch die historische oder biografische Realität. Diese erlebte äußere Realität stellt immer eine Ungewissheit dar, die die Adoptivkinder in sich tragen und die womöglich vor allem in ihrer Verletzlichkeit zum Ausdruck kommt. Diese unbekannte historische und biografische Realität des Adoptivkindes und die Bedeutung der inneren psychischen Bewältigungsanstrengung, die Adoptivkinder leisten, anzuerkennen, ist von zentraler Wichtigkeit. Die Entwicklung stabiler Vertrauensbeziehungen zu schützenden und fördernden wesentlichen Bezugspersonen tragen zu Sinnzuschreibung und psychischer Verarbeitung der inneren Realität von Adoptivkindern maßgebend bei.

VII ANHANG

Die Geschichte des Ödipus

Laios, König von Theben, verheiratet mit Iokaste, befragte wegen seiner Kinderlosigkeit das Orakel von Delphi, das ihm prophezeite, sein Sohn werde ihn eines Tages umbringen und seine eigene Mutter heiraten. Aus Angst vor dem Orakelspruch durchbohrte Laios nach der Geburt eines Sohnes dessen Füße, band sie zusammen und verlangte von einem Hirten, den Säugling auf dem Berg Kithairon auszusetzen. Doch der Hirte vertraute das Kind einem korinthischen Schafhirten an, der es zum König Polybos von Korinth brachte, dessen Ehe mit Periboia kinderlos geblieben war. Der Knabe wurde wegen seiner geschwollenen Füße Ödipus genannt und vom Königspaar wie ein eigener Sohn aufgezogen. Als er erwachsen war, wurde Ödipus durch eine Aussage eines Gleichaltrigen über seine Herkunft gekränkt. Da er keine Antwort von seinen – wie er glaubte – leiblichen Eltern Periboia und Polybos auf die Frage nach seiner Abstammung erhielt, befragte er seinerseits das Orakel von Delphi und erhielt die Auskunft, er werde seinen Vater töten und seine Mutter ehelichen. Um zu vermeiden, dass sich diese Weissagung erfüllen könnte, kehrte Ödipus nicht mehr nach Korinth zurück. Er begab sich von Delphi nach Theben und wurde in einem Engpass an einer Gabelung von drei Wegen vom Lenker eines Wagens aufgefordert, den Weg freizumachen. Im folgenden Streit tötete Ödipus den Wagenlenker und dessen Fahrgast, Laios, seinen leiblichen Vater. Laios war unterwegs gewesen, um ein Orakel zu befragen, wie er Theben von der Sphinx (erkennbar an ihrem Frauenkopf, dem Löwenkörper, dem Schlangenschwanz und den Adlerflügeln) befreien könnte. Hera, die Gattin von Zeus, hatte diese gesandt, um Theben zu bestrafen, da Laios den Knaben Chrysippos entführt hatte. Die Sphinx gab jedem Vorbeiziehenden folgendes Rätsel auf: «Welches Wesen, das nur eine Stimme hat, geht morgens auf vier Beinen, mittags auf zwei Beinen und abends auf drei Beinen?» Sie verschlang jeden, der das Rätsel nicht lösen konnte. Ödipus, der vor den Toren Thebens ankam, erriet die Antwort. Es sei der Mensch, der als Säugling auf allen vieren krieche, im Mannesalter auf zwei Beinen stehe und sich im hohen Alter auf einen Stock stütze. Die Sphinx stürzte sich daraufhin vom Berg Phikion und zerschellte im Tal. Aus Dankbarkeit erhielt Ödipus von Kreon, der nach Laios' Tod über Theben herrschte, den Königsthron und heiratete Iokaste, die Witwe des Laios, ohne zu wissen, dass sie seine leibliche Mutter war. Aus dieser Ehe gingen zwei

Söhne (Eteokles und Polyneikles) und zwei Töchter (Antigone und Ismene) hervor. Theben wurde nun von der Pest heimgesucht. Das wiederum befragte Orakel von Delphi verkündete, dass Theben erst von der Pest befreit sein würde, wenn der Mörder von Laios aus der Stadt vertrieben worden sei. Der blinde Seher Teresias enthüllte Ödipus die stattgefundenen Ereignisse; der Hirte, der Ödipus hätte aussetzen müssen, sowie die Offenbarung von Ödipus Adoption durch Periboia nach dem Tod von Polypos, bestätigten die Geschehnisse. Iokaste erhängte sich und Ödipus blendete sich. Von seiner Tochter Antigone begleitet begab sich Ödipus nach langen Wanderjahren nach Kolonos in Attika, wo er starb. Zurück in Theben missachtete Antigone den Befehl von Kreon, König von Theben, ihren toten Bruder Polyneikes, der gegen die Stadt gekämpft hatte, in der Öffentlichkeit verwesen zu lassen. Sie versuchte, ihn heimlich zu begraben. Kreon, erzürnt über ihren Ungehorsam, wollte sie zur Strafe lebendig im Familiengrab einschließen. Antigone und Haimon, Sohn von Kreon und Verlobter von Antigone, hatten sich jedoch bereits den Tod gegeben.

Sophokles hat den Fluch, der im Königshaus in Theben in der Familie der Labdakiden von Geschlecht auf Geschlecht überging, in seinen Ödipuswerken dargestellt.

Glossar

Abwehrmechanismen: Kontrolloperationen, die auf interne Selbsterhaltung und Stabilisierung psychischer, somatischer oder sozialer Systeme gerichtet sind, oft ohne hinreichende Rücksicht auf das Realitätsprinzip. Die wichtigsten sind Verdrängung (vor allem von Gegebenheiten der Innenwelt), Verleugnung (vor allem gerichtet auf die Außenwelt), Regression, Projektion, Rationalisierung, Isolierung, Spaltung. Ihr Ziel besteht darin, das psychische System von übermäßigen Spannungen zu befreien, die vor allem aus der Wahrnehmung von Körperzuständen und dem Trieberleben stammen. Diese Selbstschutzmechanismen sollen dem Selbst das psychophysische Überleben in bedrohlichen, als hilflos erlebten Situationen ermöglichen. Ziel ist die Bewahrung eines oft illusionären Sicherheitsgefühls, abgewehrt wird die Erschütterung und Bedrohung eines sicheren Selbst- und Weltverständnisses.

ADHD: Attention Deficit Hyperactivity Disorder. Deutsch: AD(H)S Aufmerksamkeits-Defizit-Störung mit/ohne Hyperaktivität. Schwierigkeiten bei der Verarbeitung von Sinnesreizen, eingeschränkte bzw. abweichende Wahrnehmungsfähigkeit, z. B. im auditiven, visuellen oder taktilen Bereich, mit komplexen Auswirkungen auf Verhalten, Motorik und Selbststeuerung.

Affekt: Heftige Gefühlsempfindung. Meist verbunden mit körperlich-vegetativen Begleiterscheinungen. Zum Begriff gehört, dass die Gefühlstönung so stark werden kann, dass die rationale Persönlichkeit sich nicht dagegen durchzusetzen vermag. Psychoanalytischer Ausdruck, der jeden affektiven Zustand bezeichnet, sei er peinlich oder angenehm, verschwommen oder näher bestimmt, z. B. Zorn, Wut, Hass, Freude.

Aggression: Jedes Angriffsverhalten hinsichtlich der dabei auftretenden Gedanken, Gefühle und Handlungen. Wahrscheinlich als Trieb angelegt, wird mobilisiert durch die Frustration eines Wunsches oder Bedürfnisses. Hat die Beseitigung des Hindernisses und Abfuhr des frustrierten Triebes zum Ziel. Nicht immer manifest: Kann auftreten, ohne dass der Betreffende weiß, warum; die Aggression kann vorhanden, aber verborgen, d. h. nach außen hin unsichtbar sein; kann soweit verdrängt sein, dass nur eine psychosomatische Krankheit sie anzeigt. Sie kann sich auf fremde Personen oder in Form der Autoaggression (Selbstschädigung, Suizid) auf die eigene Person beziehen. Sie kann sich auch lediglich in heftigen und verletzenden Worten äußern (verbale Aggression).

Aggressivität: Mehr oder weniger unbewusste, sich nicht offen zeigende, habituell gewordene aggressive Haltung eines Menschen; Angriffslust.

Amenorrhoe: Fehlen und Ausbleiben der Menstruation.

Anorexia nervosa: Zustand starker Abmagerung aus psychischer Ursache.

Archaisch: Entwicklungsgeschichtlich älteren Schichten der Persönlichkeit angehörend. Archaisches Denken: Zurückfallen in das «primitive» Denken von Kindern oder Naturvölkern, bei dem objektiv Ungleiches mit Selbstverständlichkeit verbunden wird. Vorkommen z. B. im Traum.

Assimilation und Akkommodation (nach Piaget): Interne Regulationssysteme mit zwei verschiedenen, sich ergänzenden Funktionen, durch die Bewusstsein der äußeren Welt internalisiert wird. Die kognitive Anpassung an die Forderung der Umwelt stellt den Kern der Entwicklung dar.

Assoziation: Verknüpfung seelischer Inhalte dadurch, dass eine Vorstellung eine andere ins Bewusstsein ruft oder diesen Vorgang begünstigt. Zwischen beiden Vorstellungen besteht eine gewisse, oft nur entfernte Ähnlichkeit. Diese kann auf Wortklang, Zuordnung zu einer übergeordneten oder untergeordneten Begriffsreihe, Symbolverwandtschaft u.a. beruhen.

Autismus, frühkindlicher: Eine spezifische, schwere und allgemeine Störung, soziale Beziehungen einzugehen und eine spezifische Störung der Kommunikation. Verschiedene eingeschränkte, sich wiederholende und stereotype Verhaltensmuster, Interessen und Aktivitäten.

Besetzung (nach S. Freud): Ein bestimmter Betrag an psychischer Energie wird mit einer bestimmten Vorstellung, einem Körperteil, einem Gegenstand oder einer Person fest verbunden; das Objekt oder die Person wird mit psychischer Energie besetzt.

Besetzungsabzug: Entziehung der psychischen Energie.

Bewusstsein: In der Psychologie das Gesamt der Bewusstseinsinhalte, das in klarer Vergegenwärtigung gegebene Wissen von Seinsinhalten (Erleben, Erinnerung, Vorstellung, Denken), das begleitet wird von einem Wissen darüber, dass das Individuum es ist, das diese Inhalte erlebt.

Bezugsperson: Person, zu der eine besondere Gefühlsbindung besteht.

Bisexualität: Doppelgeschlechtlichkeit. Vorhandensein von Zügen sowohl des männlichen als auch des weiblichen Geschlechts in einem Menschen. Ende des 19. Jahrhunderts tauchte in mehreren Wissenschaftsgebieten die Vorstellung auf, dass der Mensch sowohl körperlich als auch psychisch zugleich weibliche und männliche Anlagen in sich trage. Im Zuge des Findens der Geschlechtsrolle in der Pubertät können Konflikte und vorübergehend zweigeschlechtliches Fühlen auftreten.

Containment: Wenn ein Säugling unerträgliche Angst hat, versucht er, sie durch Projektion in die Mutter zu bewältigen. Die Mutter erkennt die Angst und lindert so gut wie möglich das Leiden des Säuglings. Sie bewahrt die Angst in sich und wird damit fertig (Containment der Angst). Der Säugling nimmt in sich eine durch das Containment der Mutter modifizierte Angst wieder auf. Die psychodynamisch analytisch orientierte therapeutische Beziehung basiert auf diesem Modell.

Cortisol: (Glukokortikoide) Hormon der Nebennierenrinde, ist Teil der Endstrecke der Hypothalamus-Hypophysen-Nebennierenrindenachse (HHN). Während es in der akuten Stressreaktion verstärkt im Blutkreislauf gemessen wird, wird durch die Veränderungen der HHN-Achse nach traumatisierenden Belastungen längerfristig eine Verminderung des Cortisolspiegels (bei gleichzeitiger Hypersensibilisierung der HHN-Achse) festgestellt.

Dendrit: Verästelter Protoplasmafortsatz einer Nervenzelle.

Deprivation und Privation: Unzureichende frühe Beziehungserfahrung von Kindern entweder durch frühen Elternverlust oder Eltern-Kind-Trennungen und wechselnde Beziehungen, die die altersgemäße Trennungstoleranz des Kindes übersteigen. Während bei der Deprivation die unsichere Beziehungssituation mehr oder weniger kontinuierlich bestand, ist bei Privation (wörtlich «Beraubung») der plötzliche Verlust einer zuvor befriedigenden Bindung eingetreten. Deprivation hat Verzweiflung und Depression als kurz- wie auch langfristige Folgen.

Dissozialität: Konflikte mit der sozialen Umwelt durch Missachtung der Regeln sozialen Zusammenlebens.

Dissoziation: s. Spaltung.

Dysfunktion: Gestörte Funktion.

Emotion: Gemütsbewegung, Gefühl.

Emotionalität: Individuelle Gefühlsansprechbarkeit.

Epidemiologie: Lehre von der Verbreitung von Krankheiten und Störungsbildern in der Bevölkerung. Das Maß der Prävalenz gibt die Häufigkeit der Krankheit in einer definierten Bevölkerungsgruppe an.

Empathie: Weg zum unmittelbaren Verständnis fremdseelischer Vorgänge. Einfühlung, innere Mitbewegung.

Endorphine: Körpereigene, opiumartig wirkende Peptidstoffe, die in emotionalen Belastungssituationen und bei Schmerzen aus der Hypophyse in den Blutkreislauf abgegeben werden und schmerzunterdrückend wirken.

Falsches Selbst (nach Winnicott): Die Entwicklung eines falschen Selbst dient dem Schutz eines verletzbaren Selbstkerns. Das Ziel des falschen Selbst ist es nicht, die Eigenständigkeit (Individuation und Autonomie) zu erreichen, sondern vielmehr sich den realen oder fantasierten Forderungen der Umwelt bedingungslos zu unterwerfen, um wenigstens eine äußere Quelle möglicher Katastropheneinflüsse aus dem Erlebnisfeld zu eliminieren. Der von der Abwehrorganisation eines falschen Selbst (fehlende Authentizität) geschützte Selbstkern bleibt in frühkindlichen Strukturen gefangen und gefährdet.

Fantasie: Bildhafte Vorstellung einer Szene, in welcher das Individuum einen Wunsch oder unbewussten Wunsch realisiert. Die Fantasie hat verschiedene Erscheinungsformen: bewusste Fantasien oder Tagträume, unbewusste Fantasien.

Filiation: Filiation (vom Lateinischen filius = Sohn, filia = Tochter) wird hier als Ausdruck der Bindung/Beziehung zwischen Mutter bzw. Vater und Kind verwendet. Der Begriff beinhaltet rechtlich die Abstammung und die familiäre Verbindung eines Individuums und umfasst auch die diesbezüglichen Vorstellungen eines Subjekts.

Fixierung in der Opferrolle: Bezeichnet eine Unterbrechung der Traumaverarbeitung auf dem Weg vom Opfer zum «Überlebenden» des Traumas. Allerdings kann dies für manche Betroffene auch der einzige ihnen mögliche Selbstschutzmechanismus sein.

Genotyp: Gesamtheit der Erbfaktoren eines Lebewesens.

Holding (nach Winnicott): Der Begriff des Haltens umfasst die Gesamtheit der dem Kinde angepassten Pflege, eingeschlossen die Art, wie es berührt und getragen wird. Das Konzept kann so weit ausgedehnt werden, dass es die Funktion der Familie mit einschließt.

Hydrozephalus: Abnorme Vergrößerung des Schädels infolge übermäßiger Ansammlung von Flüssigkeit.

Ich-Funktionen: Ich-Funktionen erhalten im Verlauf der Entwicklung eine zunehmende Autonomie; dazu gehören die Regulation von Nähe und Distanz, von Triebimpulsen, Emotionen, Bedürfnissen und Wünschen sowie Wahrnehmung und Kontrolle der Realität, Toleranz von Frustrationen, Problem- und Konfliktbewusstsein.

Identifizierung: Psychologischer Vorgang, durch den ein Individuum einen Aspekt, eine Eigenschaft, ein Attribut des anderen assimiliert und sich vollständig oder teilweise nach dem Vorbild des anderen umwandelt. Dieser Vorgang (z. B. die Identifikation des Kindes mit einem Elternteil) ist für die Ausbildung der Persönlichkeit von großer Bedeutung.

Identifizierung mit dem Angreifer/Aggressor: Abwehrmechanismus, der von Anna Freud herausgearbeitet und beschrieben wurde (1936): Das Individuum, das sich einer äußeren Gefahr gegenüber sieht (die sich typischerweise als Kritik durch eine Autorität darstellt), identifiziert sich mit seinem Angreifer, indem es sich entweder für die Aggression als solche verantwortlich macht oder die Person des Angreifers physisch oder moralisch imitiert oder sich bestimmte Machtsymbole aneignet, die ihn kennzeichnen.

Identifizierung, introjektive (nach Klein): Vorgang der Identifikation, bei welchem das Objekt (der andere Mensch) ganz in das eigene Ich aufgenommen (introjiziert) wird. Das Ich identifiziert sich dann mit Eigenschaften des Objekts. Darauf beruht die Fähigkeit, sich in einen anderen Menschen hineinzuversetzen.

Identifizierung, projektive (nach Klein): Verlagerung von eigenen Persönlichkeitseigenschaften in einen anderen Menschen. Projektion von Teilen des Selbst in das Objekt. Früheste Form des Einfühlungsvermögens und der Fähigkeit, sich in einen anderen Menschen hineinzuversetzen.

Inkognito-Adoption: Eine Adoption, bei der die Person des Annehmenden zwar feststeht, aber gegenüber den leiblichen Eltern ungenannt bleibt. Inkognito bedeutet den einseitigen Schutz der Daten der Adoptivfamilie (Name und Anschrift) vor dem Zugriff durch Dritte. Damit soll sichergestellt werden, dass besonders die Herkunftsfamilie des Kindes nicht in die Erziehung eingreifen und die Beziehung des Kindes zu den Adoptiveltern stören kann.

Intellektualisierung: Vorgang, durch den das Individuum seine Konflikte und Gefühle rational zu formulieren versucht, um sie so zu meistern. Der Ausdruck wird meistens im negativen Sinne verwendet; er bezeichnet das Übergewicht, das dem abstrakten Denken gegenüber den auftauchenden Affekten und Fantasien gegeben wird.

Isolierung: In der psychoanalytischen Lehre besondere Form der Abwehr, bei der unliebsame Denkinhalte zwar erinnert und nicht verdrängt, aber von dem sie begleitenden Affekt getrennt werden.

Kastrationsangst: In der Kindheit durch den Vergleich zwischen Jungen und Mädchen auftretende Angst, das Geschlechtsorgan zu verlieren. Kastrationsängste äußern sich häufig auf symbolischer Ebene und betreffen z. B. Ängste vor der Verletzung der körperlichen Integrität (durch Krankheit, Unfall, Operation). Die Kastrationsangst kann somit auch bei traumatisierenden Erfahrungen vorkommen, bei denen ein Element von Verlust und von Trennung eine Rolle spielt.

Kastrationskomplex: Komplex, der auf die Kastrationsfantasie zentriert ist. Diese gibt eine Antwort auf das Rätsel, das der anatomische Geschlechtsunterschied (Vorhandensein des Penis oder Penislosigkeit) dem Kind aufgibt.

Katharsis (griech.: kultische Reinigung): Das Sichbefreien von seelischen Konflikten und inneren Spannungen durch emotionales Abreagieren.

Konflikt, psychischer: Zusammenstoßen zweier einander widersprechender Bestrebungen oder Motivationen in einer Person. Der Konflikt kann manifest sein, wenn z. B. ein moralisches Gesetz einem Triebwunsch gegenübersteht. Latente Konflikte können sich nach psychoanalytischer Ansicht dagegen in umgewandelter Form äußern und insbesondere zu Verhaltensstörungen, neurotischen Symptomen, Charakterstörungen usw. führen. Konflikte und Konfliktlösungen gehören zum normalen menschlichen Leben.

Konversion (nach S. Freud): Ein seelischer Konflikt wird in körperliche Symptome umgesetzt (konvertiert), so dass die Symptome den Konflikt in symbolischer Form zum Ausdruck bringen und die Psyche dadurch zugleich Entlastung erfährt. Es handelt sich um Wunschvorstellungen, Fantasien und Erinnerungen, die nicht zum Bewusstsein zugelassen werden können.

Kumulatives Trauma: Eine Abfolge von traumatischen Ereignissen oder Umständen.

Latenzperiode oder Latenzzeit: Periode, die sich vom Untergang der infantilen Sexualität (fünftes oder sechstes Jahr) bis zum Beginn der Pubertät erstreckt und eine Zeit des Stillstandes in der Sexualentwicklung kennzeichnet.

Libido/libidinal (lateinisch: Lust, Wunsch): Bei Jung: psychische Energie; bei Freud: keine einheitliche Definition: «Libido ist ein Ausdruck aus der Affektivitätslehre. Wir heißen so die als quantitative Größe betrachtete – wenn auch derzeit nicht messbare – Energie solcher Triebe, welche mit all dem zu tun haben, was man als Liebe zusammenfassen kann» [S. Freud, Massenpsychologie und Ich-Analyse, 1921. G.W. XIII, 98].

Limbische Hirnregion: Spielt eine wichtige Rolle bei emotionalem Erleben.

Loyalität (franz.: loi = Gesetz): Gesetze und Instanzen respektierend, treu; loyale Gesinnung, Haltung und Verhaltensweise.

Maniform: Gehobener Stimmung.

Mutismus, psychogener: Schweigen als Teilerscheinung eines konfliktbedingten Zustandes.

Narrativ (lat.: narrare = erzählen): Erzählung, Darstellung in erzählender Form.

Narzissmus: In Anlehnung an die Sage von Narcissus: Die Liebe, die man sich selbst entgegenbringt. Die affektive Einstellung eines Menschen zu sich selbst.

Narzisstische Kränkung (nach S. Freud): Unangenehme Gefühlserfahrung durch einen plötzlichen Verlust in der äußeren oder inneren Realität, z. B. durch plötzlichen Tod eines geliebten Menschen, durch Trauma.

Narzisstische Störung: Stetige Ungewissheit und mangelnde Genugtuung über sich selbst; Problematik des Selbstwertgefühls.

Nervensystem, autonomes: Das autonome Nervensystem wird auch als vegetatives Nervensystem bezeichnet. Es umfasst alle Nervenfasern, die nicht dem Willen untergeordnet sind. Seine Erregung wird im Allgemeinen nicht bewusst wahrgenommen. Die Aufgabe des autonomen Nervensystems ist die Steuerung und Koordination der Funktion aller inneren Organe wie Herz, Lunge, Blutgefäße, Magen, Darm, Galle, Urogenitalsystem und Drüsen. Es spielt eine wichtige, informationsvermittelnde Rolle bei der Regelung von Blutdruck, Atmung, Herztätigkeit, Wasserhaushalt, Blutzucker usw.

Neurotransmitter: Überträgerstoffe, die die Aktivierung und Koordination der an der jeweiligen Funktion beteiligten Gebiete des Nervensystems und anderer Organsysteme steuern (z. B. Dopamin, Serotonin, Acetylcholine).

Numbing (engl. Bezeichnung für Abstumpfen, gefühlsmäßige Erstarrung): Emotionale Anästhesie.

Objektbeziehung: In der zeitgenössischen Psychoanalyse sehr häufig verwendeter Ausdruck, der die Art der Beziehung des Individuums zu seiner Welt bezeichnen soll, eine Beziehung, die das komplexe und vollständige Ergebnis einer bestimmten Organisation der Persönlichkeit, eines mehr oder weniger fantasierten Erfassens der Objekte und bestimmter bevorzugter Abwehrformen darstellt.

Objektpermanenz (nach Piaget): Einsicht des Säuglings in die Weiterexistenz verdeckter Objekte. Fähigkeit des Säuglings, versteckte Objekte zu repräsentieren und über sie nachzudenken. Die Konstitution der Objektpermanenz wird von Piaget als ein Meilenstein der sensomotorischen Entwicklung beschrieben. Neuere empirische Studien der Entwicklungspsychologie lassen den Schluss zu, dass die Einsicht in die Weiterexistenz verdeckter Objekte schon mit dreieinhalb Monaten vorhanden ist.

Ödipale Konstellation: Nach der psychoanalytischen Theorie als normaler Entwicklungsschritt auftretende triadische Beziehung zwischen Vater, Mutter und Kind. Das Kind wirbt um den gegengeschlechtlichen Elternteil und rivalisiert mit dem gleichgeschlechtlichen.

Ödipuskomplex (nach S. Freud): Organisierte Gesamtheit von Liebes- und feindseligen Wünschen, die das Kind seinen Eltern gegenüber empfindet. In seiner sogenannten positiven Form stellt sich der Komplex dar, wie wir ihn aus der Ödipus-Sage kennen: Todeswunsch gegenüber dem Rivalen als Person gleichen Geschlechts und sexueller Wunsch gegenüber der Person des entgegengesetzten Geschlechts. In seiner negativen Form stellt er sich umgekehrt dar: Liebe für den gleichgeschlechtlichen Elternteil und eifersüchtiger Hass für den gegengeschlechtlichen. In Wirklichkeit finden sich beide Formen in unterschiedlichem Grade in dem sogenannten vollständigen Ödipuskomplex. Der Ödipuskomplex spielt eine grundlegende Rolle in der Strukturierung der Persönlichkeit und der Ausrichtung des sexuellen Wunsches des Menschen.

Opiate: s. Endorphine.

Parthenogenese (griech.: parthenos = Jungfrau): (Theol.) Geburt eines Menschen ohne vorausgegangene Zeugung; Jungfrauengeburt. (Biol.) Jungfernzeugung.

Perzentile: Längen- und Gewichtsnormen bei Kindern und Jugendlichen.

Peer-Gruppe: Gruppe von etwa Gleichaltrigen.

Phänotyp: Das Erscheinungsbild des Organismus, wie es durch Erbanlagen und Umwelteinflüsse geprägt wird.

Phallische Frau oder Mutter: Die Frau, die in der Fantasie mit einem Phallus ausgestattet ist.

Phallus: In der griechisch-lateinischen Antike bildliche Darstellung des männlichen Geschlechtsorgans. In der psychoanalytischen Literatur die symbolische Bedeutung des männlichen Geschlechtsorgans.

Phantasma: s. Fantasie.

Prävalenz: s. Epidemiologie.

Primär-Prozess: Bei S. Freud: Organisations- und Wirkungsprinzip des unbewussten Seelenlebens; im Wesentlichen identisch mit dem Lustprinzip, nach dem alle psychischen Vorgänge streben; in der frühen Kindheit allein wirksam, später hauptsächlich in Träumen und Phantasmen. Primärvorgänge stellen eine objektive Umschreibung der Gesetzmäßigkeiten dar, während das Lustprinzip die subjektive Seite des Wirkungsprinzip beschreibt.

Projektion: Das unbewusste Verschieben und Lokalisieren von eigenen Vorstellungen, Wünschen und Gefühlen in die Außenwelt. Einer anderen Person oder einem Gegenstand werden somit Eigenschaften verliehen, welche der Betreffende bei sich selbst verkennt.

Projektiver Test: Psychodiagnostisches Verfahren, das mit ungestaltetem oder wenig gestaltetem Reizmaterial das Gestaltungsbedürfnis des Probanden und damit unbewusste Projektionen hervorlockt. Aus Art und Inhalt der Gestaltungen werden Gefühle, Stimmungen, Haltungen, Konflikte u. a. erkannt.

Psychodrama: Psychotherapie, in der sich psychoanalytische Konzeptionen und gruppendynamische Erkenntnisse verbinden. Die Methode macht vom freien dramatischen Spiel Gebrauch.

Psycho-Neuro-Endokrino-Immunologie: Die während einer traumatischen Belastung eintretenden Veränderungen betreffen nicht nur das Nervensystem und das hormonelle System (Endokrinologie), sondern verändern in der Folge auch die Immunabwehr des Körpers.

Psychose: Seelen-, Geisteskrankheit. Allgemeine psychiatrische Bezeichnung für viele Formen psychischen Andersseins und psychischer Krankheit.

Psychosomatische Störung: Durch Erlebnisse hervorgerufene körperliche Störung. Die körperlichen Erscheinungen können als unmittelbarer Ausdruck einer ins Körperliche verdrängten Angst oder eines anderen Affektes verstanden werden.

Rationalisierung: Psychoanalytische Bezeichnung für das logische Erklären eines Vorganges, einer Handlung, eines Gedankens oder eines Gefühls, deren wirklichen Motive nicht erkannt werden.

Regression: Wiederauftreten von entwicklungsmäßig früheren (infantilen) Verhaltensweisen. Wenn die Entwicklung der Psyche als fortschreitender Prozess angesehen wird, bedeutet Regression die Umkehr dieser Entwicklung von einem einmal erreichten Entwicklungsstand auf einen früheren.

Repräsentanz: Beziehungsstruktur, die sich von Geburt an in der Interaktion mit Betreuungspersonen aufbaut.

Repräsentation: Der Akt des Sichvergegenwärtigens von Vorstellungen oder Erinnerungen.

Schizophrenie: Eine psychische Störung aus der Gruppe der «schizophrenen Psychosen» («Psychosen aus dem schizophrenen Formenkreis»), die wiederum zu den endogenen Psychosen gezählt werden.

Sekundär-Prozess: Bei S. Freud: Diejenigen seelischen Vorgänge, die an den Anforderungen der Realität orientiert sind.

Selbst: Zusammenfassung der bewussten und unbewussten Anteile der Psyche; Gesamtpersönlichkeit (Klein).

Selbstbewusstsein: Im Selbstbewusstsein wendet sich das Bewusstsein reflexiv auf sich zurück. Die selbstreflexiven Prozesse bedürfen der Förderung, Ergänzung und Integration durch eine empathisch spiegelnde soziale Umwelt.

Selbstwertgefühl: Das Bewusstwerden des eigenen Selbst als positiv erlebter Wert. Kann im Vergleich zu der Werteinschätzung durch andere verringert («schwaches Selbstwertgefühl») oder gesteigert («Selbstüberschätzung») sein. Kann als positives (Kraft, Überlegenheitsgefühl, Stolz) oder als negatives Selbstwertgefühl (Schuldgefühl, Beschämung) erlebt werden.

Squiggle-Zeichnungen: Die Methodik der Kritzelzeichnungen nach Winnicott (1973) ist sowohl ein diagnostisches wie therapeutisches Hilfsmittel und wird angewandt, um mit Kindern/Jugendlichen anhand des Erzählens von Geschichten über die angefertigten Zeichnungen ihre intrapsychischen Probleme und Konflikte angehen zu können.

Spaltung: Abwehrmechanismus; ein Teil der seelischen Vorgänge werden aus dem Bewusstsein ausgestoßen, z. B. durch Verdrängung.

Symbiose: 1. Beziehungen gegenseitigen Nutzens zwischen zwei Lebewesen, die nicht ohne einander leben können. 2. In der psychischen Entwicklung normale Entwicklungsphase des Kindes, während der das Kind körperlich und seelisch von der Mutter abhängig ist.

Störungen: Externalisierende Störungen: z. B. delinquentes und aggressives Verhalten; internalisierende Störungen: z. B. Ängste, depressive Symptome.

Symbol: Hinweis auf einen bestimmten Inhalt, der repräsentativ dargestellt wird in einem Zeichen. Die Bedeutung des Symbols ist dem Bewusstsein verschlossen, das Symbolisierte ist unbewusst bzw. verdrängt. Auch Symptome oder Handlungen können den Charakter von Symbolen haben.

Symbolik: Indirekter und übertragener Vorstellungsmodus einer Idee, eines Konfliktes, eines unbewussten Wunsches.

Symptom: Körperliches oder psychisches Zeichen, das einen veränderten Funktionszustand anzeigt. In der Medizin bezieht sich das Zeichen gewöhnlich auf krankhafte Organveränderungen. In der neueren Psychiatrie werden alle Merkmale oder Symbole als Symptom bezeichnet, welche – mit anderen zusammen – eine psychiatrische Diagnose ermöglichen. Objektive Symptome sind vom Arzt beobachtete, subjektive vom Kranken beschriebene Symptome.

Symptombildung: Bei S. Freud: Erfolgt als Ergebnis eines psychischen Prozesses oder Konfliktes.

Szeno-Test nach Stabs: Mit Spielzeugpuppen, -tieren, -bäumen sind beliebige Szenen zu gestalten. Die Gegenstände werden nicht als Test, sondern als Spielmaterial verwendet, und zwar vor allem mit Kindern im Vorschulalter. Er stellt eine Möglichkeit dar, mit Hilfe von Geschichteninszenierungen auf indirekte Art und Weise über die in diesen Geschichten enthaltenen Probleme und Konflikte mit dem Kind zu sprechen.

Transgenerationell: Generationsübergreifend.

Trauerarbeit/Trauerprozess: Innerseelischer Vorgang, der auf den Verlust einer Bezugsperson folgt, durch welchen es dem Individuum gelingt, sich progressiv von dieser zu lösen. Trauerarbeit stellt einen Sonderfall psychischer Verarbeitung eines Erlebnisses dar.

Trauma, Definition der traumatischen Erfahrung: Psychische Traumatisierung lässt sich definieren als vitales Diskrepanzerlebnis zwischen bedrohlichen Situationsfaktoren und den individuellen Bewältigungsmöglichkeiten, das mit Gefühlen von Hilflosigkeit und schutzloser Preisgabe einhergeht und so eine dauerhafte Erschütterung von Selbst- und Weltverständnis bewirkt.

Trauma (psychisches): Erlebnis, auf welches das Individuum nicht in adäquater Weise reagieren kann, das es nicht verarbeiten kann und das daher aus dem Bewusstsein verdrängt wird.

Übertragung: Während der psychoanalytischen Therapie entstandene Projektion frühkindlicher Beziehungskonstellationen, Vorstellungen, Wünsche und Gefühle zu Vater, Mutter oder andern Personen auf den Therapeuten.

Unbewusst: Im Sinne der kognitiven Psychologie eine Form der außerbewussten Informationsverarbeitung, die bis zu 90 % der jeweils mental verarbeiteten Informationsmenge umfasst. Dynamisch unbewusst im Sinne der Psychoanalyse sind außerbewusste Informationsverarbeitungsprozesse, die aus psychologisch nachvollziehbaren Motiven vom Bewusstwerden ferngehalten werden, gleichwohl, unter Umgehung des Bewusstseins, Handlungs- bzw. Erlebniswirksamkeit entfalten.

Das Unbewusste: Die Gesamtheit der im aktuellem Bewusstseinsfeld nicht gegenwärtigen Inhalte.

Unterdrückung: Psychisches Vorgehen, das danach trachtet, einen unlustvollen oder unangebrachten Inhalt aus dem Bewusstsein verschwinden zu lassen, z. B. Unterdrückung eines Affektes.

Urszene: Bei S. Freud: Szene der sexuellen Beziehung zwischen den Eltern, die von einem Kind beobachtet, vermutet oder fantasiert wird.

Verarbeitung: Bei S. Freud: Integration von Erlebnissen, Reizen, Erregungen in das Psychische. Psychische Verarbeitung ist ein wichtiger Vorgang, da mangelhaft oder gar nicht dem eigenen Seelenleben angegliederte Erlebnisse pathogen wirken können.

Verdingung: Sie ist ein Zeugnis der Armut. Verdingt wurden Waisen- oder uneheliche Kinder, Scheidungskinder oder solche aus kinderreichen Familien. Wenn Eltern oder Elternteile das Sorgerecht für ihr Kind entzogen wurde oder sie es freiwillig abgaben, wurden die Kinder von den Heimatgemeinden als Verdingkinder auf Bauernhöfe verschachert.

Verdrängung: Besondere Form eines Abwehrmechanismus, durch den nicht akzeptable Triebwünsche bzw. deren Repräsentationen in Form von Gedanken, Bildern und Vorstellungen aus dem Bewusstsein gedrängt und auch weiter daran gehindert werden, wieder ins Bewusstsein zu treten. Zweck der Verdrängung ist die Vermeidung von Unlust. Verdrängung steht allgemein in Gegensatz zu bewusster Auseinandersetzung und Verzicht.

Verleugnung: Abwehrform, die in einer Weigerung des Individuums besteht, die Realität einer traumatisierenden Wahrnehmung anzuerkennen.

Verschiebung: Substitution einer Vorstellung durch eine andere. Das Interesse an einer Vorstellung, die Intensität ihrer Vergegenwärtigung kann sich lösen und auf einen anderen Vorstellungsinhalt hinübergleiten, der mit dem ersten assoziativ verbunden ist.

Literatur

Abraham N, Torok M: L'écorce et le noyau. Paris, Flammarion, 1987.

Alstein H, Simon RJ (eds): Intercountry Adoption: A Multinational Perspective. New York, Praeger, 1991.

Anderson RE: Envy and jealousy. J College Student Psychother 1987;1:49–81.

Anthony EJ, Brinich PM, Brodzinsky DM, Goodman W, Hajal F, Schechter MD: Problems of adoption: Familial, developmental and biological findings as guides to treatment. Symposium of the 36th Annual Meeting of the American Academy of Child and Adolescent Psychiatry. New York, NY, 1989.

Anzieu D: Le Moi-peau. Paris, Dunod, 1985.

Askren HA, Bloom KC: Postadoptive reactions of the relinquishing mother: A review. J Obstet Gynecol Neonatal Nurs 1999;28:395–400.

Baethge G: Ängste und unbewusste Phantasien in Adoptivfamilien. Prax Kinderpsychol Kinderpsychiatr 1993;42:49–55.

Barrois C: Les névroses traumatiques. Paris, Dunod, 1988.

Barth RP, Berry M: Preventing adoption disruption. Prev Hum Serv 1991;9:205–222.

Barth RP, Miller JM: Building effective post-adoption services: What is the empirical foundation? Fam Relat 2002;49:447–455.

Beckett C, Maughan B, Rutter M, Castle J, Colvert E, Groothues C, Kreppner J, Stevens S, O'Connor TG, Sonuga-Barke EJ: Do the effects of early severe deprivation on cognition persist into early adolescence? Findings from the English and Romanian Adoptees Study. Child Dev 2006;77:696–711.

Berger M: L'enfant et la souffrance de la séparation. Paris, Dunod, 1997.

Bergeret J: La violence fondamentale. Paris, Dunod, 1984.

Berry M, Barth RP: Preparation, support and satisfaction of adoptive families in agency and independent adoptions. Child Adolesc Soc Work J 1996;13:157–183.

Berry M: Adoption disruption; in Avery RJ (ed): Adoption Policy and Special Needs Children. Westport, CT, Auburn House, 1997, pp 77–106.

Bertocci D, Schechter MD: Adopted adults' perception of their need to search: Implications for clinical practice. Smith Coll Stud Soc Work 1991;61:179–196.

Bion WR: Learning from Experience. London, Heinemann, 1962.

Bitler M, Madeline Z: Did abortion legalization reduce the number of unwanted children? Evidence from adoptions. Perspect Sex Reprod Health 2002;34:25–33.

Blanton TL, Deschner J: Biological mother's grief: The postadoptive experience in open versus confidential adoption. Child Welfare League Am 1990;75:525–535.

Blos P Jr: Psychic and somatic expressions of preverbal loss: Analysis of a child adopted at thirteen months of age; in von Klitzing K, Tyson P, Bürgin D (eds): Psychoanalysis in Childhood and Adolescence. Basel, Karger, 2000, pp 59–70.

Blum H: Adoptive parent: Generative conflict and generational continuity. Psychoanal Study Child 1983;38:141–163.

Bohman M, Sigvardsson S: Outcome in adoption: Lessons from longitudinal studies; in Brozinsky DM, Schechter MD (eds): The Psychology of Adoption. New York, Oxford University Press, 1990, pp 93–106.

Borders LD, Black LK, Pasley BK: Are adopted children and their parents at greater risk for negative outcomes? Fam Relat 1998;47:237–241.
Boszormenyi-Nagy I, Spark G: Unsichtbare Bindungen. Stuttgart, Klett-Cotta, 1981.
Brand AE, Brinich PM: Behavior problems and mental health contacts in adopted, foster, and nonadopted children. J Child Psychol Psychiatry 1999;40:1221–1229.
Bremner J, Narayan M: The effects of stress on memory and the hippocampus throughout the life cycle: Implications for childhood development and aging. Dev Psychopathol 1998;10:871–885.
Brinich PM: Adoption from the inside out: A psychoanalytic perspective; in Brodinsky DM, Schechter MD (eds): The Psychology of Adoption. New York, Oxford University Press, 1990, pp 42–61.
Brinich PM: Psychoanalytic perspectives on adoption and ambivalence. Psychoanal Psychol 1995;12:181–199.
Brodzinsky DM, Schechter MD, Braff AM, Singer LM: Psychological and academic adjustment in adopted children. J Consult Clin Psychol 1984;52:582–590.
Brodzinsky DM, Singer LM, Braff AM: Children's understanding of adoption. Child Dev 1984;55:869–878.
Brodzinsky DM, Schechter MD, Brodzinsky AB: Children's knowledge of adoption: Developmental changes and implications for adjustment; in Ashmore RD, Brodzinsky DM (eds): Thinking about the Family. Views of Parents and Children. Hillsdale, Erlbaum, 1986, pp 205–232.
Brodzinsky DM, Schechter MD (eds): The Psychology of Adoption. New York, Oxford University Press, 1990.
Brodzinsky DM: Long-term outcomes in adoption; in Behrman RE (ed): The Future of Children: Adoption. Los Altos, CA, Center for the Future of Children, the Davis and Lucile Packard Foundation, 1993, pp 153–166.
Brooks D, Barth RP: Adult transracial and inracial adoptees: Effects of race, gender, adoptive family structure, and placement history on adjustment outcomes. Am J Orthopsychiatry 1999;69:87–99.
Bucci W: The power of the narrative: A multiple code account, in Pennebaker J (ed): Emotion, Disclosure and Health. Washington, DC, American Psychological Association, 1995, pp 93–122.
Bundesrat: Bericht des Bundesrates über die Adoptionen in der Schweiz. Antwort auf das Postulat Hubermann «Bericht über die Adoptionen», 1. Februar 2006.
Bürgin D: Emotionaler Dialog in der frühen Kindheit und Aufbau der Selbstrepräsentanz; in Büttner Ch, Ende A (Hrsg): Lebensräume für Kinder. Weinheim, Beltz, 1989a, pp 185–195.
Bürgin D: Trauer bei Kindern und Erwachsenen. Z Psychoanal Theorie Prax 1989b;IV:55–78.
Bürgin D: Adoption: Trauma oder Chance? In Biermann G (Hrsg): Handbuch der Kinderpsychotherapie. München, Reinhardt, 1992a, pp 586–600.
Bürgin D: Zur Indikation psychoanalytischer Psychotherapie bei Kindern und Jugendlichen. Kinderanalyse 1992b;2:22–45.
Bürgin D: Children – War and Persecution. Proceedings of the Congress in Stiftung für Kinder. Hamburg, 1993, Sept 26–29.

Bürgin D: Triangulierung. Der Übergang zur Elternschaft. Stuttgart, Schattauer, 1998.

Bürgin D, Steck B, Schwald A: Verstehen und Deuten im Trauerprozess eines $5^3/_4$ jährigen traumatisierten Knaben. Kinderanalyse 2001;4:395–421.

Burrow AL, Tubman JG, Finley GE: Adolescent adjustment in a nationally collected sample: Identifying group differences by adoption status, adoption subtype, developmental stage and gender. J Adolesc 2004;27:267–282.

Cadoret RJ, Troughton E, Bagford J, Woodworth G: Genetic and environmental factors in adoptees antisocial personality. Eur Arch Psychiatr Neurol Sci 1990a; 239:231–240.

Cadoret RJ, Thoughton E, Moreno-Merchant L, Whitters A: Early life psychosocial events and adult affective symptoms; in Robins LN, Rutter M (eds): Straight and Devious Pathways from Childhood to Adulthood. Cambridge, Cambridge University Press, 1990b, pp 300–313.

Campbell LH, Silverman PS, Patti PB: Reunions between adoptees and birth parents: The adoptees' experience. Soc Work 1991;36:329–335.

Cederblad M, Höök B, Irhammar M, Mercke AM: Mental health in international adoptees as teenagers and young adults: An epidemiological study. J Child Psychol Psychiatry 1999;40:1239–1248.

Clapton G: Birth fathers' live after adoption. Adoption Fostering 2001;25:50–59.

Clothier F: Some aspects of the problem of adoption. Am J Orthopsychiatry 1939;41:863–871.

Cohen NJ, Coyne J, Duvall J: Adopted and biological children in the clinic: Family, parental and child characteristics. J Child Psychol Psychiatry 1993;34:545–562.

Cohen NJ: Adoption; in Rutter M, Taylor E (eds): Child and Adolescent Psychiatry: Modern Approaches. Oxford, Blackwell, 2002, pp 373–381.

Collishaw S, Maughan B, Pickles A: Infant adoption: psychosocial outcomes in adulthood. Soc Psychiatry Psychiatr Epidemiol 1998;33:57–65.

Cramer B: La désillusion; in Adler J (ed): L'adoption vécue. Paris, Seuil, 1988, pp 123–131.

Cushman LF, Kalmuss D, Namerow PB: Placing an infant for adoption. The experience of young birthmothers. Soc Work 1993;38:264–272.

Daly KJ: Reshaped parenthood identity. The transition to adoptive parenthood. J Contemp Enthnography 1988;17:40–66.

Daly KJ: Towards a formal theory of interactive resocialization: The case of adoptive parenthood. Qualitative Sociol 1992;15:395–417.

Damasio AR: Descartes' Irrtum. Fühlen, Denken und das menschliche Gehirn. München, List, 1995.

Dance C, Rushton A, Quinton D: Emotional abuse in early childhood: Relationships with progress in subsequent family placement. J Child Psychol Psychiatry 2002;43:395–407.

Delaisi G, Verdier P: Enfant de personne. Paris, Odile Jacob, 1994.

Delfieu F, De Gravelaine, J: Parole d'adopté. Réponses. Paris, R. Laffont, 1988.

Demick J, Wapner S: Open and closed adoption: A developmental conceptualization. Fam Process 1988;27:229–249.

Derdeyn AP, Graves ChL: Clinical vicissitudes of adoption. Child Adolesc Psychiatric Clin North Am 1998;7:373–388.
Diatkine G: Chasseurs de fantômes; in Verdier P, Soulé M (eds): Le secret sur les origines. Problèmes psychologiques, légaux, administratifs. Paris, Editions ESF, 1986, pp 71–90.
Dickman GE: Adoptees among students with disabilities. J Learn Disabil 1992; 25:529–543.
Donovan DM, McIntyre D: Healing the Hurt Child. A Developmental-Contextual Approach. New York, Norton, 1990.
Dreixler M: Der Mensch als Ware. Frankfurt/M., Peter Lang, Europäischer Verlag der Wissenschaften, 1998.
Dubois F: Le livre de Boz. Paris, Balland, 1990.
Eagle RS: The separation experience of children in long-term care. Am Orthopsychiatric Assoc 1994;64:421–434.
Ebertz B: Adoption als Identitätsproblem. Zur Bewältigung der Trennung von biologischer Herkunft und sozialer Zugehörigkeit. Freiburg, Lambertus, 1987.
Eley TC, Deater-Deckard K, Fombonne E, Fulker DW, Plomin R: An adoption study of depressive symptoms in middle childhood. J Child Psychol Psychiatry 1998;39:337–345.
Emde RN: Social referencing research: Uncertainty, self, and the search for meaning; in Feinman S (ed): Social Referencing and the Social Construction of Reality in Infancy. New York, NY, Plenum, 1992, pp 79–94.
Erich S, Leung P: The impact of previous type of abuse and sibling adoption upon adoptive families. Child Abuse Neglect 2002;26:1045–1058.
Erikson EH: Identity: Youth and Crisis. New York, Norton, 1968.
Erikson EH: Life History and the Historical Moment. New York, Norton, 1975.
Faimberg H: The Telescoping of Generations. The New Library of Psychoanalysis (General Editor: Birksted-Breen D). London, Routledge, 2005.
Fensbo C: Mental and behavioural outcome of inter-ethnic adoptees: A review of the literature. Eur Child Adolesc Psychiatry 2004;13:55–63.
Fergusson DM, Lynskey M, Horwood LJ: The adolescent outcomes of adoption: A 16-year longitudinal study. J Child Psychol Psychiatry 1995;36:597–615.
Ferrari P: La filiation en psychopathologie de l'enfant. Ann Pédiatr 1986;33: 713–718.
Festinger T: Necessary Risk: A Study of Adoptions and Disruptive Adoptive Placements. Washington, DC, Child Welfare League of America, 1986.
Festinger T: Adoption disruption: Rates and correlates; in Brodzinsky DM, Schechter MD (eds): The Psychology of Adoption. New York, Oxford University Press, 1990, pp 201–218.
Fischer G, Riedesser P: Lehrbuch der Psychotraumatologie. München, Reinhardt, 1999.
Fonagy P, Target M: Attachment and reflective function: Their role in self-organization. Deve Psychopathol 1997;9:679–700.
Fonagy P, Gergely G, Jurist EL, Target M: Affect Regulation, Mentalization, and the Development of the Self. New York, Other Press, 2002.

Freeark K, Rosenberg EB, Bornstein J, Jozefowicz-Simbeni D, Linkevich M, Lohnes K: Gender differences and dynamics shaping the adoption life cycle: Review of the literature and recommendations. Am J Orthopsychiatry 2005;75:86–101.
Freud A: Wege und Irrwege in der Kinderentwicklung. Bern/Stuttgart, Huber/Klett, 1968.
Freud A: Annual Report, January 1942; in The Writings of Anna Freud. New York, International Universities Press, 1973, vol 3.
Freud S: Der Familienroman eines Neurotikers, Ges. Werke, Bd. VII. Frankfurt/M., Fischer, 1906–1909.
Freud S: Der Untergang des Ödipuskomplexes. Ges. Werke, Bd. XVIII. Frankfurt/M., Fischer, 1940.
Freud S: Über die Psychogenese eines Falles von weiblicher Homosexualität. Ges. Werke, Bd. XII. Frankfurt/M., Fischer, 1917–1920.
Freud S: Das entwicklungsgeschichtliche Interesse an der Psychoanalyse. Ges. Werke, Bd. VIII. Frankfurt/M., Fischer, 1909–1939, p 412.
Freud S: Abriss der Psychoanalyse; in Schriften aus dem Nachlass. Ges. Werke, Bd. XVII. Frankfurt/M., Fischer, 1892–1939, pp 5–62.
Freud S: Hemmung, Symptom und Angst. Ges. Werke, Bd. XIV. Frankfurt/M., Fischer, 1925–1931, pp 118–128, 149–205.
Friedlander ML: Ethnic identity development of internationally adopted children and adolescents: Implication for family therapists. J Marital Fam Ther 1999;25:43–60.
Geller M: Biographien erwachsener Adoptierter. Westarp, Wissenschaften, 1992.
George RM, Howard EC, Yu D: Adoption, Disruption, and Dissolution in the Illinois Child Welfare System (1976–94). Chicago, Chapin Hall Center for Children, 1996.
Gill MM: Adoption of older children: The problems faced. Soc Casework 1978;59:272–278.
Glaser D: Child abuse and neglect and the brain – a review. J Child Psychol Psychiatry 2000;41:97–116.
Goldberg D, Wolkind SN: Patterns of psychiatric disorders in adopted girls: A research note. J Child Psychol Psychiatry 1992;33:935–940.
Goldstein J, Freud A, Solnit A: Beyond the Best Interests of the Child, ed 2. New York, Free Press, 1973.
Golombok S, Cook R, Bish A, Murray C: Families created by the new reproductive technologies: Quality of parenting and social and emotional development of the children. Child Dev 1995;66:285–298.
Golse B: Qu'avons-nous appris des bébés? in La Parentalité, défi pour le troisième millénaire; sous la direction de Solis-Ponton L. Paris, PUF, le fil rouge, 2002, pp 239–257.
Green AH: Dimension of psychological trauma in abused children. J Am Acad Child Psychiatry 1983;22:231–237.
Grotevant HD: Assigned and chosen identity components: A process perspective on their integration; in Adams G, Gullotta T, Montemayor R (eds): Adolescents Identity Formation. Newbury Park, CA, Aage, 1992, pp 73–90.
Grotevant HD, McRoy RG, Elde CL, Lewis Fravel D: Adoptive family system dynamics: Variation by level of openness in the adoption. Fam Process 1994; 33:125–146.

Grotevant HD, McRoy RG: Openness in Adoption: Exploring Family Connections. Thousand Oaks, CA, Sage, 1998.

Groza V, Ryan SD: Pre-adoption stress and its association with child behavior in domestic special needs and international adoptions. Psychoneuroendocrinology 2002;27:181–197.

Groza V, Young J, Corcran-Rumppe K: Post adoption resources for training. Networking and evaluation services (PARTNERS): Working with special needs adoptive families in stress. Washington, DC, Prepared with Four Oaks, Inc, Cedar Rapids, Iowa, for the Department of Health and Human Services, Adoption Opportunities, 1991.

Gunnar MR: Quality of early care and buffering of neuroendocrine stress reactions: Potential effects on the developing human brain. Prev Med 1998;27:208–211.

Guyotat J: Mort/naissance et filiation. Etudes de psychopathologie sur le lien de filiation. Paris, Masson, 1980.

Hajal F, Rosenberg EB: The family life cycle in adoptive families. Am J Orthopsychiatry 1991;61:78–85.

Haugaard JJ: Is adoption a risk factor for the development of adjustment problems? Clin Psychol Rev 1998;18:47–69.

Hayez JY: Un jour, l'adoption. Paris, Fleurus, 1988.

Haynal A: L'histoire du concept de traumatisme et sa signification actuelle; in Le bloc-notes de la psychanalyse 1988;8:149–160.

Heinemann C: Neuentscheidungstherapie bei Pflege-, Adoptiv- und Heimkindern mit Scheiterer-Verläufen. Prax Kinderpsychol Kinderpsychiatr 1994;43:130–137.

Hersov L: Adoption; in Rutter M, Taylor E, Hersov L (eds): Child and Adolescent Psychiatry, ed 3. Oxford, Blackwell, 1994, pp 267–282.

Hjern A, Lindblad F, Vinnerljung B: Suicide, psychiatric illness, and social maladjustment in intercountry adoptees in Sweden: A cohort study. Lancet 2002;60:443–448.

Hoksbergen R: Auslandadoptionen: deutsche, niederländische und andere Forschungsergebnisse; in Hoksbergen R, Textor MR (Hrsg): Adoption. Grundlagen, Vermittlung, Nachbetreuung, Beratung. Freiburg, Lambertus, 1993, pp 63–90.

Hoksbergen R, Textor MR: Adoption. Grundlagen, Vermittlung, Nachbetreuung, Beratung. Freiburg, Lambertus, 1993.

Hoksbergen R, Juffer F, Textor MR: Attachment und Identität von Adoptivkindern. Prax Kinderpsychol Kinderpsychiatr 1994;43:339–344.

Hoksbergen R: Die Folgen von Vernachlässigung. Erfahrungen mit Adoptivkindern aus Rumänien. Idstein, Schulz-Kirchner, 2003.

Howard, JA, Smith SL: Strengthening adoptive families: A synthesis of post-legal adoption opportunities grants. Normal, IL, Illinois State University, 1997.

Howe D: Parent reported problems in 211 adopted children: Some risk and protective factors. J Child Psychol Psychiatry 1997;38:401–412.

Howe D, Feast J: Adoption, Search and Reunion: The Long Term Experience of Adopted Adults. London, The Children's Society, 2000.

Howe D: Age at placement, adoption experience and adult adopted people's contact with their adoptive and birth mothers: An attachment perspective. Attachment Hum Dev 2001;3:222–237.

Huth W: Adoption und Identität. Wege zum Menschen 1980;32:61.

Huth W: Psychoanalytische Reflexion und therapeutische Verfahren in Adoption und Familiendynamik. Pädagogik 1982;11.

Jacob F: La logique du vivant. Une histoire de l'hérédité. Paris, Gallimard, Bibliothèque des sciences humaines, 1970.

Jacobs TJ: On having an adopted sibling: Some psychoanalytic observations. Int Rev Psychoanal 1988;15:25–35.

Jaffari-Bimmel N, Juffer F, Ijzendoorn MH, Bakermans-Kranenburg MJ, Mooijaart A: Social development from infancy to adolescence: Longitudinal and concurrent factors in an adoption sample. Dev Psychol 2006;42:143–1153.

Janet P: L'automatisme psychologique: Essay de la psychologie expérimentale sur les formes inférieures de l'activité humaine. Paris, Félix Alcan, 1889.

Johnson DE: Adoption and the effect on children's development. Early Hum Dev 2002;68:39–54.

Juffer F, Hoksbergen AC, Riksen-Walraven JM, Kohnstamm GA: Early intervention in adoptive families: Supporting maternal sensitive responsiveness, infant-mother attachment, and infant competence. J Child Psychol Psychiatry 1997;38:1039–1050.

Juffer F, van Ijzendoorn MH: Behavior problems and mental health referrals of international adoptees: A meta-analysis. JAMA 2005;293:2501–2515.

Juillerat B: Penser l'imaginaire: Essays d'anthropologie psychanalytique. Lausanne, Payot, 2001.

Julien P: Tu quitteras ton père et ta mère. Paris, Aubier, 2000.

Kasten H, Kunze HR, Mühlfeld C: Pflege- und Adoptivkinder in Heimen. Ifb-Materalien. Staatsinstitut für Familienforschung an der Universität Bamberg, 2001;4.

Kates WA, Johnson RL, Kader MW, Grieder FH: Whose child is this? Assessment and treatment of children in foster care. Am J Orthopsychiatry 1991;61:584–591.

Kaudal ER, Jessel T: Early experience and the fine tuning of synaptic connections; in Kaudal ER, Schwartz JH, Jessel TM (eds): Principles of Neural Science. New York, Elsevier, 1991, pp 945–958.

Kaufman J, Birmaher B, Perel J, Dahl RE, Moreci P, Nelson B: The corticotropin-releasing hormone challenge in depressed abused, depressed non abused and normal control children. Biol Psychiatry 1997;42:669–679.

Kaufman J, Plotsky PM, Nemeroff CB, Charney DS: Effects of early adverse experiences on brain structure and function: Clinical implications. Biol Psychiatry 2000;48:778–790.

Keller-Thoma P: Adoption aus der Sicht des Adoptiv«kindes». Zürich, Gemeinnütziger Frauenverein/Adoptivkinder-Vermittlung, 1987.

Kendler KS, Gruenberg AM, Kinney DK: Independent diagnosis of adoptees and relatives as defined by DSM-III in the provincial and national samples of the Danish adoption study of schizophrenia. Arch Gen Psychiatry 1994; 51:456–468.

Kermani EJ, Weiss BA: Biological parents regaining their rights: A psycholegal analysis of a new era in custody disputes. Bull Am Acad Psychiatry Law 1995; 23:261–267.

Kernberg OF: Barrier to falling and remaining in love. J Am Psychoanal Assoc 1974;4:743–768.

Kernberg PF: Child analysis with a disturbed adopted child. Int J Psychoanal Psychother 1985;11:277–299.
Khan M: Le concept de traumatisme cumulatif. Distorsion du Moi, traumatisme cumulatif et reconstruction dans la situation analytique; in Le soi caché. Paris, Gallimard, 1976.
Kim WJ, Davenport C, Joseph J, Zrull J, Woolford E: Psychiatric disorders and juvenile delinquency in adopted children and adolescents. J Am Acad Child Adolesc Psychiatry 1988;27:111–115.
Kirk HD: Adoptive Kinship: A Modern Institution in Need of Reforms. Toronto, Butterworth, 1981.
Kirschner D: The adopted child syndrome: Considerations for psychotherapy. Psychother Priv Pract 1990;8:93–100.
Klein-Allermann E: Adoptierte Kinder und ihre Eltern: Familien eigener Art; in Hofer M, Klein-Allermann E, Noack P (Hrsg): Familienbeziehungen. Göttingen, Hogrefe, 1992, pp 250–265.
Knibiehler Y: Formes anciennes d'adoption. Neuropsychiatrie de l'enfance et de l'adolescence 1995;43:420–426.
Kohler Riessman C: Strategic uses of narrative in the presentation of self and illness: A research note. Soc Sci Med 1990;30:1195–1200.
Kühl W: Wenn fremdländische Adoptivkinder erwachsen werden. Adoptionserfolg und psychosoziale Integration im Jugendalter. Erste Ergebnisse einer Befragung. Osnabrück, Terre des Hommes, 1985.
Küchenhoff J: Wenn der Übergang zur Vaterschaft misslingt – zur Psychodynamik des unerfüllten Kinderwunsches beim Mann; in Bürgin D (Hrsg): Triangulierung. Der Übergang zur Elternschaft. Stuttgart, Schattauer, 1998, pp 215–232.
LaFramboise T, Coleman HLK, Gerton J: Psychological impact of biculturalism: Evidence and theory. Psychol Bull 1993;114:395–412.
Landerholm EK: The experience of abandonment and adoption, as a child and as a parent, in a psychological motivational perspective. Int Forum Psychoanal 2001; 10:12–25.
Laucht M, Esser G, Schmidt M: Psychisch auffällige Eltern – Risiken für die kindliche Entwicklung im Säuglings- und Kleinkindesalter. Z Familienforsch 1992; 4:22–48.
Laufer M: Psychopathologie de l'adolescence et objectifs thérapeutiques; in Ladame F, Jeammet P: La Psychiatrie de l'adolescence aujourd'hui. Paris, Presse universitaires de France, 1986, pp 61–86.
Le Doux J: The Emotional Brain. New York, Simon and Schuster, 1996.
Lee JS, Twaite JA: Open adoption and adoptive mothers: Attitudes towards birthmothers, adopted children, and parenting. Am J Orthopsychiatry 1997;67:576–584.
Leon Irving G: Adoption losses: Naturally occurring or socially constructed? Child Dev 2002;73:652–663.
Lesaca Timothy: Preadoption risk factors. Psychiatric Times 1998, XV, 3.
Lévy-Soussan P: La parentalité adoptive: problèmes spécifiques ou universels? J Pédiatr Puériculture 2001;14:201–204.
Lévy-Soussan P: Travail de filiation et adoption. Rev Fr Psychanal 2002;1:41–69.

Lifton BJ: Forward; in Benet MK: The Politics of Adoption. New York, Free Press, 1976, pp 2–3.
Lifton BJ: Zweimal geboren. Stuttgart, Klett-Cotta, 1981.
Lipman EL, Offord DR, Racine YA, Boyle MH: Psychiatric disorders in adopted children: A profile from the Ontario Child Health Study. Can J Psychiatry 1992; 37:627–633.
Lipman EL, Offord DR, Boyle MH, Racine YA: Follow-up of psychiatric and educational morbidity among adopted children. J Am Acad Child Adolesc Psychiatry 1993;32:1007–1012.
Locher R: Persönlichkeitsschutz und Adoptionsgeheimnis. Zürich, Schulthess, 1993.
Lücker-Babel MF: Auslandsadoption und Kinderrechte. Was geschieht mit den Verstoßenen? Freiburg, Universitätsverlag, 1991.
Macintyre JC: Resolved: Children should be told of their adoption before they ask. J Am Acad Child Adolesc Psychiatry 1990;29:828–829.
McDonald TP, Lieberman AA, Patridge S, Hornby H: Assessing the role of agency services in reducing adoption disruptions. Special Issue: Research on special needs adoption. Child Youth Services Rev 1991;13:425–438.
McGuinness TM, Pallansch L: Competence of children adopted from the former USSR. Fam Relat Interdiscipl J Appl Family Studies 2000;49:457–464.
McGuinness TM, Dyer JG: International adoption as a natural experiment. J Pediatr Nurs 2006;21:276–288.
McRoy RG, Grotevant HD: American experience and research on openness. Adoption Fostering 1990;15:99–111.
Markovitch S, Cesaroni L, Roberts W, Swanson C: Romanian adoption: Parents' dreams, nightmares and realities. Child Welfare 1995;74:993–1016.
Maughan B, Collishaw S, Pickles A: School achievement and adult qualifications among adoptees: A longitudinal study. J Child Psychol Psychiatry 1998; 39:669–685.
Maywald J: Die Position des Kindes stärken. Konsequenzen der Bindungsforschung für die Arbeit mit Pflege- und Adoptivkindern. Vortrag im Rahmen des Fachkongresses «Qualitätsentwicklung». Zürich, 3.11.2000.
Menard BJ: A birth father and adoption in the perinatal setting. Soc Work Health Care 1997;24:53–163.
Miller BC, Fan X, Christensen M, Grotevant HG, van Dulmen M: Comparison of adopted and nonadopted adolescents in a large, nationally representative sample. Child Dev 2000a;71:1458–1473.
Miller BC, Fan X, Grotevant HD, Christensen M, Coyl D, van Dulmen M: Adopted adolescents' overrepresentation in mental health counseling: Adoptees problems or parents' lower threshold for referral? J Am Acad Child Adolesc Psychiatry 2000b;39:504–1511.
Moro MR: L'enfant exposé. Grenoble, La pensée sauvage, 1989.
Murray HA: Explorations in Personality. New York, Oxford University Press, 1938.
Nachin C: Les fantômes de l'âme. A propos des héritages psychiques. Paris, l'Harmattan, 1993.

Nachmias M, Gunnar M, Mangelsdorf S, Parritz R, Buss K: Behavioral inhibition and stress reactivity: the moderating role of attachment security. Child Dev 1996; 67:508–522.

Nasio JD: Le livre de la douleur et de l'amour. Paris, Payot et Rivages, 1996.

Nathan T: Trauma et Mémoire; in Métamorphose de l'identité. Nouvelle Revue d'Ethnopsychiatrie, La pensée sauvage 1986;6:7–18.

Neil E: Contact after adoption: The role of agencies in making and supporting plans. Adoption Fostering 2002;26:25–38.

Newman JL, Roberts LR, Syré CR: Concepts of family among children and adolescents: Effects of cognitive level, gender, and family structure. Dev Psychol 1993; 29:951–962.

Nickman SL, Lewis RG: Adoptive families and professionals: When the experts make things worse. J Am Acad Child Adolesc Psychiatry 1994;33:753–755.

Nickman SL, Rosenfeld AA, Fine P, Macintyre JC, Pilowsky DJ, Howe RA, Derdeyn A, Gonzales MB, Forsythe L, Sveda SA: Children in adoptive families: Overview and update. J Am Acad Child Adolesc Psychiatry 2005;44:987–995.

Nietzsche F: Die Geburt der Tragödie oder Griechentum und Pessimismus. Leipzig, Naumann, 1985.

O'Connor TG, Rutter M and the English and Romanian Adoptees Study Team: Attachment disorder behavior following severe deprivation: Extension and longitudinal follow-up. J Am Acad Child Adolesc Psychiatry 2000a;39:703–712.

O'Connor TG, Rutter M, Beckett, C, Keavency L, Kreppner J and the English and Romanian Adoptees Study Team: The effects of global severe privation on cognitive competence: extension and longitudinal follow-up. Child Dev 2000b;71:376–390.

Ozoux-Teffaine O: Enjeux de l'adoption tardive. Nouveau fondements pour la clinique. La vie de l'enfant. Ramonville Saint-Agne, Edition eres, 2004.

Paulitz H: Offene Adoption: Ein Plädoyer. Freiburg, Lambertus, 1997.

Peters BR, Atkins MS, Mc Kernan Mc Kay M: Adopted children's behavior problems: A review of five explanatory models. Clin Psychol Rev 1999;19:297–328.

Petta GA, Steed LG: The experience of adoptive parents in adoption reunion relationships: A qualitative study. Am J Orthopsychiatry 2005;75:230–241.

PFAD, Bundesverband der Pflege- und Adoptivfamilien (Hrsg): Handbuch für Pflege- und Adoptiveltern. Idstein, Schulz-Kirchner, 2003.

Phillips NK: Adoption of a sibling: Reactions of biological children at different stages of development. Am J Orthopsychiatry 1999;69:122–126.

Phinney JS, Rosenthal DA: Ethnic identity in adolescence: Process, context, and outcome; in Adams G, Gullotta T, Montemayor R (eds): Adolescent Identity Formation. Newbury Park, CA, Sage, 1992, pp 145–172.

Plomin R, Chipuer HM, Neiderhiser JM: Behavioral genetic evidence for the importance of non-shared environment; in Hetherington EM, Reiss D, Plomin R (eds): Separate Social Worlds for Siblings. Hillsdale, NY, Erlbaum, 1994, pp 1–31.

Plomin R: Genetics and children's experiences in the family. J Child Psychol Psychiatry 1995;56:33–68.

Plomin R, Fulker DW, Corley R, DeFries JC: Nature, nurture and cognitive development 1 to 16 years: A parent-offspring adoption study. Psychol Sci 1997;8:442–447.

Prew C, Suter S, Carrington J: Post adoption family therapy: A practice manual. Salem, OR, Children's Services Division, 1990.
Price BH, Adams RD, Coyle JT: Neurology and psychiatry, closing the great divide. Neurology 2000;54:8–14.
Priel B, Kantor B, Besser A: Two maternal representations: A study of Israeli adopted children. Psychoanal Psychol 2000;17:128–145.
Quinodoz D: «J'ai peur de tuer mon enfant» ou Ödipe abandonné, Ödipe adopté. Rev Fr Psychanal 1987;51:579–1593.
Rende R, Plomin R: Nature, nurture, and the development of psychopathology; in Cicchetti D, Cohen DJ (eds): Developmental Psychopathology. New York, Wiley, 1995, vol 1, pp 291–314.
Rice F, Harold G, Thapar A: The genetic aetiology of childhood depression: A review. J Child Psychol Psychiatry 2002;43:65–79.
Richards B: What is identity? in Graber I, Aldrige J (eds): Culture, Identity and Transracial Adoption. London, Free Association Books, 1994.
Robert M: Roman des origines et origines du roman. Paris, Bernard Grasset, 1972.
Rosenberg EB, Horner TM: Birthparent romances and identity formation in adopted children. Am J Orthopsychiatry 1991;6:70–77.
Rosenthal JA: Outcomes of adoption of children with special needs. The future of children. Adoption 1993;377–88.
Rotheram MJ, Phinney JS: Introduction: Definitions and perspectives in the study of children's ethnic socialization; in Phinney JS, Rotheram M (eds): Children's Ethnic Socialization: Pluralism and Development. Beverly Hills, CA, Sage, 1987, pp 10–28.
Rushton A, Minnis H: Annotation: Transracial family placements. J Child Psychol Psychiatry 1997;38:147–159.
Rushton A, Dance C, Quinton D, Mayes D: Siblings in late permanent placement. London, British Agencies for Adoption and Fostering, 2001.
Rushton A: A scoping and scanning review of research on the adoption of children placed from Public Care. Clin Child Psychol Psychiatry 2004;9:1359–1045.
Rutter M: Psychosocial resillience and protective mechanisms; in Rolf J (ed): Risk and Protective Factors in the Development of Psychopathology. Cambridge, Cambridge University Press, 1990, pp 181–214.
Rutter M, Bailey A, Bolton P, Le Couteur A: Autism and known medical conditions: Myth and substance. J Child Psychol Psychiatry 1994;35:311–322.
Rutter M and the English and Romanian Study Team: Developmental catch-up, and deficit, following adoption after severe early privation. J Child Psychol Psychiatry 1998;39:465–476.
Rutter M, Andersen-Wood L, Bredenkamp D, Castle J, Groothues C: Quasi-autistic patterns following severe early global privation. J Child Psychol Psychiatry 1999;40:537–549.
Rutter M, Kreppner JM, O'Connor TG: Specificity and heterogeneity in children's responses to profound institutional privation. Br J Psychiatry 2001;17:97–103.
Sabatello U, Natali P, Giannotti A: Pre-adoptive diagnosis: The meaning of a crisis. Br J Psychother 1989;6:160–169.

Saint-Exupéry A: Le petit Prince. Paris, Gallimard, 1945.
Sanzana A, Schmid-Kitsikis E: La présence des absents: les mouvements identificatoires d'un enfant adopté. Psychiatrie de l'enfant 1995;38:69–107.
Schärer R: Adoptiert. Lebensgeschichten ohne Anfang. Muri bei Bern, Cosmos, 1991.
Schechter MD, Bertocci D: The meaning of search; in Brodzinsky DM, Schechter MD (eds): The Psychology of Adoption. New York, Oxford University Press, 1990, pp 62–90.
Schleiffer R: Adoption: Psychiatrisches Risiko und/oder protektiver Faktor? Prax Kinderpsychol Kinderpsychiatr 1997;46:645–659.
Sekaer C: Toward a definition of «childhood mourning». Am J Psychother 1987; 41:201–219.
Sharma AR, McGue MK, Benson PL: The psychological adjustment of United States adopted adolescents and their nonadopted siblings. Child Dev 1998;69:791–802.
Shengold L: Soul Murder. The Effects of Childhood Abuse and Deprivation. New Haven, Yale University Press, 1989.
Silverstein DR, Demick K: Towards an organizational-relational model of open adoption. Fam Process 1994;33:111–124.
Simmel C, Brooks D, Barth RP, Hinshaw SP: Externalizing symptomatology among adoptive youth: prevalence and preadoption risk factors. J Abnorm Child Psychol 2001;29:57–69.
Smith SL, Howard JA: A comparative study of successful and disrupted adoptions. Soc Serv Rev 1991;65:248–265.
Smith DW, Brodzinsky DM: Coping with birthparent loss in adopted children. J Child Psychol Psychiatry 2001;43:213–223.
Sophokles: König Ödipus. Stuttgart, Reclam, 1989.
Sorosky AD, Baran A, Pannor R: The adoption triangle. Garden City, NY, Anchor Press, 1984.
Soulé M: La vie de l,enfant: le nouveau roman familial. Paris, Éditions ESF, 1984.
Spring-Duvoisin D: L'adoption internationale. Que sont-ils devenus? Enquête réalisée auprès de 282 jeunes adultes adoptés en Suisse dans leur petite enfance. Lausanne, Advimark, 1986.
Stams G, Juffer F, Rispens J, Hoksbergen R: The development and adjustment of 7-year-old children adopted in infancy. J Child Psychol Psychiatry 2000; 41:1025–1038.
Statistisches Bundesamt (Hrsg): Pressemeldung Oktober 2006. www.destatis.de/presse/englisch/pm2006/p4330082.htm.
Steck B: Aspects psychologiques de l'adoption. Rev Méd Romand 1987; 107: 1025–1035.
Steck B: L'adoption: une aventure semée d'embûches. Patient Care, 1992;8:12–24.
Steck B, Bürgin D: Über die Unmöglichkeit zu trauern bei Kindern trauerkranker Eltern. Kinderanalyse 1996;4:351–361.
Steck B: Anmerkung zum intrafamilialen Trauma beim Kind. Schweiz Arch Neurol Psychiatr 1997a;148:229–238.
Steck B: Narrative von adoptierten Kindern und Jugendlichen über ihren Beziehungs- und Herkunftsabbruch. Anal Kind Jugend Psychother 1997b;95:335–350.

Steck B: Eltern-Kind-Beziehungsproblematik bei der Adoption. Prax Kinderpsychol Kinderpsychiatr 1998a;4:240–262.

Steck B: Adoption und Elternschaft; in Bürgin D (Hrsg): Triangulierung. Stuttgart, Schattauer, 1998b, pp 242–250.

Steck B: Die psychoanalytisch-orientierte Psychodrama-Gruppentherapie bei Kindern und Jugendlichen. Teil 1 und 2: Kinderanalyse 1998c;6:248–310.

Steck B: Die psychoanalytisch-orientierte Psychodrama-Gruppentherapie bei Kindern und Jugendlichen. Teil 3: Kinderanalyse 1999a;7:23–52.

Steck B: Adoption und/oder Reproduktionsmedizin. Ther Umschau 1999b; 56: 251–259.

Steck B: Psychisches Trauma und Trauerprozess beim Kind. Schweiz Arch Neurol Psychiatr 2003;154:37–41.

Stein LM, Hoopes JL: Identity Formation in the Adopted Adolescent. The Delaware Family Study. New York, Child Welfare League of America, 1985.

Steinbeck J: East of Eden. New York, Viking, 1968.

Stern DN: Affect attunement; in Call JD, Galenson E, Tyson RL (eds): Frontiers of Infant Psychiatry, vol 2. New York, Basic Books, 1984, pp 3–14.

Stern DN: The Interpersonal World of the Infant. A View from Psychoanalysis and Developmental Psychology. New York, Basic Books, 1985.

Stierlin H, Levi D, Savard RJ: Parental perceptions of separating children. Fam Process 1971;10: 411–427.

Stoleru S: Le couple et le projet d'enfant. L'étape initiale du passage à la parentalité. Neuropsychiatrie de l'enfant et de l'adolescent 1995;43:164–170.

Stroebe M, Gergen MM, Gurgen KJ, Stroebe W: Broken hearts of broken bonds: Love and death in historical perspective. Am Psychol 1992;47;1205–1212.

Swientek C: Adoptierte auf der Suche nach ihren Eltern und ihrer Identität. Freiburg, Herder, 2001.

Taylor RJ, Thornton MC: Child welfare and transracial adoption. J Black Psychol 1996;22:282–291.

Terr LC: Childhood traumas: An outline and an overview; in Everly GS, Lating JM: Psychotraumatology: Key Papers and Core Concepts in Post Traumatic Stress. New York, Plenum, 1995, pp 301–319.

Terre des Hommes (Hrsg): Maßnahmen gegen Privatadoptionen/Kinderhandel. Osnabrück, Selbstverlag, 1989.

Textor MR: Die unbekannten Eltern. Adoptierte auf der Suche nach ihren Wurzeln. Zentralbl Jugendrecht 1990;77:10–14.

Textor MR: Auslandsadoptionen. Forschungsstand und Folgerungen. Prax Kinderpsychol Kinderpsychiatr 1991a;40:42–49.

Textor MR: Offene Adoptionsformen; in Nachrichtendienst des Deutschen Vereins für öffentliche und private Fürsorge, 1991b, Heft 4.

Textor MR: Inlandsadoptionen: Herkunft, Familienverhältnisse und Entwicklung der Adoptivkinder; in Hoksbergen R, Textor MR (Hrsg): Adoption: Grundlagen, Vermittlung, Nachbetreuung, Beratung. Freiburg, Lambertus, 1993, pp 41–63.

Tieman W, van der Ende J, Verhulst FC: Psychiatric disorders in young adult intercountry adoptees: An epidemiological study. Am J Psychiatry 2005; 162: 592–598.

Tienari P, Wynne LC: Adoption studies of schizophrenia. Ann Med 1994;26:223–237.
Tisseron S: Tintin et les secrets de famille. Paris, Aubier, 1992.
Udwin O: Annotation: Children's reactions to traumatic events. J Child Psychol Psychiatry 1993;34:115–127.
Van der Kolk BA, McFarlane AC, Weisaeth L: Traumatic Stress. New York, Guilford, 1996.
Van der Kolk BA: Zur Psychologie und Psychobiologie von Kindheitstraumata. Prax Kinderpsychol Kinderpsychiatr 1998;1:19–35.
Van Ijzendoorn MH, Juffer F, Poelhuis CW: Adoption and cognitive development: A meta-analytic comparison of adopted and nonadopted children's IQ and school performance. Psychol Bull 2005;131:301–316.
Verdier P, Soulé M: Le secret sur les origines. Paris, ESF, 1986.
Verhulst FC, Versluis-den Bieman HJM: Developmental course of problem behaviors in adolescent adoptess. J Am Acad Child Adolesc Psychiatry 1995;34:151–159.
Versluis-den Bieman HJM, Verhulst FC: Self-reported and parent reported problems in adolescent international adoptees. J Child Psychol Psychiatry 1995;56:1411–1428.
Volkow ND, Fowler JS, Wang GJ, Goldstein RZ: Role of dopamine, the frontal cortex and memory, circuits in drug addiction: insight from imaging studies. Neurobiol Learn Mem 2002;78:610–624.
Von Korff L, Grotevant HD, McRoy RG: Openness arrangements and psychological adjustment in adolescent adoptees. J Fam Psychol 2006;20:531–534.
Waber-Thevoz H, Waber JP: Le lien d'adoption à l'épreuve du temps. Neuropsychiatrie de l' Enfance et l'Adolescence 2000;48:179–198.
Wahlberg KE, Wynne LC, Hakko H, Laksy K, Moring J, Miettunen J, Tienari P: Interaction of genetic risk and adoptive parent communication deviance: Longitudinal prediction of adoptee psychiatric disorders. Psychol Med 2004;34:1531–1541.
Warren SB: Lower threshold for referral for psychiatric treatment for adopted adolescents. J Am Acad Child Adolesc Psychiatry 1992;31:512–517.
Wieder H: Behandlungstechnische Probleme bei der Psychoanalyse adoptierter Kinder; in Harms E, Strehlow B (Hrsg): Das Traumkind in der Realität. Göttingen, Vandenhock und Ruprecht, 1990, pp 203–220.
Wilkinson S, Hough G: Lie as narrative truth in abused adopted adolescents. Psychoanal Study Child 1996;51:580–597.
Williams LS: Adoption actions and attitudes of couples seeking in vitro fertilization. An exploratory study. J Fam Iss 1992;13:99–113.
Wilson JP: Trauma Transformation and Healing. An Integrative Approach to Theory, Research and Post-Traumatic Therapy. New York, Brunner and Mazel, 1989.
Winnicott DW: The Child and the Family. London, Tavistock, 1957a, p 129.
Winnicott DW: The Child and the Outside World. London, Tavistock, 1957b.
Winnicott DW: The Family and Individual Development. London, Tavistock, 1965, p 43.
Winnicott DW: Vom Spiel zur Kreativität. Stuttgart, Klett-Cotta, 1973a.
Winnicott DW: Die therapeutische Arbeit mit Kindern. München, Kindler, 1973b.
Winnicott DW: Fear of Breakdown. Int Rev Psychoanal 1974a;1:103–107.
Winnicott DW: Reifungsprozesse und fördernde Umwelt. München, Kindler, 1974b.

Winnicott DW: Von der Kinderheilkunde zur Psychoanalyse. München, Kindler, 1976.
Winnicott DW: Familiäre und individuelle Entwicklung. München, Kindler, 1978.
Winnicott DW: Home Is where We start from. New York, Norton, 1986.
Winnicott DW: Der Anfang ist unsere Heimat. Stuttgart, Klett-Cotta, 1990a.
Winnicott DW: Das Baby und seine Mutter. Stuttgart, Klett-Cotta, 1990b.
Wrobel GM, Ayers-Lopez S, Grotevant HD, McRoy RG, Friedrick M: Openness in adoption and the level of child participation. Child Dev 1996;67:2358–2374.
Zeanah C: Beyond insecurity: A reconceptualization of attachment disorders in infancy. J Consult Clin Psychol 1996;64:42–52.
Zeanah C: Disturbances of attachment in young children adopted from institutions. J Dev Behav Pediatr 2000;21:230–236.
Zuegg R: Die Vermittlung ausländischer Adoptivkinder als Problem des präventiven Kinderschutzes. Zürich, Pro Juventute, 1986.

Sachwortverzeichnis